JN025921

Perspective of Business Succession Consulting

事業承継

神谷 宜泰 著
Kamiya Yoshihiro

コンサルティング
の視点

経営革新に向けた
伴走的後継者支援の実践

同友館

はしがき

　経営者の交代は、企業のゴーイングコンサーン（継続企業の前提）であり、中小企業の事業承継が重要な社会課題とされる要因もそこにあります。しかし、一般に大企業と比べて、中小企業の経営者の在位年数は長く、その経営の趨勢は経営者個人の能力や意思、財産に依存しているといわれており、中小企業の事業承継が難しいとされる所以は、事業の継続にはそうした経営者の属人的な能力や資産の承継が必要であるからにほかなりません。後継者にとっては、長い時間をかけて築いてきた先代の個人的な能力や資産、企業内の経営資源を短期的に引き継ぐことは難しく、事業承継には通常5年以上の期間が必要とされています。

　最近では、「事業承継ガイドライン」や「事業承継マニュアル」など、公的機関から経営者、支援機関向けのさまざまな教本が作成されていますが、それらは円滑な事業承継の実現を目的として、先代の持つべき考え方や捉え方、行うべき計画や取り組み、他社事例などが紹介されています。つまり、現行の事業承継支援は、主に先代の承継プロセスや典型的な課題解決に対する支援であり、いわば事業承継がゴールなのです。しかし、後継者にとっての事業承継は自らの経営の始まりを意味するものにすぎず、企業にとっても後継者の課題解決こそが真のゴーイングコンサーンとなるはずです。とりわけ経営革新や第2創業が求められる企業では、すべての事業や経営資源を是としてそのまま承継するわけではなく、後継者の戦略や方針に沿って取捨選択しなくてはなりません。しかし、承継時の経営資産のほとんどは先代時代の事業と密接な関係にあり、後継者がそれを棄却したり、新たな事業を開始したりすることは容易ではありません。また、承継する資産についても対象ごとに承継内容の是非や承継手順を決める必要があります。筆者の経験でも、企業の業種、業態により承継の具体的な対象、方法、手続きもさまざまで、事業承継は多面的かつ多段階

的であり、さらに後継者への支援には実務上の課題解決が必須となるため、その支援においてはもう少し専門的で具体的な内容や理論的な考え方が欠かせません。

　一方、事業承継に関するアカデミックな研究や分析は、筆者が修士課程で事業承継を対象に研究を始めた 2013 年当時は、主に自社株式などの資産承継に対する調査、研究が中心でしたが、経営者の高齢化や後継者難による中小企業の大量廃業が人口に膾炙するようになってから、中小企業が持つ技能や技術などの経営資源の維持、活用の重要性が再認識されるとともに、M&A や買収起業といった新たな承継手段の登場などによって、中小企業やファミリービジネス研究者の間で幅広い分野での研究が行われるようになりました。筆者は、そうした多くの調査・研究は、アカデミックな世界だけでなく、経営者やコンサルタント・支援機関の方々の事業承継に対する理解や企業支援に十分活用できるものと確信していますが、それら研究成果は中小企業の経営者、支援者の目に触れる機会はほとんどありません。コンサルタントや支援機関が支援を行う際に活用するのは、これまでと同様に、大学等で学ぶ経営学の理論や研究成果、前述したガイドラインなどの政府刊行物、中小企業白書等に記載される具体的な調査、分析データや事例が中心となっています。

　本書は、四半世紀にわたって中小企業の経営に携わり、実際に後継者として事業承継を行ってきた筆者がその後の事業承継研究や企業支援をもとに、事業承継支援に関わる支援機関や中小企業診断士などのコンサルタントの方々がどのような知識や考え方で支援—とりわけ後継者に対する支援—に臨むべきかに関して、より具体的な課題からコンサルティングの視点を示そうとするものです。その内容については、筆者の経験や知識だけでなく、アカデミックな研究成果や経営学の理論、フレームワークの中で中小企業の事業承継や経営等に適用できる内容を紹介しながら、経営者が抱える代表的な課題における具体的なアドバイスや解決策を挙げています。また、筆者が体感してきた中小企業経営の特有さや経営実践の課題やコンサルティングの限界、企業運営そのものの革新の必要性などにも触れ、コンサルタント、経営者双方の在り方についてもさ

まざまな面から論じてあります。合わせて、もともと経営者目線で記述されているため、"コンサルタント"を適宜"先代"や"後継者"と読み替えていただけば、中小企業経営者の方々にも十分参考になるはずです。ただし、筆者は自動車産業のサプライチェーンを構成する企業の経営に長く携わり、所属した金属加工団体や類似する業種の企業を中心に支援を行ってきたため、メーカーでのコンサルティングの考え方や経験、事例が基準となっています。また、実務中心のため、弁護士、公認会計士、税理士、社会保険労務士などの専門家の方々には物足らない内容となっているかもしれません。

　本書の構成は、第1章はコンサルタントに求められるものとして、事業承継支援の捉え方や必要な能力、中小企業支援の制約などについて触れ、第2章では経営者にとっての事業承継問題とは何か、企業の調査・分析時の注意点について、筆者の調査や研究をもとに説明しています。第3章からは具体的なコンサルティングについての説明を始め、2016年に策定された『事業承継ガイドライン』（中小企業庁、2022年再改訂）に沿って承継対象を区分し、第3章では資産承継、第4章では経営承継、第5章で知的資産承継という3つの側面から具体的な課題を例に挙げてその解決策を説明しています。また、それら3つの側面における課題については、できるだけ「承継前」（先代のみが経営者）、「承継中」（先代と後継者がともに実質的な経営権を持つツーボス状態）、「承継後」（後継者のみが経営者）の3段階に分けて説明するようにしています。第6章では、事業承継後のコンサルティングとして後継者に求められることの多い組織変革と経営革新を取り上げ、終章の第7章で事業承継の新たな解決策として企業運営と公的支援の革新策について提案してあります。

　なお、中小企業白書などの公的文献やアカデミックな文献の本文中の引用表記や参考文献の記載方法については、筆者の所属する学会等の執筆要綱を参考にしています。例えば、『落合（2019）は、「ビジネスシステムや集積に企業が組み込まれている場合、後継者が安易に他社との取引関係の見直しに着手してしまうことで長期的な利益を毀損してしまう可能性がある」としています（p.111）。』という文章では、参考文献は「落合康裕（2019）『事業承継の経営

学　企業はいかに後継者を育成するか』白桃書房」であり、引用された箇所はその文献の 111 頁に記述されていることになります。また、参考文献は巻末に全章を一括して、邦文、欧文、ネット検索の 3 つのグループに分け、邦文及びネット検索は筆者名の「あいうえお順」、欧文ではアルファベット順に掲載しています。

　本書の執筆にあたっては、所属する中小企業診断士を中心とする研究会での発表や検討を通じて執筆を進めさせていただき、多くの中小企業診断士の方にアドバイス、ご助言をいただきました。心より御礼申し上げます。本書がコンサルタントや支援機関の方々に活用され、事業承継を決断した後継者への伴走的支援を通じて、中小企業経営の維持、発展に少しでも貢献できれば幸いです。

目　次

第1章

コンサルタントに求められるもの

　中小企業の経営者がコンサルタントに求めるものは、基本的には「経営に与える効果＞コンサルタント費用」という費用対効果であり、コンサルタントは経営者が抱える課題に対して効果的で実践可能な課題解決の提案やアドバイスが求められることになります。本書で取り上げる事業承継という課題に対しても求められるものは同じです。ただし、あくまで提案の評価や実践は経営者側の選択、事情によるものであり、また必ずしもその内容どおりに実践されるとは限りません。ここでは、事業承継支援において筆者が感じている難しさや、コンサルタントの役割、中小企業経営の特徴、支援の限界について説明し、コンサルティング業務の前提や心構えを紹介します。

　なお、本書では、主に親族や企業内の後継者による事業承継を前提とし、事業承継が円満かつ効率的、効果的に進められ、後継者による事業継続を可能とするコンサルティングを基本としています。

事業承継支援への取り組み方

　経営者交代は企業のゴーイングコンサーンであり、その意味では、事業承継はすべての中小企業の共通課題です。本来、経営者は創業した時点から、あるいは社長に就任した時点から、事業承継を意識して後継者を選抜、育成しなければならないはずであり、事業承継支援は、いつ、どんな時点でもコンサルティングニーズがある支援といえます。また、『経営者のための事業承継マニュアル』（中小企業庁 2017）では、「後継者の育成期間を含めれば、事業承継には5年〜10年を要するものと考えられる」としており（p.5）、コンサルタントにとっては永い関与が可能なテーマであるといえます。さらに近年では、多くの中小企業が世代交代時期を迎える中、事業承継は重要な課題とされるとともに、イノベーションや第2創業の機会と捉えられるようになっており、村上（2018）は、事業承継の社会的な意義として、経営者の引退を機に生産性が相対的に低い企業が市場から退出すること、多くの後継者が事業を引き継ぐとそれまでの経営を見直して、新たな取り組みを手掛けることの2点を

挙げ、その結果、社会全体の生産性が向上することであるとしています（pp.6-7）。

　こうした点から見れば、事業承継コンサルティングの目的は、先代の円満な退出を実現させて経営者交代を図るだけでなく、後継者による経営革新を成功に導くことであり、コンサルタントには承継の入り口から出口までのさまざまな支援が要求されることになります。しかし、コンサルティングや支援策の提案について、現経営者を含む先代経営者（以下、先代といいます）側から行うのか、後継者側から行うのかでは大きく提案内容が異なる場合があります。また、中小企業は規模が小さいために属人的であるといわれ、コンサルティングには先代と後継者の関係性、従業員さんと後継者の関係性など、さまざまな感情的な要素が入り込んでくるため、支援を成功させることは簡単ではありません。

　では、コンサルタントはどのような考え方や手順でコンサルティングを進めていけばよいのでしょうか。

（1）支援の基本方針を明らかにする

　まず重要なことは、自らの専門性も踏まえ、支援の基本方針を明らかにして

図表1　経営支援の基本方針

　支援に対する基本方針は以下のとおりです。経営結果ではなく、経営者、従業員の実践を変え、変化に対応できる経営を目指します。
　1.　経営者の実践を変える
　　(1)　経営結果ではなく、それを生み出す経営者の実践（ルーティン化）を課題とします。
　　(2)　経営の在り方全体について検討していきます。
　2.　管理の在り方を変える
　　(1)　管理のサイクルを短縮するため、現場中心の管理を確立します。
　　(2)　ムダな管理をなくすため、管理の源（現物）を対象とした自律的な管理を目指します。
　　　　（管理のベースは、科学的管理と TPS です。）
　3.　人の能力と業務の生産性を引き上げる
　　(1)　経営者だけでなく、従業員の能力向上を図ります。
　　(2)　標準化を進め、業務内容、責任と権限を明確にします。

おくことです。事業承継における個別の課題を解決し、その後の支援につなげるためには、コンサルタントがどのような考え方や姿勢で、どうやって経営者、後継者を支援していくかを、十分理解してもらう必要があります。経営は連続したものであり、一貫した考えに基づくコンサルティングが、相手の信頼感や安心感につながり、最も効率の良い支援になるからです。

　参考までに、筆者の支援方針を**図表1**に掲載しておきます。

（2）実践できる解決策を提案する

　企業の経営結果は、経営者、製品やサービス、人的資産、経営環境など、日々変化するさまざまな要因のトータルな結果であり、そこで生じる経営課題の捉え方や解決策は1つではありません。私たちコンサルタントは、課題にマッチした分析手法によって個別に解決策を提案することはできますが、その多くは企業のある時点、ある一面を捉えたものでしかありません。まして中小企業経営には、後述するさまざまな制約があり、特に人的資源の制約が解決策の選択に大きく影響を及ぼします。どんなにすばらしい解決策も、それを実践できる人材と実践する時間がなければ意味がないのです。コンサルタントは、とりわけ支援企業の人的資産の内容を見極めながら、実践可能な解決策をさまざまな視点から提供することが重要です。また、コンサルタントは、企業分析に基づく合理的なものだけではなく、経営者が望むもの、従業員さんが望むもの、地元から望まれるものといった優先順位という側面からも提案する解決策を評価する必要があります。

（3）複雑で多面的な支援を覚悟する

　事業承継支援は、先述したように永い期間を要する支援であり、支援期間中に後継者の入社、育成、経営革新、先代の退出といったさまざまな局面が生じます。また、そうした局面では、先代と後継者、古参従業員さんと後継者といった人間関係や、従来の技能や製品と後継者が採用しようとする新たな技能や製品、必要な資源、資本の調達といった複雑な要因が影響します。さらに、

多くの後継者にとって、先代は自分を指名した経営者であり、大株主であり、企業をこれまで維持し続けた恩人であることに加え、同族企業では、自分を育ててくれた親でもあるため、事業承継における先代の影響は、コンサルタントが思っている以上に強力なものです。コンサルタントは、先代の立場に立つべきか、後継者の立場に立つべきかの選択を迫られる場合があり、先代と後継者、過去と未来、熟練と未熟など、さまざまな矛盾や限界の中で局面に応じた支援を行う必要に迫られます。コンサルタントは、中・長期的な計画や視点に基づいて事業承継支援を行うことを心掛け、短期での解決は却って円満で効率的な事業承継を妨げる可能性があることを理解する必要があります。

2 コンサルティングに必要な能力

　筆者は、四半世紀にわたって中小企業経営に携わり、かつてコンサルタント会社も利用した経験があります。また、多くの金融機関や商工会議所等の助言を受ける機会がありました。ここでは、そうした経営者時代の経験や実際のコンサルティングで得た自分自身への反省をもとに、コンサルティングに必要と思う能力について触れておきたいと思います。

(1) 専門性

　コンサルタントや金融機関の人の多くは、中小企業の経営を経験したことがなく、経営者と話をする際には経営学等で学ぶ大企業の経営者の姿を前提に、支援の際には経営における悩みを聞きたがります。しかし、ほとんどの中小企業の経営者は専門経営者ではなく、いわゆるプレーイングマネジャーであり、その悩みの大部分は、経営とは一見無関係な日々の実務に関するものであり、大企業の経営者のように、意思決定、人や資金の配分、組織の価値観の共有といった課題に多くの時間を割いているわけではありません。そのため、事業承継支援においても、その企業が行っている事業や業務に対する専門性が必要になることが多く、そうした専門性がないと、経営者が期待する提案や効果的

なコンサルティングを行うことが難しい場合があります。筆者が経営者時代に活用したコンサルティング会社は、多くの時間を企業内の調査に充て、企業の抱える課題と解決策を提案しました。しかし、そのほとんどの課題は経営者がすでに認知していたものであり、その解決策も目新しいものはありませんでした。経営者は企業内の問題や課題がわからないのではなく、具体的な解決策を、誰に、いつ、どうやって行ってもらうか、日々変化する経営環境の中で、どう進めることができるかを悩んでいることが多いのです。限られたヒヤリングや調査で一時的な解決策を提案する支援機関の窓口担当ならいざ知らず、実際に企業内で伴走的な支援を行うコンサルタントは、支援企業の事業に対する専門性やコンサルティングの経験がどうしても必要です。コンサルティング能力は、本人の専門性を通して広がっていくものであり、得意な分野での支援の積み重ねにより向上するものと思います。

（2）コーチング能力

　コンサルティングでは、先代や後継者との対話を通じて、課題の発見や解決策の提案につなげますが、その際にはコーチングと同様の知識や能力が求められる場合があります。コンサルティングは、相手との信頼関係の構築が欠かせないため、経営者や従業員さんなどの意見を十分に聞き、先代や後継者の納得感（腹落ち）を得たうえで、支援の目的、目標を定めていく必要があるからです。しかし、双方が納得を得られる支援を効率的、効果的に行うためには、支援方針と同様にコンサルタントの目指す経営者像をあらかじめ示しておく必要があると筆者は考えています（**図表2**参照）。目指すゴールが違えば、必要とするコーチも変わるからです。コーチングの資格認定を行う公的機関である国際コーチ連盟（ICF：International Coach Federation）は、コーチングについて「コーチングとは、思考を刺激し続ける創造的なプロセスを通して、クライアントが自身の可能性を公私において最大化させるように、コーチとクライアントのパートナー関係を築くことです。対話を重ね、クライアントに柔軟な思考と行動を促し、ゴールに向けて支援するコーチとクライアントとのパート

図表 2　経営者育成の基本方針

```
1. 経営者の長期的な "あるべき姿"
   (1) 常に目標があり、ギャップが明確である
   (2) 自責の考え方を身に付けている
   (3) 集団を機能させることができる
2. 経営者が短期的に "目指す姿"
   (1) 合理的な考え方ができる
   (2) 客観的な考え方ができる
   (3) 企業運営のツールが使用できる
3. 育成方針
   (1) 実践の課題解決を通して成長を支援する
   (2) 経営者自身の意見や考え方を尊重する
   (3) 仕組みやルール作りにつなげる
```

ナーシップを意味します」と説明しています（同日本支部のホームページより）。

　では、コンサルタントはどのような能力を具体的に身に付ければよいのでしょうか。コーチングの重要なスキルには、一般に「傾聴」、「質問」、「承認」があるとされ、コンサルティングにおいてもその活用が望まれます。さらに、筆者は「待つ」というスキルも必要と考えています。支援先の経営者の能力は千差万別で、コンサルティングで提案した支援計画の進行、達成には大きな差が生ずる場合がありますが、その際には経営者の成長を待つことが必要だからです。コーチングを実践する際の典型的な進め方として、本間・松瀬（2015）は以下の「GROW モデル」を挙げており、コンサルティングの計画立案もこうしたプロセスに沿って行うとよいと思います。

① GOALS　　　　　目標の明確化

② REALITY　　　　現状の把握

③ RESOURCE　　　資源の発見

④ OPTIONS　　　　選択肢の創造

⑤ WILL　　　　　　意思の確認、計画の策定

(3) ネットワーク

　コンサルタントは、支援課題をすべて1人で解決できるわけではなく、弁護士や税理士など他の専門家の力を借りる場合があります。また、同じ士業でも

図表3　事業承継におけるコンサルタントと各士業の関わり

専門家	事業承継における関わり		
	資産承継	経営承継	知的資産承継
公認会計士・税理士	以下の課題に関する税務、手続き ・株式の承継 ・事業承継税制 ・小規模宅地特例についての知識 ・信託 ・債務整理 ・MBO, M&A ・廃業、清算	－	－
弁護士	以下の課題に対する法律手続き、係争の解決（行政書士の業務を含む） ・種類株式の活用 ・信託の活用 ・生命保険の活用 ・持ち株会社 ・その他事業承継におけるトラブル	以下の課題に対する法律手続き、係争の解決 ・事業承継におけるトラブル	以下の課題に対する法律手続き、係争の解決 ・事業承継におけるトラブル
行政書士	法律事務は弁護士の独占業務。行政書士には紛争解決手続きの一部が可能。 ・遺言・相続 ・契約書 ・土地活用 ・契約案の作成 ・ADRサービス	以下の課題に対する許認可申請業務 ・特に、貸金業、風俗営業、運送業など、許認可が不可欠な事業を行っている場合の事業承継 ・外国人雇用関係 ・電子申請・電子調達（定款）	以下の課題に対する許認可申請業務 ・著作権登録 ・ADRサービス

図表3　事業承継におけるコンサルタントと各士業の関わり（つづき）

専門家	事業承継における関わり		
	資産承継	経営承継	知的資産承継
司法書士	司法書士は不動産や会社などの登記を行うことが専門 ・会社の登記 ・成年後見業務 ・贈与・遺言 ・不動産の相続登記	－	－
社会保険労務士	－	以下の課題解決 ・就業規則作成・変更 ・労働基準監督署の是正勧告対応 ・年次有給休暇の管理	
不動産鑑定士	以下の課題に対する提案 ・事業用資産（不動産）の把握・整理 ・不動産の適正時価の把握（鑑定評価） ・遊休資産の有無、不動産の有効活用の提案や売却等の検討 ・最適な株式譲渡時期の予測	－	－
弁理士	－	－	知的財産権を取得したい方のために、代理して特許庁への手続きを行うのが主な仕事 ・商標権や特許権の交渉や申請、出願手続きの代理 ・知的財産全般についての助言、コンサルティング

異なる専門性を持つコンサルタント間で連携して支援を行う場合もあり、互いに協力できるように自分自身の専門性を高めておくことが重要です。中小企業診断士や支援機関の担当者をコンサルタントとした場合の事業承継支援における各士業の関わりは**図表3**のとおりであり、資産、経営、知的資産の3つに分けて挙げておきました。コンサルタントは、必要に応じて専門家や異なる士業、支援機関と連携できるように、そうしたネットワークを整備しておくとよいと思います。

3　中小企業支援における制約の理解

　中小企業は、個人事業主を含む小規模事業者が大半であり、人的資源を含む経営資源は限定的で、経営手法においても大企業のような幅広い選択肢があるわけではありません。また、経営環境や事業基盤も大企業とは大きく異なる点があり、コンサルタントには中小企業が持つそうした大企業との差異や支援における制約の理解が絶対に必要です。

(1) 資本と人の制約

　最初は、資本の制約について説明します。例えば、コンサルタントが経営革新という課題に対して"最善な解決策"という選択肢を提案しても、中小企業経営者は直ちに採用できない場合があります。もともとイノベーションにはリスクや不確実性があるとされ、それを実践するためには、組織的なスラックと呼ばれる経営資源の余剰が必要とされるといわれています（Thompson 1965）。しかし、大部分の中小企業にはそうした余剰はなく、経営者は"絶対に成功する"といった確証がないまま資金や人を投入するわけにはいかないからです。中小企業が行う経営革新は"失敗しても次がある"というわけでは決してなく、その大部分が企業の存続をかけて行うものになりかねないことをコンサルタントは理解しておく必要があります。

　また、この制約は、お金の面だけではなく、経営者や従業員さんの能力と

いった人の面からも影響を受けます。前述したように中小企業の経営者のほとんどは専門経営者ではなく、大企業のように多くの従業員さんからの選抜や専門的な学習の後に、経営者になったわけでもありません。そのため、支援企業の経営者がコンサルタントの提案の価値をその時点では十分理解できるとは限らず、また、理解していたとしても正しく評価できるとは限らないのです。従業員さんについても同様で、従業員さんの処遇や採用人数の少なさ、業務範囲の大きさや兼任等により、大企業の従業員さんとは異なる特徴があります。筆者の経験では、良い点としては、小規模ゆえに家族のような気持ちで会社を捉えてくれるため「会社への帰属意識は高い」ことや、1人で担っている業務が多く、権限以上に責任を負っているため「責任感は高い」ことなどがあります。一方、残念に思う点は、同一世代が少なく企業内のポストも少ないため「競争意識が薄く上昇志向が低い」ことや、管理対象となる組織が小さく経営者が実質的な管理者を兼任しているためと「役職者の管理能力が低い」こと、業務の遂行に個人的な経験や技能（いわゆるカン、コツ）に頼ることが多く「論理性や効率性を軽視する傾向がある」ことなどが挙げられます。

　コンサルタントは、支援企業が持つお金や人の制約を十分調査し、今ある資源で実践可能な選択肢を提案しなければなりません。また、新たな経営資源が必要となる提案を行う場合には、それまでの経営資源の活用によって、新たなお金や人の余剰を生み出す提案を同時に検討しなければならない場合があることを理解しておく必要があります。事業承継支援に限らず、中小企業のコンサルティングにおいては、こうした資源的制約を十分理解し、支援策の実施に必要な「ヒト、モノ、カネ」の調達にまで踏み込んだ提案を心掛けることが大切です。

（2）先代経営の制約

　中小企業の経営者の在位期間は、20年以上が4割弱を占めるとされ（中小企業研究センター 2008）、企業経営のみならず従業員、製品、企業文化に至るまで、先代経営に大きく影響を受けています。つまり、事業承継時の企業の競

争優位は、先代や古参従業員さんの持つ知識・技能に依存し、組織は先代経営の構造的慣性を持っているのです。一般に、長く続いた競争優位の土台をなす技術や知識の変更は非常に難しいとされ（Leonard 1995）、特に中小企業にとって、経営革新に結びつく知の探索は厄介な課題であるという研究もあるほどです（Voss & Voss 2013）。ですから、先代の事業承継に対する貢献は、事業承継や経営革新を推進する主体として、後継経営者育成や早期の事業承継・革新計画の策定を期待される一方で、経営への影響力の強さやその存在は、古参従業員さんとともに組織慣性の原因となって後継経営者による革新を阻害する可能性があるという、功罪両面から議論されてきました。

　中小企業研究においては、特に後継者の経営革新に対して、先代の存在が却って阻害要因となるという主張が数多くあります。例えば、久保田（2011a）は、先代の影響力の強さが改革にさまざまな困難を生じさせるとし、鈴木（2015）も先代が過度に口出しをすると、後継経営者は身動きが取れず、経営革新の取り組みが矮小化しかねないとしています。また、八木（2008）は、親族承継の場合において、親子であるが故に何でも言いやすい面がある反面、対立も生じやすいとしています。ファミリービジネス研究においても、同様に先代経営の制約について論じられており、小野瀬（2014）は、先代の存在が会社の慣性に強い影響を与え、イノベーションを阻害していると考えられるとしています（p.52）。さらに、古参の従業員についても、後輩として入社した後継者が事業承継を機に自分の上司となることに不満や違和感を覚える従業員は少なくないとし（日本政策金融公庫 2010、p.57）、抵抗勢力になりかねないとされています（小川 1991、三井 2002）。

　コンサルタントは、経営経験もなく、組織の新参者であり、事業の経験も知識も先代や古参従業員さんに劣る後継者が、先代や組織から認められ、経営者としての手腕を発揮するのは容易なことではないということを十分に理解しておかなければなりません。

（3）エコシステムにおける制約

　金井（1985）は、「中小企業論の多くは経済学を基礎にしているために、分析レベルがマクロ的すぎて、個々の中小企業の具体的な環境適応行動を分析したり、相互に比較検討できるようなフレームワークを欠いている」としています（pp.20-21）。この主張は、中小企業のための経営学が発展しない原因のひとつを明らかにしていますが、残念ながらこの状況は現在においてもあまり大きな変化はありません。この理由には、中小企業経営が千差万別であり、経営者の属人的影響を強く受けることがありますが、中小企業はそれほどにマクロ的な存在であるということもできます。つまり、中小企業経営は「地域や企業が属する業界、サプライチェーン、及びその文化や産業基盤といった限定的なエコシステム[1]の中で成立しているビジネス」であり、企業単独で経営を論じることが難しいという側面がある場合が多いということです。筆者は、もともと中小企業経営はこうしたエコシステム上の利益や制約を受けていると思っています。

　例えば、筆者が経営に携わってきた企業は、年間売上高が 100 億円を超える企業に成長しましたが、その大きな理由として、もともと企業の所在地が自動車部品産業の集積地であり、当然のようにそのサプライチェーンに属していたことが挙げられます。一方で、コストダウンや改善要求など、そのサプライチェーン特有の課題が経営に大きく影響してきました。こうした影響は、日本全国にある産業集積地に属する中小企業すべてに見られるものであり、中小企業はそうしたエコシステムにおいて、長い時間をかけて互いの役割や存在価値、取引慣行などを確立してきているのです。すなわち、中小企業経営は、地域、業界、サプライチェーン、地域の産業や文化の成立や繁栄に強く関わっており、それを無視した経営はできない（してこなかった）という制約があるの

1　エコシステムとはもともと自然界の生態系を表す言葉ですが、ここでは産業集積やサプライチェーンなど「中小企業が互いに相互依存しながら発展できる状況や領域」という意味で使用しています。

です。中小企業の経営者の経営に対するモチベーションは、企業経営の結果だけではなく、地域やサプライチェーンなどのエコシステムへの貢献からも得ている場合があるのです。さらに、そうした基盤の中で経営を続けることは、同時に地域やサプライチェーン、及びその文化、産業集積を維持していくことでもあり、企業の移転や事業転換、M&A や廃業による企業活動の停止は、地域に重大な影響を与える場合があります。

　コンサルタントは、事業承継を円滑に行うために企業の競争優位を見極め、その磨き上げを支援することが求められる場合があります。しかし、そうした競争優位は大企業とは異なり、特定のエコシステムにおいて価値を持つ可能性があり、そのエコシステムの取引慣行や成り立ちは外部からはわかりにくい場合が多いため、慎重な分析や評価が必要です。落合（2019）は、「ビジネスシステムや集積に企業が組み込まれている場合、後継者が安易に他社との取引関係の見直しに着手してしまうことで長期的な利益を毀損してしまう可能性がある」としています（p.111）。コンサルタントは、そうした中小企業の特徴を十分理解し、経営革新などの提案をする場合には、支援企業の経営が地域やサプライチェーンに与える影響や経営者の地域に対する貢献といった要素も慎重に検討する必要があります。

第2章

企業における
事業承継問題

　中小企業における事業承継問題を解決するためには、経営者の思いや経営の現状を知ることが不可欠です。中小企業の経営者、後継者は、事業承継についてどのように考えているのでしょうか。また、コンサルタントはどのように経営の現状について調査、分析していけばよいのでしょうか。

　ここでは、まず実際の調査結果から事業承継に対する当事者の思いを紹介し、その後にコンサルタントが行うことが多い調査・分析結果の捉え方や注意点について説明していきます。

事業承継に対する当事者の思い

　この調査結果は神谷（2014）によるもので、ある地域の鉄工会所属の 18 企業で先代及び後継者へのアンケート及びインタビューに基づいています。調査企業の概要は**図表 4** のとおりで、個人創業から 50 年、法人成り後 40 年程度の企業が多く、平均的な売上高は約 3 億円、従業員は 20 人前後であり、戦後の企業ばかりです。先代の平均年齢は約 67 歳で、70 歳以上が 8 名、最高齢は 86 歳であり、約半数の企業が事業承継時期

図表 4　調査企業 18 社の概要

調査企業及び後継者概要		平均値
全般	個人創業からの年数	48.7
	法人成り後の年数	36.3
	直近の売上高（万円／年）	31,704.4
	現従業員数（代表者含む）	19.4
	先代の平均年齢	66.6
後継者データ	後継者の平均年齢	36.8
	後継者の入社年齢	24.6
	入社年数	14.6
	後継を決めた年齢	24.1
	他社経験年数（月数）	43.2
	他社経験のある者：16 人／18 人	
	先代との関係：長男 11 人、それ以外 7 人	
	最終卒業学校：4 年制大学 6 人、短大、専門校 7 人、それ以外 5 人	

を迎えています。後継者の平均的な姿としては、入社年齢は 24、5 歳で入社時に後継を決意し、現在の年齢は 37 歳となり、入社から 15 年程経っています。他社経験のある者は 16 人と 9 割近くに達していますが、経験年数は 43.2 か月（4 年未満）と比較的短いことがわかります。18 社すべてで親族間承継を予定しており、長男が約 6 割となっています。なお、実際のインタビュー結果を緑

色部分に記載し、企業名を A～R までの 18 の符号で表してあります。

（1）先代

　調査から確認できたことは、親族承継の場合、先代は当然のこととして自分の子供に承継を望むわけではなく、小さな頃からその準備をさせているわけでもないということです。老舗企業や長く続くファミリー企業とは異なり、調査対象となった戦後生まれの企業では、自分が起業し、または事業承継した時点に比べ、現在の外部環境は格段に厳しくなり、「子供を入れても、承継後の経営に責任が持てない」と考える経営者が多いためと思われます。先代経営者にとって、子息による承継は喜びである一方で、親としてだけではなく、経営者

・息子が自分で食べて行けるなら、入ってこないほうが気楽でいいです。息子が入ってくるのは責任があります。（G）
・息子が後を継いでくれるのが一番困るんです。責任があるから逃げられない。だから辛い。継いでくれる嬉しさと、継いだ後の世の中の移り変わりを心配しなければならない。（L）

としての責任が増大することを不安に思うのです。

　続いて、先代の後継者に対する教育や認知についても確認しておきます。まず、後継者教育については、基本的には「自ら教えない」という回答が多く、その理由として「自分も教えられていない」とか、「見て覚えるもの」、「後継者が自ら学ぶ姿勢が重要である」といった理由が挙がっていました。そのため、後継者への教育は、能動的、計画的に行われるのではなく、後継者が聞きに来た時や、トラブルが生じた時などに突発的、受け身的に行われていました。こうした教育の難しさも、承継が計画的に行われない要因となっています。

・自分の考え方とかを、息子に言ったことはありません。見て覚えるしかないし、自分もそうやって育ってきたから。口も、教え方も下手だからということもある。（D）
・技術は教えんね。人に教わるのは身に付かない。自分でやって、手にやけどを作って、そういうことをせんと本当に理解はできんから。自分もそうやって育ってきたし。自分で考えさせて、聞いてきたら教えてやるけど。（I）

　先代はいつ後継者を一人前として認知するのでしょうか。先代が技能以外に後継者に求める能力としては、判断力や営業力、金の工面といった内容が挙げられています。先代が後継者を一人前と認める基準はさまざまでしたが、自分が認めるかどうかより「お客さん」や「従業員」が認めることに基準を置いている先代が多くいました。先代にとって事業承継は、自らの引退を意味する場合が多く、自分がいなくなっても企業が運営できることが基準となっているように思われます。

> ・現場の人望が確認されれば一人前でいいと思う。出来る、出来ないではない。（B）
> ・外で認められたらだな。外というのは、まあお客さんのことだけど。一人前かどうかは自分で決めるんじゃなくて、外が認めるかどうか。（I）
> ・安心して、自分が離れられる状況になったら一人前かなあ。任せることが出来て。1か月、2か月、会社に自分が行かんでも順調に回ってりゃ。（F）

（2）後継者

　後継者が入社を決めた理由は、先代の子供であるということを理由に積極的に入社した後継者は 1 名のみで、多くが「何となく」や「親に言われて」という消極的な理由によるものでした。ただし、そうした漠然とした思いの中でも、工業系の高校や大学への進学や金属加工業への就職を選択し、後継者としての準備を進めている者もいました。

> ・自分では家に入るつもりはなかったけど、何となく鉄工関係の仕事に就きました。父から誘いがあったわけではなく、わりと安易な気持ちで入りました。（D）
> ・父がこの会社を始めたのが自分が小学校 6 年生の時だったので、その頃から「跡を継ぐもんだ」ということで他の選択肢をあまり考えずに来ました。（M）
> ・大学の就職活動の時に兄が継がないということなら、じゃあ僕がやろうと思って後を継ぐことを決めました。（O）

　後継者が入社後に最初に学ぶのは、企業の付加価値を生み出す機械加工などの業務であり、学ぶ順番は仕事の順序に関係なく、人材が必要とされる部署の業務や後継者ができるものから学習が進んでいました。子息である後継者は、

幼い頃から親の働く姿や職場を見ており、事業承継がスムースに行くように思われがちです。しかし、調査では、確かに事業に対する"なじみ"のような感情は持ってはいますが、それが技能や経営能力の形成に役立つということはないとするのが共通した回答内容でした。

・親が何をやっているのか判るのは、入って3年くらい経たないと判らないと思います。親と同じ仕事をやる気が有るか、無いかで変わってくるだけのことで、正直サラリーマンの家庭と一緒だと思います。（N）
・一番最初に始めたのは機械加工です。まず、「何も言わずこれをやれ」と言われて、その間に「機械止めるんじゃねえ」、「ムダが多い」と怒られました。（A）
・配属されたのは、まず人手の足らない所でした。社長が教えてくれるのは、文書化されていないトラブルや設備への対応です。計画的に教えられることはなく、行き当たりばったりです。（Q）

　では、自分を後継者に指名してくれた先代をどう見ているのでしょうか。後継者には、それまで企業を維持し、経営者として働くチャンスを与えてくれている先代への尊敬と感謝の気持ちは基本としてあります。しかし、先代の経営の結果として生じている社内の課題や新たな顧客要求への対応不足など、後継者がこれから解決しなければならない問題の存在が先代への評価を厳しいものにしています。後継者が目指す経営者像の規準となるのは先代ですが、先代から技能や熟達の知識を学んだ後は、そうした先代批判に基づいて新たな経営者像を実現しようとしていました。

・一個いくらで、ここまで家も建ててくれて、結構不自由のない生活を送らせてもらったんで、頑張れば自分も子供にこういう風にできるのかと思っています。（A）
・自分が経営者になったら、親父のやってきたことは半分くらい残します。世の中の情勢を判断すると、今の状態は少し乗り遅れているのかなと思います。（E）
・父の全くの真似だけでは、これからは無理だと思っています。（F）

　従業員さんは、経営者の子供というだけでは後継者として認めてくれないようです。後継者は、まず従業員さんとの業務の中で学習し、結果を出すことで一人前と見なされ、後継者として認知されていました。また、その過程では、

自分が生まれる前から職場にいる古参従業員さんとの対立を経験し、それを乗り越えていくことが必要です。後継者と従業員さんとの関係は、先代から引き継がれるのではなく、後継者はそうした経験を通じて従業員さんから評価され、自分との新たな関係を構築していかなければならないのです。

・周りには職人みたいな人が多くて「見て覚えろ」、「機械ぶつけて覚えろ」で。結構衝突もしていたし、従業員は口だけではだめで、実際に出来なきゃいけないんで。（C）
・従業員は、自分がハイハイしている頃からいる人ばかりですが、自分の入社をどう思っているかは判りませんでした。（E）
・社長の息子でも工場の中では一番下っ端だという認識を従業員が持っていると思っています。社長の息子だからといって、従業員が自分の言うことを聞いてくれるわけではありません。（O）

　後継者側から見る事業承継の難しさは、先代経営や社内の多くの実務の学習、自らの経営者像の確立、従業員さんとの関係構築などに、長期間を必要とすることだと思います。それは規模の大小にかかわらず、先代や古参従業員さんとの関係性が承継の進捗に重大な影響を及ぼすからです。属人的な経営が行われている中小企業では、後継者の持ち株数や職位が経営にとって重要なのではなく、個人的な経営能力の獲得や従業員との関係性の確立が重要なのです。

2 調査・分析時の注意点

　支援企業の調査、分析にあたっては、2次データや3次データだけではなく、1次データの収集と分析が欠かせません[2]。1次データの収集方法では、質問法としてインタビュー調査、観察法として巡回調査を取り上げます。2次、3次データによる企業分析方法については、主に**図表5**の手法を前提としてい

2　1次データは調査、分析のために自分で収集したデータのことで、2次データは財務諸表などの他の目的で収集された支援企業のデータ、3次データは業界情報など調査会社の提供するデータを意味します。

ますが、紙幅の都合で個々の手法の説明は省略させていただきます。なお、同族性評価については、実際のコンサルティングで活用することは稀ですが、いずれこうしたフレームワークや評価方法による分析や研究が進むものとして加えてあります。

　ここでは、これら5つの調査、分析手法を取り上げ、その結果の捉え方や注意点について説明していきます。

（1）インタビュー調査 ───

　中小企業は属人的であり、企業を構成する人たちへのインタビューは支援には不可欠であり、必要に応じて税理士、金融機関等

図表5　主な調査・分析手法

分類		代表的な調査、分析手法
インタビュー調査		
巡回調査		
企業分析	財務分析	収益性分析 安全性分析 効率性分析 損益分岐点分析
	経営分析	SWOT 分析 3C 分析 4P 分析 バリューチェーン分析 バランス・スコアカード（BSC）
	事業性評価	ローカルベンチマーク 事業性評価シート VRIO 分析 PEST 分析 ファイブフォース分析
	同族性評価*	スリー・サークル・フレームワーク AGES フレームワーク ポラリティ（両極）マップ 4L フレームワーク

出典：同族性評価の調査、分析手法については Craig & Moores（2019）による。表は筆者作成

へのインタビューを行うこともあります。また、インタビュー調査に加えて、社長を含めた全社員さんの日々の業務内容の調査を行う場合もあります。支援の着手前後ではコンサルタントへの信頼が十分確立しているとは限らず、コンサルタントは、こうしたインタビューや業務調査を通じてコミュニケーションの機会を増やし、企業関係者との信頼の醸成に繋げていきます。ただし、インタビューでは、自分が知りたいこと、本書や公的マニュアルなどで求められていることをむやみに聞くのではなく、自身の支援に必要な内容に絞り込むことが重要です。

　以下にインタビューを受ける人に対する質問項目や確認内容を挙げておきます。コーチ・エイ（2009）は、コーチングという面から「必要な知識・スキ

ルを身に付けているか（Possession）」、「どんな行動をするか、どれくらい行動しているか（Behavior）」、「どのような考え方を持っているか（Presence）」という3つの視点からインタビューイーの状況を把握するとしています（pp.48-51）。

① 先代

最初は先代です。先代へのインタビューでは、先代の専門性と経営の成り立ちや、企業の沿革といった先代経営の特徴を理解するように努めます。そのうえで、支援の依頼理由を明確にするとともに、どんな思いで後継者を選択し、何を期待しているのか、自分はいつ退くつもりなのかなど、課題解決につながる話を聞き出します。さらに、組織内の力間関係、年齢的階層、同族、親族の配置と利害関係等も聞いておくとよいでしょう。

筆者は、インタビュー調査のツールとしてトヨタ生産方式で著名な「なぜなぜ分析」をよく用います。経営課題について「なぜ」を繰り返すことによって、支援先の経営者が「他責」（経営結果を他人の責任とする傾向があること）か「自責」（経営結果を自分が行うべきことを行わなかったために生じたとする傾向があること）のいずれの傾向があるかを見極めるためです。伊丹（2013）は、経営者に向かない人として「私心が強い」、「人の心の襞（ひだ）がわからない」、「情緒的にものを考える」、「責任を回避する」、「細かいことにでしゃばる」という性癖を1つでもかなり強く持っている人はよき経営者にはなれそうもないとしています（p.131）。筆者のこれまでの経験でも、他責の経営者にコンサルティングを行うことは容易ではないと感じています。

② 後継者

次は、後継者です。インタビューでは、事業承継に関する後継者の覚悟や信念、先代や事業に対する思い、従業員との関係、自分に足りないものなど、後継者の経営に対する考え方や価値観につながる内容を聞き出します。また、社内の知的資産の承継においては、先代・古参従業員さんが有するそれまでの知識や技能を後継者自身が習得できるのかについても確認する必要があります。さらに、事業承継を契機とした経営革新が必要な場合には、企業内で主導的に

ふるまうことができるか、外部から積極的に知識技術を取り込むことができるか、といった点も確認しておくと支援活動を計画する際に役立ちます。

　なお、本書では後継者への事業承継支援を前提としているため、後継者との話し合いの機会はコンサルティングでの支援内容や計画作りの重要な場となります。コンサルタントは、そうした場を活用して支援の基本方針や経営や経営者の育成に対する考え方などをしっかりと後継者に伝え、支援課題の共有とコンサルタントへの信頼の醸成を図らなければなりません。また、先代に直接対峙することが難しい後継者の場合には、その間に立って双方の協力を得ながら支援活動を推進できるように、先代に対する後継者の思いや不満をしっかりと聞き出しておく必要があります。

③ 従業員

　従業員さんへのインタビューでは、下記の9つの項目を聞かせていただいています。事業承継後の組織設計や後継者の片腕育成に役立てるためです。人的企業とも呼ばれる中小企業では、その構成員の能力や性情の把握、評価はコンサルティングには欠かせません。この質問内容は、事業承継以外の経営支援活動でも同様です。

a. 現在の仕事の内容

b. 仕事の難しさ

c. それまでの仕事の経験（資格、経験）

d. 会社の良い点（誇り、自慢）

e. 人間関係（自分以外に関する内容も可）

f. 自社の商品やサービスについて（魅力、評判）

g. 自分に関係する仕事の改善点（不満）

h. 会社（社長）への要望事項

i. 後継者の評価

④ 利害関係者

　顧客、仕入先、金融機関などの利害関係者へのインタビューでは、先代や後継者の評価、企業の強み・弱みや業界や地域における評判など、経営者へのア

ドバイスや企業の将来像構築に役立つ内容を聞いていただきたいと思います。

（2）巡回調査

　前項のインタビュー調査で得た情報や次項以降の企業分析などの調査結果を、現地、現物で具体的に確認します。企業の実態は話を聞くだけではわからない点が多くあり、実際に設備や在庫、加工工程などを見ることは話の裏付けを得るだけでなく、後で述べる不要資産の削減などのさまざまな改善のネタにもつながります。さらに、従業員の仕事ぶりや応接態度、設備のレイアウトやトイレの使用状況などから、従業員のモチベーションや処遇、経営者の考え方などを感じ取ることができますし、企業内の掲示物や管理帳票からは経営幹部や管理者の働き方や生産性も確認できます。何よりも、コンサルタントが直接現場に行くことで、コンサルタントの存在や支援活動を公に認知していただくことができます。

　従業員さんにヒヤリングする場合は、事前に経営者に了解を取っておく必要があります。また、事前に経営者から従業員さんに紹介していただいたり、経営者の方に同伴いただいたりすると巡回調査をスムースに進めることができます。

（3）企業分析

　コンサルティングでは、決算書などの財務資料や業界情報、知的資産の保有状況などから、多くのツールを使って経営状況を分析します。ただし、多様性を持つ中小企業を平均的な企業の姿と比べてもあまり意味がなく、その企業特有の経営環境を前提として分析する必要があります。また、こうした多くのツールは企業診断には有効な情報を与えてくれますが、その分析結果が単純に改善策になるわけではありません。中小企業経営者は、分析結果がもたらす提案の内容や効果だけではなく、実際にどう進めて行くか、誰に担ってもらうか、果たして最後までできるのかといった実践上の課題で悩んでいる場合が多いからです。コンサルティングにおいては、こうしたツールの活用はあくまで

伴走支援の入り口にすぎないことを十分理解する必要があります。

① 財務分析

　代表的な分析手法には、収益性分析、効率性分析、損益分岐点分析、流動性分析、成長性分析、生産性分析などさまざまな分析方法がありますが、いずれもよく知られた内容であるため、ここでは説明しません。ただし、社長も工場作業者として働き、会計基準も曖昧な場合が多い中小企業では、財務上の"流動か、固定か"、"製造原価か、販管費か"といった区分は、経営者の考え方やそれまでの企業慣行などによって企業ごとに異なる可能性があり、「中小企業の決算書は、その8割は会計基準に準拠していない」（ウエスタン安藤2016、p.28）などともいわれています。

　つまり、コンサルタントは、財務諸表の数値だけで分析・評価するのは限界があることを念頭に置く必要があり、財務分析を行う際には、前項の巡回調査等を利用して、現地、現物での資産の有無、実際の人員配置や業務内容の確認を行うとともに、仕訳方法や勘定科目の使い方といった点も併せて確認する必要があります。また、必要に応じて業種、業界別のデータを準備して、支援企業の財務諸表の特徴や各項目の平均値等を調べておく必要があります。分析においては、特に以下の点を考慮してほしいと思います。

a. 経営者報酬、配当金の水準

　中小企業の経営者の報酬や配当金の決定には、経営者の恣意性がどうしても働きます。経営者の多くは、多くの資本を企業運営に提供しており、報酬や配当金にはそれらの回収という意味があるからです。また、経営環境の変化が大きい中小企業では、次期以降も同様の経営結果を達成できるかどうかを見極めるのが難しいからです。報酬や配当金の支払いには、過大な場合だけではなく、過少な場合もありますが、適正に経営状況を反映しているか確認します。さらに、経営者家族の報酬が支払われている場合には、勤務実態を十分見極める必要があります。

b. 資産内容の特殊性

　例えば、筆者が経営に携わってきた製造業では、会社資産の中心は機

械・設備になります。簿価的には大きな金額になりますが、専用機が多く汎用性がないため、実際の処分価格は二束三文です。とくに、サプライチェーンや地域の産業集積に属する中小企業の機械・設備は、関係特殊資産[3] であることを考慮する必要があります。また、減価償却についても、特別償却や増加償却等を行っている企業もある一方で、償却を行っていない企業もあり、簿価の見方にはくれぐれも注意が必要です。棚卸資産についても、一定の基準で評価の見直しや廃却等を行っている企業と、そうしたことを行わず、価値のない資産を計上し続けている企業もあります。巡回調査で、十分に資産内容を確認しなければなりません。

c.　大企業との違い

中小企業では、大企業と同程度の賞与や退職金を支払うことができる企業はわずかしかありません。従業員さんの給与水準も異なります。教育やレクリエーションなどの福利厚生予算も決して多いとはいえないでしょう。経営者報酬と同様に、経営環境の変化が激しい中小企業では、そうした予算が毎年確実に確保できる保証がなく、継続的に行うことが前提となる施策を実施することは大変難しいのです。こうした大企業との差を念頭に置いておく必要があります。

②　経営分析

財務分析以外の手法によって企業分析を行うツールには、SWOT 分析、3C 分析、4P 分析、バリューチェーン分析、バランス・スコアカードなど、主に経営学やマーケティングで紹介される手法があります。財務分析同様に、いずれもよく知られた内容であるため、ここでは説明しません。ただ、こうしたツールは、使用目的によっては次項の事業性評価にも使用される場合があり、分類区分は厳密なものではありません。

3　小林（2013）は、Dyer and Singh（1998）が関係資産の特殊性について、連続した生産段階が近接して立地する「立地の特殊性」、特定の取引相手のための、取引特殊的な資本への投資である「物的資産の特殊性」、長年の関係から、協働や特殊な情報、言語、ノウハウの蓄積によって生まれる取引特殊的なノウハウである「人的資産の特殊性」の 3 つに分類していることを紹介しています。

　コンサルタントは、経営分析においても中小企業の特徴を十分踏まえて実施する必要があります。とくに以下の点には配慮が必要です。

a.　競争優位の継続性

　一般に、経営分析の対象は企業であり、その競争優位は経営者が替わっても維持されることが前提です。しかし、属人的な企業である中小企業では、企業の持つ競争優位は経営者や一部の職人などの人的能力と密接な関係があります。分析結果から得られた競争優位が、今後も継続して維持されていくかどうかを見極めるためには、企業運営の仕組み、責任・権限や業務の標準化、文書化の程度、企業内の教育の状況などと合わせて、分析する必要があります。事業承継をひかえた企業では、後継者の考え方や経営革新によっても大きく変化する場合があります。

b.　中小企業経営の特徴

　経営分析で使用されるツールの多くは、大企業における分析で使用されるものです。これまでの繰り返しになりますが、中小企業にはもともとさまざまな制約があり、経営環境の変化に大きく影響を受けます。経営分析で得られる結果は、こうした特徴を反映したものであることが考えられ、「中小企業の特徴を持つことが悪いこと」になりかねません。例えば、「自社製品を持つべきだ」や「下請け業者から脱却すべきだ」という分析がそれです。もちろん、そうした長期的な視点や目標は必要ですが、その前に現状を前提として、どうあるべきかを十分検討する必要があり、支援企業そのものの経営の特徴の否定や転換を求める分析結果の安易な導出は、意味のないことだと思います。

c.　外部環境の介在

　中小企業経営は限定的なエコシステムの中で成立しており、地域の産業集積や経営者や企業の評価、人口動態、企業間のネットワークなど、外部環境の影響を大きく受けています。分析においては、企業の競争優位の維持や戦略策定において、どの程度外部環境の介在が必要かを見極める必要があります。一見、経営に関係ないと思われる経営者の社会的活動や企業

の地域貢献が、企業の競争優位を支えている場合もあります。中小企業の経営分析は、こうした外部環境の介在を十分理解したうえで進めていく必要があります。

（4）事業性評価

　ここでは、ローカルベンチマーク、事業性評価シート、VRIO 分析など、企業の持つ経営資源を分析・評価する手法やツールを使用する際の留意点を紹介したいと思います。事業性評価という言葉は、2014 年度に金融庁が発表した重点施策である「事業性評価に基づく融資への取組み」から広く認識されることになりましたが、経営学では、企業の経営資源や競争優位に注目する RBV（リソース・ベースト・ビュー）論などで広く論じられてきた視点といえます。しかし、これまで述べてきたように、中小企業の経営資源や競争優位は人的資源に依存し、業態も多様であるため、その強みや競争優位は、大企業のように普遍的であるとは限りません。

　コンサルタントが、支援企業の事業性を評価する場合には、専門的な知識が必要なだけでなく、多くの視点から現実的に行うことが要求されます。グローバルニッチとなるような企業自体は、ほんの一握りの企業だけなのです。ここでも紙幅の都合で手法やツールの説明はしませんが、経営分析と同様に以下の点を考慮する必要があります。

a. 事業の拡張性

　下駄や和傘、着物や仏具などの日本の伝統的な製品には、永く企業内で受け継がれてきた職人の技能や伝統が必要であり、老舗と呼ばれる企業には、一朝一夕で真似のできない強みがあります。しかし、そうした企業の事業の拡張性、将来性は、それら製品に対する将来的なニーズに依存しており、それらの強みの維持・継続だけが企業の存続や発展を保証するものではありません。また、それら技能の承継は長い期間を要する場合が多く、承継者の有無やその期間が問題となる場合も少なくありません。企業の持つ競争優位や強みがいつまで価値を持つものなのか、そうした点から

の分析も必要です。

b. IT 化の影響

　筆者が携わってきた金属加工業界では、1980 年代に加工機械の NC 化というイノベーションが生じ、それまで蓄積されてきた熟練の技能は、その価値の大半を失ってしまいました。IT 化は、それまでの競争優位を根本的に変化させるものであり、中小企業の持つ技能やノウハウの評価には、そうしたイノベーションの出現という要素を加味する必要があります。ただし、IT 化は一方で、「スキルやノウハウのデジタル化が一般的になればなるほど、上記のアナログ的な判断業務がボトルネック化しやすくなる」といわれており（中馬 20001、p.255）、IT 化が新たな技能を生み出すチャンスにもなります。

c. 中小企業の役割

　第 1 章で述べたように、中小企業経営は「地域や企業が属する業界、サプライチェーン、及びその文化や産業基盤といった限定的なエコシステムの中で成立しているビジネスシステム」です。中小企業の持つ競争優位は、大企業と同様な普遍的な独自性や希少性を持つものだけではなく、その地域、その業界などにおける企業の存在自体が強みとなり得るのです。過疎地における雑貨店、地域の名産品や土産物の販売業者など、地域の暮らしや文化を支える中小企業は、その存在自体が役割を持っていることが認識されるべきです。

（5）同族性評価

　同族企業がほとんどである中小企業では、事業承継の問題も同族性に大きく影響を受けます。コンサルタントは、そうした同族経営の特徴を理解するためのアプローチとして、インタビュー調査などを通じて、以下の a〜c の 3 項に示した同族経営の実態、特に、ファミリービジネスとしての在り様、歴史、先代と他の同族経営者、先代と後継者の人的関係や同族内での地位、先代と後継者のリーダーシップなどを分析し、理解する必要があります。

なお、同じ"同族"でも、自社株対策における税務上の同族判定基準については第3章で紹介します。

a.　企業の沿革

　経営者の考え方や行動は、それまでの経営者の考え方や行動、企業の実績に影響を受けています。製品や技能も同様です。特に同族経営においては、経営者間でそうした経験や実績が共有されており、企業や同族経営の歴史を知ることは、課題解決の重要な手掛かりになります。例えば、自社株の移転に問題がある場合には、その代の経営者間の争いだけではなく、先代の経営者間の争いが影響している場合があります。また、経営革新を支援する場合にも、その企業の沿革を十分理解し、創業時に立ち返って企業の価値や存在理由を理解することが提案の早道になることもあります。

b.　先代、後継者の同族的地位

　同族企業では、長子（長男）による承継が一般的です。そのため、先代の親族内、家族内の地位は、承継者の選択や決定時期に大きな影響をもたらす場合があります。事業承継支援では、先代が長子でない場合には、先代はなぜ経営を承継したのか、誰から承継したのか、長子の子供は企業内にいるのかなど、先代や後継者の同族的地位の理解が、経営に対する意欲や責任感を理解することにもつながります。非常にセンシティブな問題でもあり、取り扱いには十分な配慮が必要です。

c.　経営者のリーダーシップ

　先代と後継者のリーダーシップの関係は、事業承継が従前経営の維持か、革新を行うかによっても異なり、従前経営の維持が前提の場合には、後継者のリーダーシップは、先代のリーダーシップの欠点を補完するようなリーダーシップとなり、経営革新を前提とする場合はワンマン的リーダーシップになります（神谷2019）。同族企業の場合は、先代と後継者が親子である場合が多く、先代の影響はかなり強くなります。事業承継においては、こうしたリーダーシップの相違が問題を引き起こしている場合があります。

第3章

資産承継の
コンサルティング

　事業承継において社会的な最初に議論の中心となったのは、中小企業ならではの事業資産の承継についてです。多くの中小企業では個人と企業が不可分であり、事業承継には先代の個人所有資産の相続や贈与という側面があります。また、後継者の承継資産の中心となる中小企業の株式には、一般に市場性がなく、評価方法にはさまざまな課題がありました。そのため、1990 年頃までの事業承継といえば、そうした資産の承継が中心のテーマであり、自社株式や個人所有の事業資産の円滑な承継を図り、経営を安定化させるための税制等の議論が盛んに行われてきました。

　事業承継問題が社会的課題として広く知られるようになったのは、最近のことといえます。中小企業白書（2011）の「第 2 部第 2 章第 2 節　構造的課題への対応」では、事業承継は「中小企業の事業引継ぎ」と呼ばれ、東北大震災、円高、デフレ等による売上の減少という短期的な経営課題に加えて、国内需要の減少、グローバル化の進展による競争の激化等のさまざまな構造的課題によって中小企業者数が 1986 年の約 532 万社から 2006 年には約 420 万社と 21.4％減少していたため、事業引き継ぎを含む事業継続に係る支援体制を整備していくことが重要とされていました。中小企業白書において、事業承継という言葉が項を割いて初めて登場したのは、中小企業白書（2013）の「第 2 部第 3 章　次世代への引継ぎ（事業承継）」であり、経営者の高齢化と後継者難によって、中小企業・小規模事業者が有する技術やノウハウ等の貴重な経営資源を喪失させないために、円滑な事業承継に向けて、その準備に早期から計画的に取り組むことが求められるとされました。つまり、事業承継問題は、事業資産の承継から経営環境の変化によって生じる事業継続の課題や後継者不足といった経営の承継に重点が移り、親族承継だけでなく、親族外承継、M&A といった承継者の多様化が論じられ、経営の承継が事業承継の中心的課題となってきました（中小企業白書 2006）。

　さらに最近では、知的資産の重要性が議論されるようになってきており、その理由として、中小企業基盤整備機構（2007）はグローバル化や団塊の世代の高齢化や大量退職（いわゆる 2007 年問題）を取り上げています（同、pp.1-

5)。知的資産は、企業の競争力や価値の源泉であるとされ、事業承継においては先代が自社の強み・価値の源泉を経営者が理解・整理して、後継経営者に承継することが重要であるとされています（中小企業白書 2016、p.19）。これまでの議論の変遷が示すように、中小企業における事業承継には「資産」、「経営」、「知的資産」という 3 つの側面があり、それを後継者が同時に承継するという特徴を持っているのです。そこで本書では、これまでの議論の流れに沿って、資産承継（第 3 章）、経営承継（第 4 章）、知的資産承継（第 5 章）の順に説明していきます。

　資産承継で支援を依頼される課題の解決策には、税務上の問題や法律上の問題も多く関連し、コンサルティングには税理士、弁護士などの専門家の援助が必要な場合が数多くあります。そうした専門的な内容を本書だけで説明するのは困難であり、ここでは、税理士や公認会計士、弁護士といった法律的な専門家以外のコンサルタントや支援機関が行うコンサルティング活動について説明していきます。コンサルタントの役割は、できるだけ多くの解決策を提示し、経営者に合理的で効果的な選択を可能にすること、また、適切な専門家を紹介するなど、経営者の代弁者、仲介者として課題の早期解決を支援することなどが中心になります。具体的なテーマについては、特に親族内承継においては「税負担への対応や株式・事業用資産の分散防止、債務の承継への対応に関して特に大きな課題が発生しやすい」といわれており（中小企業庁（2022）『事業承継ガイドライン』、p.37、以下ガイドラインと略）、ここでは「自社株の移転」、「個人と企業の分離」（資産、負債関係）、「後継者の資産作り」、「先代遺産の相続（贈与）」の 4 つのテーマを取り上げます。

0　資産承継の捉え方

　筆者が経営者時代によく耳にした資産承継に関する課題は、「経営を引き継ぐだけなのに、売れもしない自社株の取得に税金や手数料を支払うのは納得できない」といった金銭面の課題と、後継者が引き継ぐ自社株や先代の個人資産

の関係者が身内になる場合が多いため、それらの引き継ぎ内容を決定する際に「ぎくしゃくするのは嫌だ」、「今決めたくない」といった人的関係性の課題があります。こうした課題は、単純に経営者の気持ちの問題だけではなく、中小企業の承継資産の評価に関する法律的、制度的な課題が背景にあります。例えば、典型的な自社株の承継の場合を見てみましょう。

　さくら綜合事務所（2019）では、「事業承継の際のオーナー企業株式の移転における課税上の最大の問題点は、株式の保有は換価ではなく経営の把握を目的としているため、将来にわたり継続して保有する前提の資産である担税力がないにも関わらず、譲渡においては時価による対価の収受を、相続・贈与においては換価を前提に評価され、納税額が計算されてしまう点にある。この税負担が後継者選定を困難とし、株式を分散させ、経営を圧迫し、中小企業の事業承継の進行を難航させてきた要因の一つであるとも考えられる」としています（同、p.30）。つまり、自社株式を承継する後継者には、それを売却する意図はない（できない）のに、お金に換えることを前提に納税額が決定されるとしているのです。また、その評価方法についても、「後継者が取得する承継会社の株式を純資産価額方式で評価するということは、会社として事業を堅実に維持するために保有している財産を、個人が自由に使える財産として取得したと同じような構造で計算することとなり、実態と乖離した納税額が生じてしまうことになる」（同、p.67）としています。筆者は、大企業と中小企業は事業の継続可能性という点において同一ではなく、ゴーイングコンサーンを前提とする大企業に適用される株式評価等の考え方を中小企業に当てはめることにはかなり無理があると考えています。

　もちろん、中小企業にも上場を目指す企業もありますし、経営者が大株主であることで恣意的に報酬を決定したり、会社資産を個人的に使用したりする企業もあります。しかし、ほとんどの中小企業の経営者は、個人資産を事業のために提供し、親族や身内の力を借りて経営を維持しており、中小、零細企業の経営者（役員）の報酬は決して高いものではありません[4]。資産承継の対象となる資産は、当然のこととして企業経営と関連があるものが中心であり、法律

上の配慮がなければ、後継者が納得できる承継は難しいと思います。こうした中小企業経営の実態に対する理解や大企業との違いを十分考慮し、中小企業の経営者が納得できる法や制度の整備が望まれます。

　コンサルタントは、資産承継に対する中小企業経営者の思いを十分理解してコンサルティングに臨む必要があります。

自社株の移転

　資産承継の主要な課題は自社株の承継であり、国も2009年度の税制改正において事業承継税制を創設し、2018年に大きく改正するなど、事業承継時の贈与税・相続税の納税を猶予することを重点にこの問題への解決を図ろうとしています。本章では、この問題を中心に説明をしていきますが、中小企業者は全体の6～7割程度が赤字であるとされ、大半は個人事業者であるため、自社株式の移転が金銭面から問題となる企業はそれほど多くはないというのが筆者の実感です。

　コンサルタントは、自社株の評価が高い企業から株式の承継支援を依頼された場合には、以下の（1）～（3）の手順で支援を進めていきます。

（1）事前調査と資本政策の計画

　自社株式の承継は、企業の沿革や規模、経営者の考え方などによって、問題も解決策も一様ではありません。コンサルタントは、まず事前調査を行い、自社株を「誰に、どのように、いくら引き継ぐのか、資金調達はどうするか」といった資本政策を先代や後継者とともに検討していきます。

4　平成25（2013）年の「民間給与実態統計調査」（国税庁）によれば、中小企業役員平均年収は、全体で613万円、資本金5,000万円1億円未満では1,037万円となっています。また、個人事業主の場合は、「平成30年分申告所得税標本調査結果」（国税庁）によれば、平均年収（所得金額）は417万円となっています。

① 事前調査

　課題の解決策を提案するためには、さまざまな角度からの事前調査が欠かせません。先代や後継者が金銭面の課題と思っていることが、実は人的関係性の課題から生じている場合もあるからです。コンサルタントには、経営者の言動に惑わされることなく、自分の目と耳で調査をすることが求められます。調査対象には、主に以下の項目が挙げられます。

a.　企業業績の程度

　黒字となっている期間や金額だけでなく、減価償却や資産の評価替えの程度、従業員の給与・賞与や役員報酬など、自社株式の価値を形成する財務的な項目をしっかりと把握します。さらに、金融機関の借入金等における債務保証残高、経営者が提供している担保等の内容についても調査しておきます。

b.　同族、親族への処遇

　自社株の移転が問題となる背景には、自社株を持つ同族への処遇が関わっている場合があります。後継者への自社株の移転を阻害する原因には、社内にいる同族、例えば、先代の兄弟や従弟などの報酬や地位に対する不満が隠れていることが多いのです。

c.　業態特有の問題

　建設業などの許認可業務の場合には、事業譲渡、合併、分割や相続があっても許認可を承継することはできません。支援企業がそうした許認可が必要な企業かを調査しておきます。なお、建設業では、2019 年の法改正により建設業許可を承継できるようになっています。

d.　株式の分散具合

　株主名簿を確認し、後継者が承継を受ける株主数を洗い出します。業歴の長い企業では、経営者へのヒヤリング等により、名義株主や所在不明株主の有無、これまでの株式承継の経緯を確認する必要があります。また、同族会社、特定同族会社に該当するかどうかも確認しておきます。特定同族会社に該当する場合には（**図表 6 を参照**）、通常の法人税のほかに一定

の特別税率（いわゆる留保金課税）が課されます。

図表6　同族会社の判定

区分	定義
同族会社	会社の株主等の3人以下、並びにこれらの株主等と特殊の関係のある法人及び個人（同族関係者）が、その会社の株式の総数又は出資金額の50％超を保有している会社。同族会社の判定に当たっては、単に株主等3人だけではなく、その株主等の「同族関係者」の持分を合わせて1グループとし、これを1人の持株とみて、3グループまでの組み合わせで株式等の50％超を保有しているかどうかを判定する。ただし、医療法人などの法人や協同組合などの組合は会社でないため同族会社には該当しない。
特定同族会社	特定同族会社の特別税率の適用を受ける特定同族会社とは、同族会社のうち、1株主グループによる持株割合等が50％を超えている会社。発行済株式の50％超を1株主グループにより支配されている会社（以下、「被支配会社」という）で、被支配会社であることについての判定の基礎となった株主等のうちに被支配会社でない法人がある場合には、当該法人をその判定の基礎となる株主等から除外して判定するものとした場合においても被支配会社となるものをいう。

出典：さくら綜合事務所（2019）p.28 に筆者加筆

e.　後継者に承継する自社株式の割合

　自社株式の承継に際しては、後継者に対してどの程度資本を集中するべきかが問題となります。保有数が多いほど後継者の権利は強くなりますが、相続や次期承継の際の問題も大きくなります（**図表7**参照）。自社株式の集中度合いは、後継者の経営能力を十分把握したうえで決定する必要があるかもしれません。欧米のファミリービジネスでは、後継者は親族であることや自社株の保有数ではなく、「能力は血よりも濃い」（Craig & Moores 2019、p.45）という考え方で選任されるといわれます。筆者は、日本の中小企業にもそうした考え方が広まるとよいと思っています（第7章「2.　企業運営と公的支援の在り方の革新」参照）

図表7　株式保有割合による行使可能権利

議決権保有割合	行使可能権利	権利の内容
1%以上	議案提出権	株主総会における議案の提出が可能
3%以上	「少数株主権」の行使	株主総会の招集、帳簿閲覧（総会時）、取締役の解任請求など
4分の1（25%）以上	「特別決議」の否決	株主総会において特別決議を阻止できる
3分の1（33.4%）以上	「特別決議」の否決	株主総会において特別決議を阻止できる
2分の1（50%）以上	「普通決議」の可決（いわゆる会社の支配権）	取締役や監査役の選任・解任、配当額の決定など総会決議を要する事項の決議ができる
3分の2（66.7%）以上	「特別決議」の可決	定款変更、営業権譲渡、M&A など重要事項に関する決議ができる
4分の3（75%）以上	「特別決議」の可決	株式の譲渡制限を新たに付す場合の定款変更などに関する決議ができる
100%以上	「全会一致」による可決	発行済み株式の種類株式変更などの決議ができる

出典：さくら綜合事務所（2019）p.27 より

② 資本政策の検討

　事前調査が終了したら、コンサルタントは後継者とともに提案する資本政策を検討します。資本政策には、事業承継税制の適用によるほか、個人間の売買、贈与、従業員持ち株会の活用や持株会社の設立、事業会社の分社など、さまざまな政策があります。**図表8**にまとめましたので、参照願います。これら以外にも、金融機関からの借入金、賃貸マンションの購入や保険商品の活用など、金融や財務的な手段によるものもあります。しかし、それらの手段はいわば課題の先送りであり、投資の失敗は本業にも大きく影響するため、本書では取り上げません。さくら綜合事務所（2019）でも、「節税ばかりに気を取られ、多額の不必要な資産を購入したり、意味のない組織再編を行ったりすることで、コストがかさみ財務体質が弱体化し、ついには倒産に至るということでは本末転倒である」としています（p.167）。

　コンサルタントは、後継者に対してさまざまな機関に対して相談することを勧め、それぞれの資本政策のメリット、デメリットを十分理解してもらってか

図表8 さまざまな資本政策とその概要

資本政策	概要
a. 持株会社の設立	持株会社を設立して、事業会社を子会社化する方法です。いったん事業会社の子会社化ができれば、事業会社の増資や持株会社の減資、種類株式の発行等により、経営にふさわしい資本政策を改めて行うことができます。
b. 事業会社の分社	会社を資産管理会社と事業会社に分割して、事業会社の株式を後継者に、資産管理会社の株式を後継者以外の相続権者に渡す方法です。事業会社をコンパクトにすることによって、後継者が少額の資金で経営権を獲得することが可能になる場合があります。
c. 合資会社の活用*	合資会社が無限責任者と有限責任者で構成されることを利用する手法です。主に有限責任者の出資する持株会社と無限責任者である後継者（またはその持分を所有する会社）による合資会社を設立して、会社の持株会社とする方法です。
d. 後継者資本による会社設立	後継者資本によって会社を新設し、事業承継に対処する方法です。会社の株主構成や株式移転の難易にかかわらず実施できる利点はありますが、長期的な対応や専門的な知識を必要とします。
e. 従業員持株会制度の導入	従業員持株会への株式移転は、オーナー経営者の持株を減少させ、税負担の減少につながる場合があります。また、従業員のインセンティブにもなり、長期安定株主を得ることができますが、退職した従業員との間でトラブルになりやすいという欠点があります。
f. 種類株式の発行	優先配当条項の付いた無議決権株式を発行し、それら株式を後継者以外の相続権利者に渡し、後継者に普通株式を渡す方法です。必ずしも無議決権株式優先配当条項を付ける必要はありません。黄金株を発行して、後継者に持たせるという方法もあります。
g. 公的支援の活用（経営承継円滑化法による株式の取得）	いわゆる事業承継税制による株式の移転です。事業承継税制は、経営継承円滑化法に基づく認定のもと、会社や個人事業の後継者が取得した一定の資産について、贈与税や相続税の納税を猶予する制度です。この事業承継税制には、会社の株式等を対象とする「法人版事業承継税制」と、個人事業者の事業用資産を対象とする「個人版事業承継税制」があります。（国税庁ホームページより）
h. 個人間の売買、贈与	売買、贈与、相続等によって、先代等から後継者などに株式を移転する方法です。後継者などが資金調達する場合、遺言書の作成や信託の活用による移転などさまざまな手法があります。贈与税の暦年課税、相続時精算課税制度、事業承継税制、小規模宅地等の特例、死亡退職金に対する相続税の非課税枠、死亡保険金に対する相続税の非課税枠などを活用します。
i. 株式上場	上場が実現できれば、換金することが難しかった自社株式を市場で売買できるようになり、納税対策としては有効です。また、会社の知名度向上や優秀な従業員の採用にもつながりますが、多額の上場維持コスト（毎年1,000万円程度）や経営に対する株主からのプレッシャーが生じます。2009年には、一般市場よりも柔軟な"上場基準・制度設計"が可能な東京プロマーケット市場が開設されています。

表は筆者作成。＊合資会社を活用した資本政策については、松木（2007）p.84を参照。

ら判断を求めます。公的な相談窓口を利用してもよいと思います。

　また、これら資本政策の多くは、税理士、弁護士などの専門家との協業が必要です。コンサルタントは、採用する資本政策が決定したら、専門家とともに実施に移すための具体的な手順や計画（以下、資本計画といいます）を先代や後継者とともに検討します。

（2）株式評価と資本計画の実施

　資本計画が定められたら、以下の①～③の手順に従って専門家とともに自社株式の評価を行い、株価をできるだけ引き下げたうえで、資本計画を実施していきます。ただし、すでに資本政策を決定して、株式の評価を行ったうえで資本計画の実施に向けた支援を依頼される場合もあります。

① 株式の評価

　株式の評価方法には、類似業種比準価額方式、純資産価額方式及びこれらの併用方式という「原則的評価方式」と「配当還元方式」があり、同族株主の有無や株式の集中度合いによって評価方法が決められます。さらに、原則的評価方式の選択は、会社の規模によって**図表9**のように決められています。また、大会社、中会社、小会社の区分は、業種によって、総資産価額と売上高により業種ごとに定められています。詳細は国税庁のホームページ等で確認をお願いします。

図表9　会社規模による評価方式

会社の規模	評価方式	備考
大会社	類似業種比準価額	純資産でも良い
中会社の大	類似業種比準価額×90％＋純資産価額×10％	
中会社の中	類似業種比準価額×75％＋純資産価額×25％	
中会社の小	類似業種比準価額×60％＋純資産価額×40％	
小会社	純資産価額	類似業種比準価額×50％＋純資産価額×50％でも良い

出典：さくら綜合事務所（2019）p.53 より

② 株価の引き下げ

　円滑に資本政策を遂行していくためには、できるだけ株式の評価額を引き下げておく必要があります。本章の最初に述べたように、中小企業の経営者の多くは税金や手数料をできるだけ少なくしたいと考えているからです。株式の評価は、主に企業の資産や利益、配当金の額が基準となっているため、株価の引き下げ策としては、評価計算の要素である資産や利益、配当金の圧縮や見直しが中心となります。

　財務的な利益の圧縮方法をさくら綜合事務所（2019）から紹介すると、「投資不動産の購入による資産および利益の圧縮」、「損金性の高い生命保険加入による利益の圧縮」、「含み損失を抱えた資産の売却・除却による利益の圧縮」、「航空機リース（オペレーティングリース）等による利益の圧縮」、「多額の役員退職金支給による利益の圧縮」等が紹介されています。ただし、前述したように財務的な手法による圧縮策は好ましいものではありません。また、財務的な手法以外では、「会社規模区分の変更」、「純資産価額方式の対策」、「議決権保有状況の調整」などが挙げられています（同、p.167）。

　税理士や公認会計士以外のコンサルタントが単独でできる方法に、不要資産の処分や償却資産の見直しによる資産の圧縮を挙げることができます。不要資産の処分とは、企業内にある有形資産を調査し、使っていないもの、不要なものを処分することです。筆者は、不要物の発見にトヨタ生産方式で活用される"赤札作戦"[5]を用いています。事務所や倉庫、工場の3S（整理、整頓、清掃）を容易にし、スペースの確保や経費等の削減につながるため一石二鳥です。また、償却資産の見直しとは、すでに存在していない資産が計上されていないか、未償却な資産はないかを確認するものです。取り壊した建物の改築や増築部分、廃棄した設備の追加工事部分などが対象となります。資産の圧縮は、通常時の経営においても企業の重要なテーマであり、筆者は前職で積極的な減価償却や遊休設備の廃棄に積極的に取り組んできました。

5　不要品と思われるものや不要品かどうかわからないものに、赤い札（タグ）を貼って、本当に不要かどうかチェックし、不要物を整理していくこと。

③ 資本政策の実施

　株式の評価やそれに伴う株価の引き下げが終了したら、経営者、専門家とともに資本政策を実施していきます。資本政策の内容については、前掲した**図表8**を参照願います。以下に、実施手順の概要を説明します。ただし、実際の順序は事例によって異なり、また、いくつかの項目が同時並行的に行われます。

a. 資金調達

　資本計画を進めるためには、自社株取得のための資金や別会社設立のための出資金など、経営者及び後継者にはさまざまな資金が必要となります。経営承継円滑化法（中小企業における経営の承継の円滑化に関する法律）による金融機関からの資金調達も可能ですが、同族企業の後継者であれば会社からの借入金や先代経営者からの贈与などによっても調達することができると思います。従業員による事業承継においても、高い価値を持つ自社株取得資金であれば、融資に応じる金融機関は多いと思います。また、最近では、事業承継に活用可能なさまざまな信託が出てきており、コンサルタントは常に情報のアップデートが必要です。

b. 法律上の手続き

　資本政策によっては、会社の定款変更や議決権集約のための法律手続きが必要となります。また、所在不明の株主がいる場合にも、催告や売却などのための法律手続きが必要です。弁護士さんに相談しながら進めます。

c. 関係者の説得

　後継者などに自社株式を譲渡する人や、先代経営者の相続人、別会社設立のために協力を得る人などの関係者に対して、資本計画を説明し、了解していただく必要があります。同族企業の場合は、関係者が身内同士である場合が多く、先代、後継者による説得が却って難しい場合もあります。コンサルタントは、第三者的な立場から説得について協力を申し出たり、関係者同士が話し合う機会を設定したりするなどの支援を行うとよいと思います。

d.　社内体制作り

　資本計画の実施に伴い、計画達成後の社内体制も整備する必要があります。分社化などの政策を採用した場合には、経営権の分散リスクに備えた体制作りを行う必要があります。子会社取引等、同様の株主構成による企業間の取引では、利益相反にならないような取締役を構成する必要があります。後継者による通常の承継の場合は、第4章「4.　後継者による組織マネジメント」を参照してください。

(3) 次期資本計画の準備

　企業が存続していく限り、自社株の承継という課題は続いていきます。後継者は、経営者に就任したら直ちに、長期的な視野に立って次期資本計画を準備する必要があります。自社株取得資金の非課税贈与や後継者資本による会社の設立による承継には、10年以上の長い期間が必要と思われるからです。欧米のファミリービジネスのように、所有と経営を分離することができれば、自社株の取得は相続問題であり、事業承継とは分離して計画することが可能になります。ただし、わが国には金融機関等の個人保証を求める取引慣行があり、所有と経営を分離することは、後継者として有能な経営者の登用可能性が高まるものの、経営を他者に任せたために生ずる「オーナーが負担する資産的リスク」、経営の「機動性の低下」、「経営者や従業員のモチベーション」などに問題が生ずるとされています（日本公認会計士協会2017、p.13）。

2　個人と企業の分離

　中小企業の多くは同族経営であり、経営者のほとんどは大株主、つまりオーナー経営者です。そうした企業では、これまで述べてきたように所有と経営が分離しておらず、たとえ法人であっても、経営者の個人的な能力や資産を背景に企業運営がなされています。しかし、そうした運営を続けることは、恣意的な報酬の決定や個人経費の会社への付け替え等につながるだけでなく、企業の

発展を妨げたり、企業への信頼性を低下させたりする要因になりかねません。また、一方で、経営者の個人的な保証能力を前提とした資金調達構造を生み、借入依存度が高い中小企業では、事業承継における個人保証の引き継ぎが重要な課題[6]となっています。そうした企業の事業承継では、先代個人の事業用資産を後継者が引き継ぐことが前提となるため、承継を難しくする要因の一つに挙げられています。

　本節では、さまざまな問題を生じさせる経営者の事業用資産の提供について、個人と会社の分離という観点から、贈与や相続による先代と後継者という個人間の移転ではなく、会社への移転を含めて説明していきたいと思います。

（1）対象資産の特定と移転計画

　ガイドラインでは、「事業承継に向けた5ステップ」のステップ2において、会社の経営状況の見える化として①経営者所有の不動産で、事業に利用しているものの有無、②当該不動産に対する会社借入に係る担保設定、③経営者と会社間の貸借関係、④経営者保証の有無等などから、会社と個人の関係の明確化を図るとしています（p.22）。これらに関連する経営者の個人資産が分離すべき対象資産であり、コンサルタントは決算書や経営者への聞き込みによって、会社への移転を行う対象資産を特定していきます。また、逆に企業から個人に移転すべき資産もあると思います。原則は、実際の資産の利用状況に合わせた所有者とすることであり、できるだけ譲渡所得や移転に伴う手数料などの負担を少なくすることが必要です。

① 個人から法人への移転

　個人資産の移転については、売却や贈与、交換の特例といった方法が考えられます。交換の特例[7]とは、固定資産である土地や建物を同じ種類の資産と

6　中小企業の融資における合理的な保証契約の在り方として、金融庁と中小企業庁の後押しによって、日本商工会議所と一般社団法人全国銀行協会を事務局とする研究会から「経営者保証ガイドライン」が平成25（2013）年12月に公表され、平成26（2014）年2月1日から適用が開始されています。

交換した時は、譲渡がなかったものとして扱われることです。**図表 10** のように、経営者、会社のどちら側の立場で検討するかで、そのメリット、デメリットは異なったものになります。

　a．法人による買い取り

　　法人が、代表者、家族の資産を自己資金や金融機関等の借入等により買い取ります。一括して売買する以外に、長期分割して買い取ることにより、個人が一定の収入を長期間得ることもできます。売買価格の設定に恣意性がないことが求められるため、近隣の売買事例を参考にし、税理士や不動産鑑定士の利用も含めて検討します。法人が個人に賃借料を払ってい

図表 10　個人資産の移転手段

移転方法	経営者		会社		計画上の留意点
	メリット	デメリット	メリット	デメリット	
売却	・現金が入ってくるため、さまざまな使途に活用できる	・売却による税や手数料の負担がある	・退職金や承継後の給与として活用できる	・購入による税や手数料の負担がある	会社所有建物の底地であれば安く手に入れることができる
贈与	・法人の財務状況を改善できる	・みなし譲渡所得課税が発生する	・資金負担が少なくなる	・受贈益に対して、法人税がかかる	同族会社の株主に対して贈与税を課税される可能性がある
交換の特例	・譲渡所得税や所得税が課せられない	・不動産鑑定士などに支払う経費負担がある	・購入資金を用意する必要がない	・交換用の資産が必要・不動産鑑定士などに支払う経費負担がある	適用条件があるため、不動産鑑定士や税理士などの専門家の支援が必要

筆者作成

7　個人が、土地や建物などの固定資産を同じ種類の固定資産と交換した時は、譲渡がなかったものとする特例があり、これを固定資産の交換の特例といいます。「交換により譲渡する資産は 1 年以上所有していたものであること」、「交換により取得する資産は、交換の相手が 1 年以上所有していたものであり、かつ交換のために取得したものでないこと」などの適用要件があります。また、交換の相手が親族の場合には交換特例によって所得税が課税されなかったとしても、価額の差額に対して贈与税の課税がされる恐れがあります。

る場合には、売買価格に賃借権を考慮する必要があります。

b. 法人資産との交換

　移転によって得られる不動産を活用して収入を得たい場合には、法人の持つ不動産と交換の特例を使って交換することを検討します。等価と見なされる部分については、不動産の譲渡所得が発生しないため、移転費用を削減することができます。ただし、不動産鑑定士を入れて慎重に実施しないと、「役員賞与」や「寄付行為」に認定されたり、「背任」などの問題を起こしたりする可能性があります。（適用条件については、前頁の脚注7を参照）

c. 親族の不動産の移転

　経営者（代表者）以外の親族の保有する不動産を法人が借用している場合には、上記a、bの方法によるほか、代表者個人の保有する資産との交換の特例を活用したい点を検討し、いったん代表者の所有にしてから法人への移転を行うほうがやりやすい場合もあります。

② 法人から個人への移転

a. ゴルフ会員権、自家用車等

　代表者が利用しているゴルフ会員権や自家用車を法人から移転する場合には、一般に「現物支給による賞与や退職金」として名義変更します。ゴルフ会員権の譲渡価格については、市場相場を反映していることが必要であるため、できれば会員権業者を仲介させて移転したほうが、後日問題が生じにくいと言えます。また、自家用車については、法人の簿価や中古市場価格を参考に決定します。会員権や車両の譲渡価格が簿価よりも低い時価による場合には、移転によって評価替え（損出し）することとなり、法人に利益が生じている場合は利益圧縮につながる可能性があります。

b. 土地、建物

　基本は、前項①の手法を用いることになります。個人の資金調達方法としては、金融機関等の借入によるほか、経営者個人による法人への貸付金、個人への未払い金との相殺などが考えられます。また、長年かけて、

「賞与」等の名目で分割して所有権を移転していく方法も考えられますが、企業、個人ともに税金がかかるうえに、毎年登記を行えば登記費用が多額になってしまうという欠点があります。また、いずれの場合も取引は時価で行われたものと見なされるため、譲渡価格における恣意性に十分注意する必要があります。

（2）移転手続きにおける注意事項

　経営者（取締役）と法人との間の資産の移転手続きで最も注意しなければならないのは、これまで述べてきた譲渡価格における恣意性の問題と、移転の対象となる経営者と法人の利益相反取引の問題です。ここでは、利益相反取引について説明しておきます。

　利益相反取引とは、移転を行う法人と経営者の利害が相反する取引のことで、本項のほぼすべての取引がそれに当たります。会社法第355条では、「取締役は、法令及び定款並びに株主総会の決議を遵守し、株式会社のため忠実にその職務を行わなければならない」（取締役の忠実義務）と規定しており、経営者は会社を犠牲にして自身の利益を追求することはできません。そのため、取締役が利益相反取引をする場合には、取締役会の承認（取締役会を設置していない会社の場合は、株主総会の承認）が必要とされています。会社法第356条第1項には、以下の場合が利益相反取引に当たるとされています。

①取締役が自己又は第三者のために株式会社の事業の部類に属する取引をしようとするとき。
②取締役が自己又は第三者のために株式会社と取引をしようとするとき。
③株式会社が取締役の債務を保証することその他取締役以外の者との間において株式会社と当該取締役との利益が相反する取引をしようとするとき。

　ただし、経営者が無利息で企業に資金を貸し付ける場合など、同様な取引でも法人にとって不利益が生じない場合は、利益相反取引には該当しません。さ

らに、当該取引を行おうとする経営者（取締役）は、特別の利害関係を有するため決議に参加することはできない（会社法第369条第2項）ため注意が必要です。親会社と子会社間の取引も同様で、両社の取締役を兼任している経営者は、特別の利害関係があると見なされるため、兼任していない取締役だけが決議に参加することになります。利益相反取引によって会社に損害を生じさせた場合には、会社の承認の有無に関わりなく、経営者は会社に対して損害を賠償する義務が生じます。

　そのため、移転計画が決定したら、前節（2）③の手続きに沿って弁護士や不動産鑑定士などの専門家とともに、慎重に資金調達や移転手続きを進めていきます。事業用資産の会社の移転に伴って、先代の個人資産が企業で運用可能になる場合には、コンサルタントはその運用の相談にも応じることができます。

（3）職住近接の再検討

　個人と企業の分離に関して、「職住近接の解消」という問題を取り上げたいと思います。この職住近接という言葉は、一般的には通勤ラッシュの解消や働き方改革の観点から、職場の近くに住居を構えることを表していますが、ここでは経営者の住居とその企業が近接していることを表します。

　もともと中小企業は、これまで説明してきたように個人資産を事業に提供することが多く、経営者の住居と工場などの施設が近接している場合がほとんどです。この問題を取り上げるのは、そうした中小企業特有の資産構造は、経営者の長時間勤務や地域密着という点では有利ですが、企業の発展、拡大においては制約になっていると感じるからです。例えば、受注が拡大して工場を拡張したくても、自宅の解体や転居が伴う場合には断念してしまうといった事態が想定されます。筆者は永く製造業を経営してきましたが、発祥の地は工業地域から住宅地域に変わり、近隣からの苦情もあって、工業団地への移転を余儀なくされました。しかし、移転後はそうした制約もなくなり、多くの設備を導入して生産性を上げ、売上100億企業へと発展させることができました。一方

で、当時当社と同規模の企業で、従来どおりの職住近接を続けている企業は、ほとんど拡大することができていません。こうした中小企業を支援する場合には、個人と企業の分離を契機として、職住近接の解消を提案してほしいと思います。

後継者の資金作り

　事業承継を進める後継者には、さまざまな資金ニーズがあります。典型的なニーズは自社株の取得資金ですが、その他にも企業運営や経営革新を進める際の一時的な資金などが必要です。しかし、一般的に、後継者の資産形成は先代に比べて進んでおらず、そうした資金を自分自身の力のみで調達することは容易ではありません。とりわけ、同族会社の後継者は、企業運営に必要な資金の調達を先代の保証やその個人資産の担保提供に頼らざるを得ない場合が多く、事業承継や経営革新が思うように進められない一因となっています。さらに、後継者は、事業承継によって退出する先代の退職金や退職後の生活に必要な資金の準備も考えなければなりません。また、事業承継とは直接関係ありませんが、後継者が実質的には"使用人兼務"[8]の役員であっても、同族の場合は一般に労働保険（雇用保険、労災保険）の対象とはなりません。失業しても失業保険はもらえないのです。同族の後継者については、そうした社会保障的充実や自らの退出に向けた資金に関する準備も必要です。

　後継者の資金調達を支援することは、経営者保証の問題[9]や後継者のリーダーシップ、先代の早期退出など、事業承継の阻害要因となっているさまざま

8　国税庁によれば、使用人兼務役員とは、役員のうち部長、課長、その他法人の使用人としての職制上の地位を有し、かつ、常時使用人としての職務に従事する者をいいます。同族会社の使用人のうち、税務上みなし役員とされる者も使用人兼務役員とならないとされています。

9　中小企業庁は、事業承継にとって経営者の個人保証が後継者確保の大きな障害となっているとし、平成26（2014）年2月に「経営者保証に関するガイドライン」を施行しました。また、令和2年度より事業承継時に経営者保証を不要とする新たな信用保証制度（事業承継特別保証制度）を創設しています。

な課題の解決につながります。先代資産の贈与や相続については次節に譲り、ここでは、そうした資金ニーズを明らかにしたうえで、先代や先代資産に頼らない準備方法や代替案を検討していきたいと思います。

（1）資金ニーズの所在

まず、前述した後継者の典型的な資金ニーズである自社株取得資金、経営革新に必要な資金、早期退出に必要な資金の3つの資金についてあらためて説明しておきます。いずれの場合も、コンサルタントは、まず必要な資金の概算額を見積もる必要があります。

① 自社株取得資金

自社株取得資金には、買取資金のほか、相続や贈与によって発生した税金があります。また、後継者だけでなく、後継者の家族に株式を移転する場合もあり、そうした場合には、それぞれに必要な資金を見積もる必要があります。株式の評価等を税理士や公認会計士などに依頼する場合は、その費用も加えなければなりません。

② 経営革新に必要な資金

近年では、事業承継は経営革新や第2創業の機会として捉えられるようになってきました。イノベーションには、スラックと呼ばれる余資（余剰資金）が必要とされており、後継者にはそうした資金を提供、調達することが必要になります。

③ 退出に必要な資金

中小企業経営者にも、大企業の経営者と同様に、退職金や年金が必要ですが、企業内でその資金を積み立てていくのは容易ではありません。小規模企業白書（2015）によれば、先代が後継者に事業承継を行うことを躊躇する個人的な要因として、「事業を引き継いだ後の、収入・生活面での不安」が挙がっています（p.57）。この資金は、そうした先代の退出のためだけではなく、後継者の退出や被災などによる休業などに備えるものとしても必要です。

（2）調達方法と代替案 ─────────

　資金ニーズの概算額が決まったら、どのように資金を調達するか検討し、具体的な提案を行っていきます。提案においては、資金調達と同様の効果のある施策の活用も併せて検討します。外部からの借入金による調達は、できるだけ避けたいものです。

① 公的資金の活用

　事業承継に対する公的施策の中から、資金調達を可能にするものをリストアップしておきます。これら以外にも、経営承継関連保証、特定経営承継関連保証、中小企業経営力強化資金融資事業など数多くの施策があります。提案の際には、常に最新の内容を確認する必要があります。なお、本書の記述は、2020年度版『中小企業施策利用ガイドブック』に基づいています。

a. 事業承継補助金

　事業承継補助金には、「後継者承継支援型」と「事業再編・事業統合支援型」があります。後継者承継支援型は、事業承継を契機として経営革新等に取り組むことや、地域の需要や雇用を支えることに寄与する事業を行うことなどが条件であり、承継の後に新しい取り組みを行った場合が対象となります。補助額は、小規模事業者は上限額200万円・補助率2/3、小規模事業者以外は上限額150万円・補助率1/2と定められています。

　事業再編・事業統合支援型は、事業再編・事業統合等の後に、合併、会社分割、事業譲渡等を行うことが要件で、事業再編・事業統合の後に新しい取り組みを行った場合が対象となります。審査結果によって上位とそれ以外に振り分けられ、補助額は、上位の場合は上限額600万円・補助率2/3、上位以外の場合は上限額450万円・補助率1/2となっています。

b. 経営承継円滑化法による金融支援

　都道府県知事の認定を受けることを前提に、融資と信用保証の特例を受けることができます。具体的には、融資では日本政策金融公庫または沖縄振興開発金融公庫の融資制度を利用することができ、保証では信用保証協

会の通常の保証枠とは別枠が用意されています。日本政策金融公庫の代表的な融資には、「事業承継・集約・活性化支援資金」があります。

c. 小規模企業共済制度

　小規模企業の経営者や役員、個人事業主などのための、積み立てによる退職金制度です。掛金月額は、1,000円から7万円までの範囲内（500円単位）で自由に選択できますが、一定額を月払い、半年払い、年払いにする必要があり、企業の経営結果にかかわらず経営者が個人負担する必要があります。

d. 国民年金基金

　中小企業でも、法人であれば同族の代表者、取締役であっても、厚生年金及び厚生年金基金に加盟することができます。自営業者やフリーランスは、国民年金への加入が一般的ですが、国民年金基金への加入によって、厚生年金と同様な2階建て構造とすることができます。

② 企業内での調達

　企業内での資金調達は限定的です。一般的には、企業の内部資金調達は、利益による内部留保のほか、債権回収の早期化、在庫削減、不要資産売却等によって行われます。ここでは、事業承継を契機とした資金調達方法を3つ上げておきます。

a. 経営者報酬の増額

　最も簡単な後継者の資金作りは、その報酬を増やすことです。先代（家族）の報酬を削減し、後継者（家族）の報酬を増やすことが合理的です。経営状況にもよりますが、先代の報酬を現状のままにして、後継者の報酬を増額することは慎重に検討する必要があります。コンサルタントは、中小企業経営者の報酬には、万が一の場合に企業のために使われる部分が含まれているということを後継者に理解してもらう必要があります。

b. 後継者プロジェクトの推進

　経費削減生産性の向上などの社内プロジェクトを後継者が推進することで、報酬の増額や経営革新などに必要な資金を捻出することが可能です。

後継者のリーダーシップの醸成や、従業員との人的関係の強化にもつなが
り、一石二鳥と思います。久保田（2011b）は、社外経験に加え、承継前
の新たなプロジェクト遂行が後継者の能力形成に有効であるとしていま
す。

c.　金融機関からの借入

　事業承継資金によらず、金融機関にはさまざまな融資制度があります。
最近では、MBO（マネージメント・バイアウト）による自社株式の買い
取りを提案する金融機関も増えてきていますが、いずれにせよ返済が伴う
ものであり、どのように借入金を返済するかを十分検討しておく必要があ
ります。

③ **代替案**

最後に、自社株取得のための資金調達に代わる手段を挙げておきます。

a.　事業承継税制（事業承継円滑化のための税制措置）

　経営承継円滑化法に基づく事業承継税制には、法人版事業承継税制と個
人版事業承継税制があります。法人版事業承継税制では、後継者が、法人
の場合は自社の株式を、個人の場合は事業用資産を、先代等から贈与・相
続により取得した場合に、経営承継円滑化法による都道府県知事の認定を
受けると、贈与税・相続税の納税が猶予または免除されます。経営承継円
滑化法では、事業承継の際の遺留分に関する民法特例の適用についても定
めています。

b.　別会社の設立等

　自社の株式を取得する代わりに、本章1.（1）の**図表8**で挙げたよう
に、後継者の資本で別会社を設立する、従業員持ち株制度を導入するなど
の資本政策によって、資金調達と同様の効果を得ることが出来ます。従業
員持ち株制度は、社員の資産形成、モチベーションの向上にも役立ちます
が、株式の所有者が分散することになるため、後継者が十分な持ち株数を
確保できるようにしておく必要が有ります。

c. 暦年贈与

　同族経営の場合は、先代が後継者である子女に対して、幼い頃から資金準備をしておくことができます。1月1日～12月31日までの間（暦年）に非課税の範囲である110万円以下の贈与を行うことを、暦年贈与といいます。ただし、定額贈与と見なされた場合には、贈与税が課せられます。後継者には、事業承継の完了と同時に、次の世代への承継準備を進めておく必要があることを理解してもらいましょう。

4 先代財産の相続

　同族企業の場合では、後継者が先代の相続人である割合がかなり高いと言えます。相続の発生は、後継者への交代を早めるだけでなく、先代の資産を背景にした借入金の保証や資金繰りに影響を与えることになります。そのため、そうした場合には、企業運営に関連する先代資産の一部を後継者が優先的に相続する必要があり、他の相続人との間で係争（遺留分減殺請求[10] など）が生じる可能性があります。ここでは、他の相続人との間の係争をできるだけ防止し、相続後の企業運営を円滑に行うために、先代が相続が発生する前にとり得る手法を取り上げていきたいと思います。

　しかし、本来こうした相続問題は、本章の「1. 自社株の移転」と「2. 個人と企業の分離」で説明した手段で適切に解決しておくべきものであり、先代がそうした対策を取らないために生ずる課題であるともいえます。また、企業運営を個人資産に頼ることは、開業時などの一定時期は当然であっても、企業の成長につれて依存度合いを減らす必要があります。個人資産への依存を続けることは、「2. 個人と企業の分離」の最後で説明した職住近接と同様に、企業の成長の足かせになる可能性があるからです。同族企業の経営者は、ここで述べ

10　民法は、兄弟及びその子以外の相続人に最低限の相続の権利を保障しています。これが遺留分制度であり、先代の財産の後継者への相続によって遺留分を侵害された相続人は、遺留分侵害額に相当する金銭の支出を後継者に請求することができます。

る手法に頼らないようにするための企業運営を目指さなければなりません。

（1）事業に必要な財産の移転方法の決定 ──────────

　コンサルタントは、自社株を含めて、後継者に承継させるべき先代の財産を
まず特定し、それら資産を分類、整理します。借入金の担保に提供されている
かどうかも調査する必要があります。そのうえで、先代資産への依存度や親族
間の関係を十分理解し、先代の意思を確認しながら、適切な手法を提案してい
きます。後継者への移転には、主に以下の手法があります。

① 生前贈与

　先代が資産を特定して後継者に贈与する方法で、前節の（3）で述べた暦年
贈与もそのひとつです。ただし、自社株式などを相続人である後継者に生前贈
与すると「特別受益」に該当するために、何年前になされたものであっても相
続時の基礎財産に加えられ、贈与された財産は遺留分減殺請求の対象となりま
す。さらに注意すべき点は、基礎財産に加えられる価格は、贈与時ではなく相
続時における評価額になります。（日本公認会計士協会　2017、p.113）

② 遺言

　先代が遺言により、財産の帰属を決めておく方法です。後継者は、自社株式
等の資産について法定相続分と異なる配分を受けることができ、紛争を防止す
るうえでも有効です。ただし、遺言は、作成の時期と相続の発生時では先代の
意思が異なる場合もあり、却って後継者の地位を不安定にさせ、親族間の係争
を生じさせる恐れがあります。遺言の方式は、自筆証書遺言、公正証書遺言、
秘密証書遺言の3つですが、秘密証書遺言は、現在ほとんど使われていません。

a.　自筆証書遺言

　　その名のとおり、遺言者本人が作成するものです。手軽に作成できます
　が、有効になるためには厳格な要件があります。

b.　公正証書遺言

　　公証人と2人以上の証人の立ち会いのもとで、遺言者が話す遺言内容を
　公証人が書き留め、公正証書として作成するものです。原本は公証役場で

保管されます。

　c.　秘密証書遺言

　　自筆証書遺言を秘密に保管しておく方法で、遺言書に封印して公証人と証人2人以上にその存在を確認してもらう手続きが必要です。

③ 信託

平成19年の法制の抜本的改正により、民事信託の有効性が広く認知されるようになり、事業承継への活用が検討されるようになりました。ここでは、さくら綜合事務所（2019）に基づき（pp.192-200）、活用可能な信託方法を簡単に説明します。先代及びコンサルタントは、専門家とともに慎重な信託設計を行うことが必要です。

　a.　議決権集約型信託

　　それぞれの株主が保有する株式について自己信託を設定し、受益権と議決権を分離することで、税負担なく後継者に議決権のみを集約することができます。

　b.　生前贈与型信託

　　上記の議決権集約型信託とは逆に、議決権は手元に残し、受益権のみを後継者に移転します。

　c.　遺言代用信託

　　先代が委託者として生前に自社株式信託を設定して自らが当初受益者となり、先代死亡時に後継者が受益権を取得する旨を定めるものです。

　d.　後継者遺贈型信託（受益者連続型信託）

　　先代から後継者、後継者からその後継者へと受益者が引き継がれていくようにあらかじめ定められた信託です。

（2）手続きの開始とコミュニケーション ——————————

　コンサルタントは、先代または後継者との間で先代財産の移転方法が決定できたら、税務、法務などの専門家と連携しながら移転に向けた手続きを進めていきます。

　この段階でのコンサルタントの主な役割は、先代と後継者とのといった事業承継の当事者だけでなく、必要に応じて、関連する親族を含めた関係者間のコミュニケーションを深める支援をすることになります。

① 先代と後継者とのコミュニケーション

　事業承継プロセスでは、多くの場合に先代と後継者のコミュニケーションが重要な役割を果たします。コンサルタントは、両者が意思疎通を怠らないように常に配慮する必要があります。

② 親族とのコミュニケーション

　金銭的な話は、親族であるが故に難しい点もあります。第三者であるコンサルタントが仲介することで、係争の解決が早まる可能性もあるため、経営者から仲介を依頼されることもあります。ただし、先代や後継者の立場に立ちすぎると、却って信頼を失うことになるため慎重に進めなければなりません。

（3）後継者の相続対策

　これまで述べてきた先代財産の相続問題は、企業経営が経営者の個人資産に依存していることで生ずる問題です。そうした状況を変えることが根本的な問題解決方法ですが、属人的な中小企業で経営者の個人資産への依存を全く無しにすることは、それほどたやすいわけではありません。

　コンサルタントは、以下に関する話し合いを経営者に提案することで、この問題への一定の備えを促すことができます。

① 所有と経営の分離

　本章の第1節で述べたように、欧米のファミリービジネスでは、日本の中小企業よりも所有と経営が分けて議論されている印象があります。ファミリービジネス研究では、親族の間で資本や個人財産の所有は続けられますが、経営は第三者に委ねる場合も多く見受けられます。まだまだ研究が必要ですが、日本の中小企業の事業承継においても、こうした所有と経営の分離を前提とした承継策を採ることは可能であると思います。

② 親族間でのルール作り

同族企業であり続けることを前提とすることで、自社株式の移転、後継者の指名、退出後の収入源泉の確保といった問題に関して、親族間でのルール作りを行うことができます。筆者のよく知る企業では、もともと兄弟で大きくしてきた会社であったため、兄弟の子供たちの親族の中からそれぞれ後継者を指名し、一定の時期で交代することを前提に企業運営がなされています。また、江戸時代から続く老舗企業などには、長子相続を基本としながらも複数の創業家から後継者を選出する仕組みや、同族は資本の所有に関与させないが一定の利益分配を受けることができる仕組みを採用するなど、同族ならではの利点を生かし、欠点をカバーする仕組みを作り上げることで繁栄を続けている企業があります。

③ 親族への情報公開

相続で係争が起こる背景には、後継者以外への企業の情報公開が不足している点が挙げられます。特に、株主総会や取締役会を通じた情報提供が十分に行われていない場合には、経営に参画していない同族株主と先代や後継者との間に情報の非対称性[11] が生じ、後継者への株式移転を難しくすることにつながります。後継者は、株主や従業員、役員といった利害関係にある親族はもちろん、そうでない親族—とりわけ先代の相続人—については、同族の集まりといった非公式行事を活用しながら、企業経営に関する情報を積極的に公開し、円満で円滑な事業承継ができるように心掛けることが必要です。

11　情報の非対称性とは、ある当事者と他の当事者が持っている情報に格差がある状態のことで、例えば株式市場では、企業の持つ情報と投資家が知り得る情報に格差が生じる恐れがあるため、法によって企業に積極的に投資家に情報公開することを求めています。

第4章

経営承継の
コンサルティング

　ガイドラインでは、「人（経営）の承継」とは「後継者への経営権の承継を指し、会社形態であれば代表取締役の交代、個人事業主であれば現経営者の廃業・後継者の開業によるもの」（p.18）と定義されています。また、『事業承継支援マニュアル』（中小企業基盤整備機構 2021）では「後継者の選定・育成、後継者の意思確認」（p.25）、『経営者のための事業承継マニュアル』（中小企業庁 2017）では「後継者教育などを進めながら経営権を引き継ぐ」こととして、その構成要素に経営権、後継者の選定・育成、後継者との対話、後継者教育といった内容を挙げています（p.6）。さらに、2019 年の中小企業白書では、「人」は主に経営権で、従業員も含まれると注書きされています（p.77）。しかし、一般的に経営権というのは、法律的な概念ではないものの、議決権の一定以上を取得し企業経営に携わる権利を意味することが通常で、「議決権のある株式の過半数以上を所有している場合はその会社の経営権を有し、2／3 以上を所有している場合はその会社の支配権を有す」などといわれています。また、従業員さんの承継であるとしても、雇用を維持することや従業員さんの持つ能力や知識を承継することはもちろん重要ですが、次章の技能や関係性といった従業員さんに関する知的資産の承継と比べて、何を承継すべきか明確ではありません。

　一方、2017 年版の中小企業白書では、事業承継を「経営の引継ぎ」と「資産の引継ぎ」の 2 つに大きく分けて捉え、「経営の引継ぎ」とは、「①現経営者に代わり経営を担うことや②経営理念や信用等の経営に付随する知的資産を承継することを指す」としています（p.230）。

　そこで、本章では「人（経営）の承継」を経営者交代の側面から捉えて「経営承継」と定義し、属人的な中小企業経営の特性である先代と後継者という個人間の責任や役割、及び業務の承継と 2 人の関係性から生ずる課題といった視点から、経営承継におけるコンサルティングを捉えていきたいと思います。つまり、先代という個人が果たしている役割や責任、地位や業務の承継や、事業承継プロセスにおける先代、後継者の果たすべき役割を対象として、コンサルティングの在り方を説明していくことにします。法的な見方からいえば、経

営権ではなく、事業譲渡やM&Aの際に問題となる地位承継[12]に似た捉え方になり、経営承継は後継者が経営者としての地位や権利義務を一括して承継する「包括承継[13]」と、個別の判断により承継するかどうかを決定する「特定承継」の2面性を持つものと考えられます。また、経営承継を個人間の関係性から見ると、先代が承継と同時に退出しない場合や後継者の兄弟、姉妹も社内にいる場合などもあり、コンサルタントの支援にはその状況に応じた慎重さが求められます。

　具体的なテーマとしては、先代では、承継方法の選択や後継者指名、個人的な承継対象の決定といった先代の準備事項と、承継プロセスの進展に応じた先代の役割の在り方について、後継者では、新たな経営者としての能力形成をどのように行うのか、どのように組織作りを行うかの3つのテーマについて、これまでの調査や研究からその実態を紹介しながらコンサルタントの在り方を説明していきます。

経営承継の捉え方

　コンサルタントは、経営承継によって後継者が引き継ぐ先代の経営―すなわち中小企業における経営者の仕事―をどのように理解しておけばよいのでしょうか。経営学の祖とも評されるアンリ・ファヨールは、その主著である『産業ならびに一般の管理』で、経営に不可欠な基本的機能を、技術活動（生産、製造、加工）、商業活動（購買、販売、交換）、財務活動（資本の調達と管理）、保全活動（財産と従業員の保護）、会計活動（財産目録、貸借対照表、原価、統計など）、管理活動（計画、組織、命令、調整、統制）の6つに分類し、管

12　地位承継とは、一般に売買契約で発生する権利義務関係を移転することをいい、M&Aにおいては従業員との労働契約や取引先との契約、金融機関との債権債務関係などで地位承継がなされる必要があるとされます。

13　例えば、M&Aでは、合併や株式譲渡は包括承継、事業譲渡は特定承継に当たる手法とされています。

理活動を最も重要な経営者の業務に位置づけました。また、日本では、末松（1959）が中小企業経営を「10の水平的機能」（仕入れ、在庫、製造、販売、金融、経理、税務、労務、庶務、その他）と、「5の垂直機能」（計画、組織化、指揮、統制、渉外）によって表し（p.10）、5つの垂直機能の特徴を以下のようにまとめています（pp.22-24）。

図表 11　ヒエラルキーに伴う役割行動

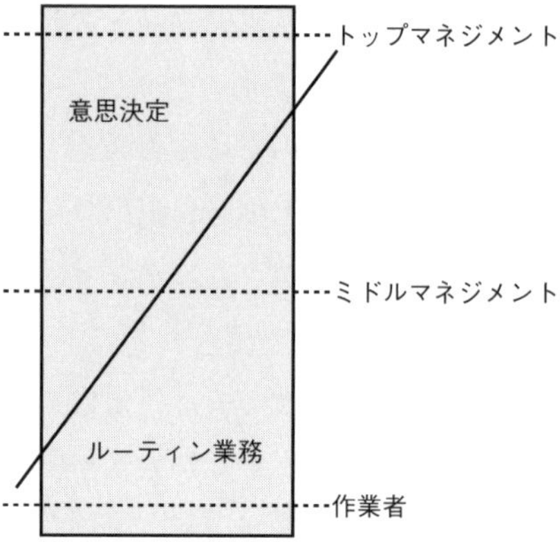

出典：桑田・田尾（2010）、p.243 より転載

【垂直機能における中小企業の特徴】

①計画　　　計画性を欠くことが、中小企業の最大の欠陥

②組織化　　組織が人本位で、責任と権限が明確でない

③指揮　　　経営者の一人相撲になりやすく、管理者は教育訓練を欠く

④統制　　　費用は統制されているが、単価、原価、労働時間などが統制されておらず、計数的な判断が嫌い

⑤渉外　　　地域社会や直接利害関係先との渉外性はよいが、利害関係のない社会、特に同業者に対しては非協調的

　こうした経営者の業務に関する主張は、現在でも経営学の基本的理解として幅広く共有され、皆さんも経営者の仕事といえば、真っ先に**図表 11**のような役割行動が思い浮かび、経営者の日常はこうした意思決定に関わる仕事に占められていると思われているのではないでしょうか。しかし、戦略論や組織論で有名なMintzberg（1993）は、「マネジメントは、計画・組織・調整・制制の4つの言葉に縛られてきた」として、実際のマネジャーの仕事の分析から、その仕事を10の基本的役割（**図表 12**）と6つの特徴から記述しています。さら

図表12　経営者の基本的役割

経営者の基本的役割	対人関係	代表の役割	自分の組織を代表する
		連結の役割	人との交流を通して、好意的援助と情報を得る
		リーダーの役割	動機付けや人員配置によって、部下との関係を決める
	情報伝達	モニターの役割	情報を受信し、組織を詳細に把握する
		周知伝達の役割	自分の組織に特別な情報を提供する
		スポークスマンの役割	組織の情報を外部に伝達する
	意思決定	企業家の役割	組織に変革を起こす
		障害処理者の役割	組織の脅威に対応する
		資源配分者の役割	組織のどこに努力を傾注するか決める
		交渉者の役割	組織の利益のために交渉を行う

出典：ヘンリー・ミンツバーグ（1993）より筆者作成

に、「小さめの組織では、経営者は業務問題により関心を払っている。また、スタッフの仕事を自分でやってしまう傾向が強く、不足があるとそれを補填するために、管理業務以外の職務の穴埋めをすることも多い。たいてい自分のことを企業家的だと思っていて、公式活動、特にグループ・ディスカッションやフィギュアヘッド役（代表の役割）に関する任務にはあまり関わらない」（p.174）としています。

　筆者の経営経験からも、経営者の仕事の中心はファヨールや末松の言う管理活動ではありませんでした。もちろん、管理活動は経営者の仕事として重要なのですが、専門経営者ではない中小企業の経営者は、ミンツバーグが主張するように多くの業務を抱えるのが通常です。とりわけ、規模の小さい中小企業では、大企業のように上司不在時に部下が代わりにその業務を行う「下位互換」ではなく、上司（経営者）が部下不在時にその業務を行う「上位互換」が一般的です。そのため、後継者が経営業務を引き継ぐ場合には、先代の管理業務をまず引き継ぐとともに、従業員さんが行っている業務のほとんどをできるよう

にする必要があります。事業承継に長い年月が掛かるといわれるのは、後継者が実務によってさまざまな業務を覚え、従業員さんから経営者、管理者としての認知を得るのに、多くの経験や実践を必要とすることが大きな要因なのです。

　筆者は、先代の死去に伴い、社長になった義兄から誘われて金融機関から自動車部品メーカーに転職しました。当然のこととして、筆者に製造業務の経験や加工技術に関する技術はありませんでしたが、古参の役員や部署責任者から筆者に対して具体的な教育や引き継ぎは行われませんでした。周りの先輩から、"見て覚える"とか"（先輩の）背中を見る"と言われたことをよく覚えています。経営者という点で最も苦労したのは、役員としての提案や主張が、なかなか従業員さんに聞いてもらえないことであり、提案をするたびに、古参従業員さんから「自分でやってみたら」と言われて提案の実施はとん挫し、実務のできない自分を情けなくさえ思いました。当時、筆者と義兄（互いの家族を含む）で9割以上の株式を取得していましたが、中小企業では株式の保有割合や肩書だけでは人は動いてくれないのです。結局、筆者は会計責任者から始まり、安全衛生責任者、工場管理責任者、ISOの品質管理、環境管理責任者など、"管理者"、"責任者"というの名の付く仕事をすべて経験しました。つまり、経営承継の支援においては、管理業務以外の活動に対する支援も必要であり、コンサルティングには支援企業の業種や規模、特徴に応じた専門性がどうしても必要になります。

　コンサルタントは、こうした中小企業経営の特徴を十分理解して支援を進めることが成功のカギとなります。

　では、経営承継に係る課題をどのように整理すればよいのでしょうか。神谷（2018）は、事業承継を契機とした経営革新に関する調査や研究において、「先代や後継経営者、及びその世代間の関係性という経営者に関わる課題に加えて、企業規模が小さいがために生ずる資源的な制約や組織マネジメントの必要性という課題が挙げられてきた」とし、「先代の役割」、「後継者の能力形成プロセス」、「世代間の関係性」、「資源的な制約」、「組織のマネジメント」といっ

たテーマに分けて分析しています。

　本章では、コンサルティングの課題を神谷（2018）から「先代の役割の遂行」、「後継者の能力形成」、「後継者による組織のマネジメント」の3つを取り上げ、そこに「承継方法の選択と後継者指名」を加えた4つのテーマから説明していきます。神谷（2018）の「資源的な制約」については、すでに第1章第3節で説明してあり、「世代間の関係性[14]」については次章で説明することとし、「1. 技能の承継」で知識・技能に関する関係性を、「3. 企業文化、従業員さんとの関係性の承継」で人の関係性について取り上げます。なお、本章では、代表権が後継者に移っても、経営に先代が関与している間は後継者を独立した経営者と見なすことはせず、先代が退出するまで経営承継が継続していると捉えています。

1　先代の準備

　事業承継の方法の選択や後継者の指名は、先代の専決事項とされ、事業承継を行うためには、まず先代が事業承継の方法を選択し、後継者を指名する必要があります。さらに、先代は、後継者の指名という包括的な経営権の承継とは別に、先代個人の持つ権利、権限や業務の何を誰に承継するかを決定しなければなりません。ここでは、まず先代が行う準備事項への支援について説明します。

　コンサルタントは、先代や後継者の意向だけでなく、支援企業の経営状況、他の経営層や従業員さんの処遇や責任・権限の内容や範囲、業界の他社の状況などを分析して、先代の準備がスムースに進むようにアドバイスを行います。

14　神谷（2018）では、世代間の関係には2つの論点があるとし、第一の論点は先代と後継者という人の関係性であり、第二の論点として、後継者の経営革新に必要な知識や技能と、先代や古参従業員が持つ従前の知識や技能との関係を挙げています。

図表 13　事業承継方法によるメリット・デメリット

	親族内承継	親族外承継（従業員等）	親族外承継（第三者）
メリット	・社内外の関係者から心情的に受け入れられやすい ・後継者を早期に決定し、長期の準備期間を確保できる ・所有と経営の分離を回避できる可能性が高い	・候補者を確保しやすい ・業務に精通しているため、他の従業員などの理解を得やすい ・経営方針等の一貫性を保ちやすい	・広く候補者を外部に求めることができる ・現オーナー経営者が会社売却の利益を獲得できる
デメリット	・親族内に、後継者にふさわしい者がいるとは限らない ・相続人が複数いる場合、後継者決定・経営権の集中が困難 ・税負担、株式・事業用資産の分散防止、債務の承継などの問題が生じやすい	・関係者から心情的に受け入れられにくい場合がある ・株式取得等の資金や債務保証能力に課題が生じやすい ・親族内承継と比較して、所有と経営の分離が生じやすい	・希望の条件（従業員の雇用、売却価格等）を満たす買い手を見つけるのが困難

出典：事業承継支援マニュアル（2021）p.38 の内容を修正、加筆して筆者作成

（1）承継方法の選択

　事業承継の方法は、近年さまざまな方法が登場[15]してきていますが、ここではガイドラインの内容に沿って、3つの承継方法における準備事項への支援内容を説明していきます。中小企業白書（2019）によれば、事業承継の現状は、親族内承継が過半（55.4%）であり、その大半は子供（男性）への承継であるとされています。他方、親族外の承継も3割を超え（役員・従業員承継 19.1%、社外への承継 16.5%）、事業承継の有力な選択肢になっています（p.80）。まず、事業承継支援マニュアル（2021）やガイドラインから、3つの承継方法のメリット、デメリットを**図表13**に整理しておきます。

　コンサルタントは、支援先の経営者や従業員の意思、経営状況等を調査、分析しながら、先代が最も経営責任を果たすことができる方法を選択するように

15　2017 年度以降の中小企業白書には、資本提携、協同組合化、事業譲渡などの事例が紹介されるようになっています。

アドバイスします。コンサルティングにあたっては、できるだけ多くの承継手法を理解して提案し、先代が承継方法を安易に選択したり、承継を断念したりしないようにしてほしいと思います。なお、本章では親族内承継及び親族外承継（従業員等）を前提として説明を進め、親族外承継（第三者）の中心的な手法であるM&Aや後継者の外部招聘については、新しい事業承継方法としてあらためて第7章で説明することにします。

① 親族内承継

　親族内承継は、現経営者の子息、子女をはじめとした親族に承継させる方法です。日本政策金融公庫総合研究所の「中小企業の事業承継に関するアンケート調査」（2009）によれば、後継者は男の実子の割合が小企業で77.4％、中企業で74.4％（うち長男は小企業、中企業ともに67％程度）となっています（p.12）。後継者の決定状況を左右する要因のひとつは、男の子供の数とされ、その背景には、経営者個人の資産が経営に組み込まれていることが大きいと考えられるとしています（p.10）。こうした調査からは、経営者の多くが自社の事業を家業として位置づけていることがうかがわれます。この承継方法のメリットとして「所有と経営の一体的な承継が期待できる」といったことが挙げられるのも、そうした位置づけからくるものと思われます。しかし、欧米のファミリービジネスでは「能力は血よりも濃い」（Craig & Moores、2019、p.45）であり、必ずしも所有と経営の一体的な承継が行われているわけではありません。筆者は、日本の中小企業では、未だに前近代的な長子相続を前提とした事業承継にこだわりすぎるために、却って廃業が選択されたり、身内間の相続問題などが発生したりしていると考えています。また、同族企業の場合は、後継者の兄弟、姉妹や、先代の兄弟、姉妹あるいはその子供たちといった具合に、多くの親族が社内に存在する場合があり、先代の後継者指名がさまざまな親族間の軋轢を生む場合があります。

　コンサルタントは、先代が親族内承継を選択する場合には、後継者の選択基準や条件を先代と十分検討する必要があります。安田・許（2005）によれば、子息等の承継と第三者での承継後の企業パフォーマンスには有意な差がないと

されており、先代は親族内承継だけにこだわらず、親族の中から有能な後継者が出現するまで、次項の役員や従業員さんへの承継の選択を提案してもよいと思います。

② 親族外承継（従業員等）

親族以外の役員や従業員さんに承継する方法で、近年この方法を選択する企業の割合が多くなっています。この承継の最も良い点は、先代の評価、すなわち後継者の能力によって指名できるところです。大企業における経営者交代が、従業員から選抜された取締役間で行われることを考えれば、中小企業にあっても、親族に頼らず、役員・従業員の中から後継者を指名することは、企業のゴーイングコンサーンを満足させるうえで最も自然な方法といえます。また、親族承継へのつなぎや経営と資本の分離といった観点からも、この方法を選択するメリットがあります。ただし、従業員数の少ない企業では、後継者としての適任者が必ずしもいるとは限りません。実際に、企業規模が大きいほうが、この承継方法を選択する割合が高くなっています。それ以外の課題としては、後継者に自社株の引き継ぎのための資金力や企業債務の保証能力があるか、他の親族株主の了解が得られるかなどが挙げられていますが、先代の強固な協力さえ得られれば解決方法は容易に見つけられると思います。

足立・佐々木（2018）は、この承継方法を選択する際に先代が取り組むこととして、①幅広い業務を経験させ、責任ある仕事を任せること、②セミナーや勉強会への派遣、あるいは社長への同行などを通して、多様な学びの機会を与えること、③社内プロジェクトの遂行を経験させること、④後継者が社長就任への決断をしやすいように、事業の将来に期待を持てる状況にしておくとともに、承継後の役員の布陣といった組織体制まで考えておくこと、の4点を指摘しています（pp.48-50）。コンサルタントは、こうした取り組み内容を先代に提案して、早期の指名や育成、評価を促すように支援します。

③ 親族外承継（第三者）

親族外承継（第三者）は、外部の人材や企業により事業の引継ぎを行うもので、現状では株式譲渡や事業譲渡等によるM&Aが中心となっています。

M&A は、2018 年版の中小企業白書では、生産性の向上や成長戦略の手法としても取り上げられています。中小企業庁は、M&A が中小企業の事業承継手法のひとつとの認識が広がり始めているとし、2020 年に『中小 M&A ガイドライン』を策定して、① M&A の基本的な事項や手数料の目安を示すとともに、② M&A 業者等に対して、適切な M&A のための行動指針を提示しています。また、中小 M&A を支援する目的で、2011 年から全国に事業引継ぎ支援センター（現事業承継・引継ぎ支援センター）が設置され、2014 年から外部人材のマッチングを図るための後継者人材バンク事業も始まっています。しかし、岡部・関（2006）は、日本で M&A を実施した 157 社を分析し、M&A は企業経営の安定化と効率化をもたらす可能性がある一方で、その双方を達成した企業数は 5 割弱であり、ハイリスク・ハイリターンの性格を持つ経営手法のひとつとしています（pp.37-38）。さらに、M&A に関する最近の議論の一部及び法制の問題として、第一に、会社は株主のものだけではなく、株主を含む幅広いステークホルダー（長期間企業にコミットしている従業員その他）全体に帰属し、社会的構成員を含む公共性を持つ存在であること、第二に、M&A に関する法規ないしルールが合理的かつ明確なものとしては未だ確立されていないことを指摘しています（pp.38-39）。筆者も同様の意見を持っており、中小企業における M&A の実態や引き継ぎ後の企業経営の継続的な調査と中小企業株式の評価方法の整備などが必要と考えています（第 7 章を参照）。

（2）後継者の指名

　後継者の指名については、親族内承継では後継者が「実子の場合」と「娘婿（養子を含む）の場合」の 2 つに分け、役員・従業員さんによる親族外承継と合せて 3 つの視点から、その課題やコンサルティングの在り方を説明します。

　コンサルタントは、後継者指名の支援にあたっては、先代と後継者の双方の立場の違いをよく理解して、先代にアドバイスする必要があります。

① 親族内承継（実子の場合）

先代は実子に事業を承継することをどのように思い、後継者はどのような課

題を抱えているのでしょうか。第2章で紹介したように、子供への承継につい
て「先代は当然のこととして自分の子供に承継を望むわけではなく、小さな
頃からその準備をさせているわけでもない」のであり、その理由として、子供
による承継は喜びがある一方で「親としてだけではなく、経営者としての責任
が増大することに不安を持つ」ことや「親子であるがために起こる教育の難し
さ」などがあるとしています（神谷2014、p.37）。また、実子の後継者の場合
は、承継する事業に対して幼い頃から馴染みがあり、従業員さんもよく知って
いるため、後継者としての正統性を認知されやすいという利点があります。し
かし、後継者をよく知る従業員さんからは「社長の息子でも工場の中では一番
下っ端」という認識を持たれるため（神谷2014、p.44）、却って風当たりが強
くなることもあります。さらに、親子であるがために先代と比較されやすく、
先代や古参従業員さんとの対立が先鋭化しやすいともいえます。実子を後継
者に指名すれば、事業承継に関する問題がなくなるわけではないのです。さら
に、複数の実子が入社している場合には、選任の方法や指名の時期が大きな問
題になります。

　コンサルタントは、先代に後継者候補との十分なコミュニケーションや、後
継者の早期決定と後継者以外の親族への対処などを支援しますが、アドバイス
する場合には、そうした先代と後継者、後継者以外の親族と後継者、後継者と
従業員さんの関係性に十分配慮する必要があります。また、先代の兄弟や複
数の実子が企業内にいる場合には、先代とそれら後継者候補間のコミュニケー
ションだけでなく、後継者候補者同士のコミュニケーションを促進してもらう
ように先代に提案します。

② 親族内承継（娘婿等の場合）

　筆者もそうでしたが、同じ親族内承継といっても娘婿や養子の場合は、実子
とは異なる課題があります。婚姻や養子縁組を機に親族となった後継者は、実
子や役員・従業員の承継とは異なり、承継する事業を幼い頃からよく知るわけ
でもなく、経営に必要な知識や経験を入社前に得ていない場合がほとんどと思
います。また、先代の相続人として、自社株式や事業用資産を当然に譲渡や相

続できるわけではなく、事業承継に必要な資金を準備してきたわけでもありません。そのため、親族外承継と同様の資金調達に加えて、実子の後継者以上に事業や実務に関する学習が必要な場合がほとんどです。娘婿や養子の場合のメリットとしては、入社前の就業経験が比較的長く、その時代に構築した外部のネットワークや社内にはない知識や能力を有する場合があること、親族以外の役員や従業員さんの立場や感情をよく理解できること、実子に比べて先代や先代経営の影響を受ける割合が少ないことなどが挙げられます。デメリットとしては、後継者としての正当性を先代以外の親族や従業員さんに認知されるためには実子以上に努力が必要なこと、経営に必要な個人資産の確保が容易ではないことなどがあります。

　コンサルタントは、後継者が先代だけでなく、先代以外の役員、従業員さんとのコミュニケーションをとる機会を持つこと、後継者のリーダーシップをとる機会を増やすこと、後継者に対する自社株取得資金の早期、計画的な準備を行うことなどを提案していく必要があります。

③ 役員・従業員さんへの承継

　中小企業では、従業員さんに対して十分な経営者教育が行われていない場合が多く、指名された役員・従業員さんが、指名当初から後継者にふさわしい知識や能力を有しているとは限りません。また、先代との関係や事業内容もそのまま引き継がれることが多く、事業承継を契機とした経営革新や第2創業を早期に実現することは難しくなります。さらに、株式や事業資産の譲渡資金の確保や、承継後の金融機関への保証等が問題となる場合もあり、後継者が個人的な借入金が必要な場合や、退出後の先代に借入金の保証人や担保提供を継続してもらう必要が生じる場合もあります。ただし、筆者は、第三者である後継者が経営承継と自社株の承継を同時に考える必要はなく、自社株を持たない大企業の経営者のように、株主（先代やその同族など）の委任を受けて経営を行えばよいのではないかと考えています。また、事業に必要な個人資産の提供や借入金の保証は、それまでどおり先代が行えば済む話です。前述の足立・佐々木（2018）は、役員・従業員の後継者が取り組むべきこととして、①右腕となる

人材を計画的に育成すること、②承継を引き受ける条件を先代社長に対して設定すること、③経営革新につなげるために経営理念を再構築すること、を挙げています（pp.50-51）。

コンサルタントは、後継者への経営者教育を先代に提案するとともに、その片腕の育成の必要性を提案します。さらに、必要があれば、先代と後継者の間に立って、後継者が承継を引き受ける条件をしっかり先代に伝える役割を担うとよいでしょう。

（3）個人的地位等の承継

ここでは、主に先代の持つ個人的な地位、業務、権利をどのように後継者に承継するかについて説明します。属人的な中小企業経営であるからこその課題です。

地位の承継では、代表者や保証人、業界団体など社外での地位を承継の対象として説明します。また、業務での承継では、先代の個人的技能やリーダーシップに基づく業務の承継を、権利の承継では、経営者としての報酬や企業の持つゴルフ会員権や宿泊施設の会員使用権、交際費の使用などの承継の在り方を説明していきます。もちろん、それらの承継は、先代の退出時期や企業状況、後継者や同族を含む他の経営者の存在、後継者の年齢や能力などによって変わるべきものであり、本書の説明がすべての場合に当てはまるわけではありません。例えば、後継者の報酬や役職名、管掌範囲などは、経営層の構成や後継者の年齢・能力、承継プロセスの進展に沿って決定しなければならないはずです。

コンサルタントは、支援企業の経営状況、各部署責任者の能力や管掌範囲、法的側面などから、承継の進展に応じて、経営に関する先代の個人的な権利・義務・資産・負債を誰に、どのように引き継ぐべきかをコンサルティングしていくことになります。いずれにしても、経営悪化につながる公私混同や私物化を招かないように、公平、公正な立場からの支援が必要です。

① 地位の承継

後継者が先代から引き継ぐ地位には、主に下記の３つがあります。コンサルタントは、先代の意向だけでなく、企業内にいる親族間—とりわけ後継者の兄弟・姉妹間—での話し合いを促進し、後継者が地位を引き継ぐことに異議が出ないように、また、その時点での先代の状況にこだわらない柔軟な地位の承継が行われるように支援します。

a.　代表者

先代が承継する最も重要な地位は、企業の代表者としての地位であることは言うまでもありません。先代は、後継者を代表者、すなわち代表取締役にするまでどのような肩書を与えるべきかを事業承継プロセスの中で決定していくことになります。まず、注意するのは、「表見代表取締役」という考え方です。会社法第354条では、「株式会社は、代表取締役以外の取締役に社長、副社長その他株式会社を代表する権限を有するものと認められる名称を付した場合には、当該取締役がした行為について、善意の第三者に対してその責任を負う」としており、副社長、専務取締役、常務取締役などの肩書を後継者に与えると、代表権の有無にかかわらず、代表権がないことを知らなかった善意の第三者に対して、後継者の行った行為に責任を負わなければならないとされています。先代にはそのつもりがなくても、そうした肩書を与えた時点で、後継者は代表者としての責任を負う場合があります。また、後継者を No.2 に抜擢することで、却って経営層内に不要な軋轢や対立が生じてしまう可能性もあります。筆者の経験では、特に後継者の兄弟、姉妹が企業内にいる場合は、慎重に肩書を選択する必要があると感じています。なお、代表取締役は、代表権を持つ取締役として取締役の中から選任され、複数置くことも可能ですが、選任にあたっては登記をする必要があります。

b.　金融機関における保証人

次に課題となる地位の承継には、金融機関等における借入金の連帯保証人（物上保証人[16]を含む）としての地位があります。企業資産が乏しい中

小企業では、経営者の資産や親族を含めた返済能力を担保に資金調達する場合が多く、先代の退出に伴って、後継者が保証人等になることを求められる場合があります。国は、そうした経営者保証が後継者候補確保の障害となっているとして『経営者保証に関するガイドライン』を定め、政府関係機関が関わる融資の無保証化拡大や金融機関の融資慣行の改革を行っています。もちろん行きすぎた個人保証や担保提供の要請は問題ですが、その必要性は企業業績と密接に関わっているのも事実です。筆者も義兄とともに借入金の連帯保証人になっていましたが、経営に重大な影響を及ぼす決断を自分たちが行っているという自覚が強かったため、保証人となることについては経営者の責任としてある程度やむを得ないと感じていました。後継者が保証人となることに不安を感じるのは、借入が自らの判断によるものではないことや、承継する企業の業績や借入金の返済能力に課題を感じているからではないでしょうか。筆者の個人保証は、業績の拡大とともに不要となりました。

　コンサルタントは、まず金融機関の保証人要請の内容を明らかにしてもらい、後継者の覚悟を促すとともに、後継者と引き継ぐべき連帯保証の範囲を話し合います。また、場合によっては、承継前に先代の資産処分等によって借入金を減額することや、先代に退出後も連帯保証人や物上保証人を継続してもらうことを提案します。もちろん、可能であれば、先代や後継者の個人保証を解除してもらうように金融機関に申し出てもらいます。

c. 社外における地位

　代表者や保証人といった社内の地位以外で、後継者が承継を検討するべき先代の社外での地位には、地域の企業団体や商工会議所・商工会、サプライチェーンや業界団体、顧客協力会や消費者団体さまざまなネットワークなどといった経営に影響する関係団体における地位があります。こうし

16　物上保証人とは、自分の土地や家などの財産を他人の債務の担保に提供した人のことをいい、普通の保証人とは異なり、債務を負担するわけではないので、自身が提供した担保以上に返済の義務はありません。

た地位の中には、先代の個人的な能力や属性、交友関係などから生じたものだけでなく、企業の持つ地域や業界への責任や影響力を表している場合があります。

　コンサルタントは、社外における先代の地位承継については、支援企業のビジネスモデルや地域、業界への貢献といった視点や、取引先等との関係性の承継といった長期的な視点から承継をアドバイスしていく必要があります。詳細については、次章「4. 取引先等との関係性の承継」を参照願います。

② 業務の承継

　筆者が長年所属してきた金属加工業界では、先代は企業の中心的な技術者、技能者として活躍され、個人創業から始めて企業規模を拡大してきたため、会社内のほとんどの業務の経験がある方が多くいらっしゃいます。一方で、財務関係の業務や銀行取引などについては、その伴侶に任せてきた方も多くいます。そうした場合には、後継者は先代業務の承継に加えて、先代の伴侶の業務の引き継ぎを考える必要があります。しかし、後継者は必ずしも技術者、技能者ではなく、かといって財務関係に詳しいわけでもない場合がほとんどです。また、企業規模がある程度の大きさになると、分業化された業務を後継者が入社後にすべて経験できるとも限りません。先代の伴侶と同様の業務を後継者の伴侶が引き継ぐとしても、後継者の伴侶が財務関係の業務が得意であるとも限りません。属人的な中小企業では、先代やその伴侶が実施している業務を誰かが引き継ぐ必要がありますが、後継者やその伴侶の得手、不得手によっては、他の経営層や従業員さん、あるいは社外へ業務を承継することを検討しなければならないことがあるのです。また、経営の革新や事業の将来性という点から、後継者はそれまで先代が行ってきた業務とは異なる業務を行う必要がある場合もあります。

　コンサルタントは、後継者の能力や長所・短所、事業や業務の現況などを勘案し、先代業務（その伴侶が行っている業務を含む）の何を後継者に引き継がせ、何を他者に引き継いでもらえばよいのかを先代や後継者とともに検討を進

め、本章第3節、第4節の後継者の能力形成や組織マネジメントの支援を通して、後継者の業務承継を支援していくことになります。

③ 権利の承継

　一般に知られる使用者（経営者）の権利は、経営三権と呼ばれる「業務命令権」、「人事権」、「施設管理権」ですが、ここで取り上げるのは経営者の「報酬請求権」です。事業承継に際して、先代は後継者の報酬や会社内にある財産の使用について決定することになりますが、何を基準に報酬や財産上の利益を与えるかは大変難しい問題です。会社法では、取締役の報酬などの財産上の利益については、いわゆるお手盛りを防止するために、定款または株主総会決議により決定することとしていますが（会社法第361条第1項）、中小企業では、経営者が大株主である場合が多く、株主総会、取締役会などの会社機関は形式的で、役員報酬に関する取り決めも明確でない場合が多くあります。しかし、後継者への身びいきなどから報酬などを決定すれば、公私混同、企業の私物化の印象を従業員さんに与え、却って事業承継を難しくしてしまう可能性があります。また、そうした会社は、成長余力に乏しいといわれています。具体的な問題としては、職務や責任と釣り合わない報酬の支払い、社有車や会社名義のゴルフや宿泊施設の会員権、交際費の私的使用などがあります。

　コンサルタントは、権利の承継に際しては事業承継や後継者の経営確立の妨げにならないように、先代や後継者に慎重に検討して頂くようにアドバイスします。筆者は、以下の基準にそって判断頂くようにお願いしています。

【権利の継承判断基準】

1）従業員さんが納得できるか

　公私混同を防止するためには、先代は「従業員さんに同じ扱いができるか」、あるいは「従業員さんが同じことを行っても許せるか」を自問自答する必要があります。

2）経営結果と整合しているか

　先代の報酬や交際費を維持したまま、後継者の報酬や交際費を増額する場

合には、その時点の経営結果と整合しているだけでなく、将来にわたって売上や収益が維持、改善できる見通しがなければなりません。

3）文書化できるか

　役員報酬や役員退職金、接待交際費や会社名義資産の使用などのルールを明文化し、今後の基準とすることも必要です。また、その際には従業員さんと経営者間だけでなく、他の親族や親族の役員だけでなく、親族以外の役員との公平性を維持することも重要です。

2　先代の役割の遂行

　先代は、後継者にとって自分を後継者に指名した人物であり、大株主として企業運営に強い影響力を持ち、親族内承継の場合は自分を育ててくれた親である場合もあります。先代の後継者に対する影響力は、私たちコンサルタントが想像するよりはるかに大きなものといえ、事業承継の進展はまさにその意思や行動に大きく影響されます。しかし、永く組織の中心にいる者は、周辺から起こったイノベーションを採用しないことも多いともいわれ（Garth et al. 2002）、Sull & Houlder（2005）はそうした経営者の性向を「能動的惰性」と呼び、組織と同様の慣性（本章第4節参照）が働くことを示しています。

　そのため、経営を永く続けてきた先代には以下の傾向が見られ（神谷 2019、p.49）、先代が後継者に求められる新しい製品の開発や経営を革新することは、技術面だけではなく心理的にも難しいため、後継者の考える経営や経営革新を進めるためには、事業承継を決意した先代は、まず退出を決意し、事業承継をスムースに進める役割を担わなくてはなりません。ここでは、先代の退出を前提として、先代の役割遂行に関するコンサルティングについて説明します。

　コンサルタントは、以下の先代の陥りやすい特徴を十分理解しておくとともに、先代にいかにその役割を果たしてもらうかが、事業承継支援の成否を決める重要な要件であることを十分に認識する必要があります。

【先代の陥りやすい特徴】

1）競争優位や成功体験による「ロック・イン効果」

　先代の意思決定が、それまでの成功やすでにある資源に引きずられてしまうことで、一般的には「成功の罠」と呼ばれます。経営環境の変化によって、過去の強みは弱みに変わる可能性があります。

2）組織全体で共有する「強固なパラダイム」

　パラダイムとは、規範となる「物の見方や捉え方」のことを意味しています。企業内には、先代が従業員さんとともに育んできた常識や考え方があり、先代が在職する限り、組織はそれまでのパラダイムを棄却することは簡単にはできません。

3）企業の出自、伝統に対する「長期的コミットメント」

　先代は、自社の出自や伝統、これまでの競争優位を、後継者に引き渡すことを重要な役割と考えてしまう傾向にあります。こうした考え方は、後継者が推進する経営革新を阻害してしまう場合があります。

4）年齢から生じる「短期偏重」

　先代は、将来の危険負担による不確実性を排除するために、後継者の提案する革新案の中から、自分が経営者として関与できる短期的な革新案を重要視します。そのため、後継者は、長期的視野に立った経営革新が難しくなります。

（1）退出計画の作成

　Craig & Moores（2019）は、事業承継における先代は「進んで追放された人物となり、理想的には、自分が選んだ後継者によって退任させられることを歓迎」できなければならず（p.155）、「事業承継のカギは（先代の）主体的な引退である」（p.163）としています。筆者も同様の思いを持っており、先代が退出計画を持っているかどうかが事業承継の重要な成功要因と考えています。

　コンサルタントは、先代や後継者との緊密なコミュニケーションを図りながら、慎重に以下の内容を取り決めていきます。

① 退出時期、条件

　最初に決めるのは、先代が退出する時期とその条件です。この時期を基準に以下の②、③を計画していくことになります。先代の覚悟を確認する意味もあり、できるだけ具体的な期限を設定します。決定するのは、代表権を委譲する日とその条件、実質的に退出（退職）する日とその条件です。これまでの調査では、事業承継した経営者が引退を決断した理由は、「後継者の決定」、「後継者の成熟」が多いとされていますが（中小企業白書 2019、p.135）、神谷（2020）によれば、先代が後継者を一人前と見る基準としては、後継者が「責任ある判断ができること」、「必要な資金が調達できること」、「健全な企業運営ができること」など、実践によって経営者としての責任を果たすことが挙げられています（p.8）。

② 退出後の先代ブレインの扱い

　特に、後継者に事業承継を契機とした経営革新を求める場合には、先代は退出した後の先代ブレイン（経営幹部層）の処遇を決めておく必要があります。先述したように、親族内承継の場合には、先代経営を支えてくれた人たちは幼い頃より後継者を知り、後継者より実務に熟達しているため、後継者の革新にとって抵抗勢力となる可能性があるからです。また、そうした人たちが抵抗勢力となっても、後継者はこれまでの貢献や先代の手前から、その処遇を断行できないからです。コンサルタントは、熟練技能を持ち、企業の競争優位に欠かせない先代のブレインや古参従業員さんの処遇や扱い方について、先代とのコミュニケーションを前提に、後継者に提案することが求められます。

③ 後継者の支援方法

　先代の後継者支援は、後継者の入社前の進路や就職先の決定、入社後に「経営に必要な経験を積ませること」や「後継者への段階的な権限委譲」など多岐にわたっています（商工組合中央金庫 2009、p.9）。退出までの先代の支援では、後継者のリーダーシップの醸成や経営革新のために必要な知識や能力の獲得が最も重要であり、コンサルタントはその具体的な方法を先代とともに検討します。コンサルタントに求められる教育・研修の具体的な内容については、

次節の（1）を参照してください。

（2）役割の変遷

これまでの研究では、事業承継への先代の貢献には功罪両面があるとされ、先代は事業承継の進展につれて、多面的でパラドキシカルな役割を同時に果たす必要があるとされています（神谷2019）。ここでは、事業承継を契機として後継者が経営革新を行うことを前提に、先代が果たすべき役割を神谷（2019）から紹介します。

コンサルタントは、こうした役割を先代に理解してもらうように努め、事業承継の進展に応じてタイムリーな提案やアドバイスを行って、先代にその役割の遂行を促し、事業承継プロセスが滞りなく進展するように支援を行います。

① 変革の宣言者

事業承継における最初の先代の役割は、事業承継を決断し、承継方法、後継者を決定して、企業の内外に変革（経営者交代）を認識させることです。先代の退出表明ともいえるものであり、承継プロセスが公式にキックオフされます。

コンサルタントは、企業内部では朝礼や夕礼等の機会を活用して、企業の外部関係先には相互の訪問を機に、先代に後継者の指名と事業承継の開始を周知してもらうように提案します。先代の意思表明は、後継者の正統性を確保することにもつながります。

② 育成者（教育と放置）

先代は、自社の強み・価値の源泉を理解・整理して後継経営者に承継することが重要であるとされています。（中小企業白書2016、p.19）しかし、変化の激しい近年の経営環境では、既存の競争優位だけで将来の経営が成り立つとは限りません。先代は、教育者として後継経営者に知識や経験を承継するとともに、後継者がそれを新たな知識や技術に置き換えることや、自分とは異なる価値観を持つことなどを容認して放置し、後継者の自主性や積極性を養うようにしなければなりません。

③ 革新案の反対者

　後継者に経営革新を期待する場合には、先代はさらに複雑な役割が求められます。通常、後継者の提案する革新案に先代は否定的です。それは、そうした革新案が先代が築き上げてきた過去の実績や、従業員と共有してきた業務や文化の否定につながりかねないこと、資源的な制約のある中小企業では「一回の失敗が命取りになりかねず、常に『一発必中』を求められる」(髙橋 2007、p.3) ため、成功確率の低い革新は許されないからです。先代は革新を求めながらも、後継者の革新の成功確率が高まるまで反対し続けなければならないのです。

　コンサルタントは、先代の立場を十分理解し、後継者の革新案の吟味を"二度目はない"ことを肝に銘じながら支援してほしいと思います。

④ 陰の支援者

　後継者の革新案に反対なのは、先代とともに企業を支えてきた古参従業員さんも同様です。先代は後継者の見えないところで古参従業員さんを説得し、後継者の企業内での学習や革新案の実現を進めていけるように支援する必要があります。先代は、後継者と対峙しながらも、後継者のリーダーシップの発揮を推進し、後継者が企業内でパワーを得ていくことを支援するという役割が求められているのです。しかし、その支援は、後継者の自律性や自主性を損なうものであってはならず、先代は表立って支援することは慎む必要があります。

　コンサルタントは、後継者の考え方や行動を理解してもらえるように、先代の意向を確認しながら、古参従業員さんと後継者のコミュニケーションの機会を提案するように心掛けます。

⑤ 後見者

　先代の最後の役割は、後継者の後見者です。Cadieux (2007) は、事業承継後の先代の役割について「技術的支援者 (Technical Support)」あるいは「経営の相談者 (Consultant)」に区分して議論しています。退出後の先代は、経営に直接関わることなく、後継者の求めに応じて支援や助言をすることが望まれるのです。

　コンサルタントは、先代の具体的な関与方法を後継者とともに検討しますが、過度な口出しはできないように工夫することが大切です。落合（2016）は、事業承継プロセスにおける後継者の自律性は、先代の後見によるものとしながらも、先代の関与が強すぎる場合には、後継者の能動的行動の芽を摘んでしまう可能性があることを指摘しています（同、p.237）。

（3）退出後の生活設計

　退出した先代が決断時に懸念したことは、「自身の収入の減少」（41.3％）や「引退後の時間の使い方」（30.9％）が多く、実際に問題になったこととしては「自身の収入の減少」（46.5％）が最も多くなっているとされています（中小企業白書2019、p.138）。先代が早期の事業承継に踏み切れない理由には、そうした退出後の生活に関わる課題が大きく影響しているといえます。

　事業承継の推進には、退出後の先代の暮らしを実りあるものとすることが必要であり、コンサルタントには、先代の資産や公的な制度の活用による生活資金の確保や先代の活躍の場を見出すといったアドバイスが求められます。

① 生活資金確保

　中小企業白書（2019）では、退出した経営者は、公的年金を生活資金としている割合が高く、早めの引退準備がその後の生活の満足度の向上につながることが多いとしています。

　コンサルタントは、公的年金の利用はもちろん、小規模企業共済や法人保険への加入、社内退職金の準備、先代の個人資産の運用など、さまざまな手段を提案する必要があります。ただ、小規模企業共済については、経営者が退職金を柔軟に準備できるように、定時、定額払いの積立方法だけではなく企業収益に応じた積立を認めるように制度を変更することが必要と思います。

② セカンドライフの提案

　引退後の経営者の懸念事項には、「引退後の時間の使い方」もあります。生活資金の確保の程度にもよりますが、起業やボランティア活動、趣味などのさまざまな選択があります。また、筆者のように、中小企業経営を多くの人に理

解してもらえるような活動を行うこともできます。

　コンサルタントは、先代が退出後の経営に再び口を出すことのないように、後継者にも相談しながら退出後の先代の人生や日々の過ごし方をアドバイスしていくことが必要です。

 ## 3　後継者の能力形成

　中小企業白書（2019）では、先代が行った後継者教育について、「自社事業の技術・ノウハウについて社内で教育を行った」、「取引先に顔つなぎを行った」、「経営について社内で教育を行った」など、事業に直接関わる内容の実施割合が高かったとしています（p.92）。また、ファミリービジネスにおいては、先述の Craig & Moores（2019）が、後継者育成計画として「価値観」、「知識」、「人間関係」、「経営」、「権威」、「リーダーシップ」、「オーナーシップ」の7つの分野での承継が必要であり、それらの分野に関して、何を、どのように、いつ行うべきかを紹介しています（pp.158-161、図表14を参照）。

　ここでは、経営者となる後継者が必要な能力を身に付けるために、コンサルタントはどのような提案や支援をしていくかについて説明していきます。

図表 14　後継者育成計画の具体例

分野	何を	どのように	いつ
価値観	後継者がファミリーと同じ価値観を示す	伝え、教育する ・価値観について合意したビジョンを共有するためファミリーの会合を開く ・競争優位の源となる家族の価値観を強化する ・事業に参加するのは選択肢の一つで、唯一の選択肢ではないことを常に示す	対話を始めるのに早すぎることはない
知識	現リーダーが根気よく助言して後継者が理論的な知識から実際的な知識に移行する	5〜7年の「見習い期間」を設定する ・次世代のメンバーに3〜5年灌漑部で働くよう求め、昇進の対象となるような能力を示すよう求める ・事業には課題もあるが貴重なチャンスもあることを後継者候補に理解させる ・次世代が対処すべき課題は現世代のものと異なるので適切なスキル、能力を意識して身に付けさせる	あらかじめ合意した外部勤務期間の終了後
人間関係	現リーダーが重要な人間関係を後継者に引き継ぐ	社内外のステークホルダーを紹介する ・サプライヤーや顧客、銀行などの、ステークホルダーを紹介する ・困難な期間があることを想定する。オープンで正直なコミュニケーションを行って支え合う	見習い期間の段階を通じて、徐々に進める
経営	後継者が事業の小さな部分の運営にフォーカスすることから、会社全体にどこに向かうかについて戦略的検討に移行する	役割を明確化する ・ファミリーのメンバーそれぞれが明確な役割を持つようにし、要件や具体的な責任を定め、その役割のレベルに応じて同族以外の上司を定める ・オーナーであるファミリーの意向が伝えられる戦略的計画の会議に後継者も参加する	事業にガバナンスの構造とプロセスが備えられ専門的な経営を実現したとき
権威	地位継承の前に、後継者がさまざまなレベルのポジションを経験する	発展的なキャリアを設計する ・見習い期間を通じて徐々に（数字的な）責任を委譲する	「トレードオフ」の意思決定ができることが示されたあと

リーダーシップ	後継者が事業とファミリー、自分自身についての知見を得る	長期的な視点を持つように促す ・次世代がリーダーとしての役割に備えられるよう意図的に発展的なキャリアを設計する ・会議では事業の短期的な問題ではなく、事業、ファミリー、自分自身にフォーカスする ・「やるべきことリスト」の最初に事業計画、財務計画、後継者計画と記す ・やるべきことを先延ばししないよう、思いやりのある建設的な批判ができる人を雇ってプロセスをサポートしてもらう ・ファミリーや事業の会議では、事業の短期的問題だけにフォーカスするのではなく、長期的な視点を持つように促す ・備えておく、進んで行う、実行できる能力を持つ	事業とファミリーの両方で、ガバナンスの仕組みが確立したあと
オーナーシップ	(可能であれば)現リーダーがオーナーシップ(株式)の一部を次世代メンバーに委譲する	ファミリーと事業の財務的安全性について計画する ・財務的に安全性が保たれ、事業の重荷にならないよう前もって準備し引退によって進める ・相続計画や引退計画を通じて財務的安全性を確立する ・現リーダーが最も重視する結果にフォーカスする ・株式の委譲計画と事業を整えるため、専門家(会計士、弁護士、ファイナンシャル・プランナー)のアドバイスを受ける	スケジュールを決め、それに従う

出典：Craig & Moores（2019）、pp.161-162 より転載

（1）実務中心の教育・研修 ─────────────

　すでに述べたように、中小企業における休業者等の補完は一般に上位互換（上司が不在の部下の仕事を補完すること）であり、経営者はさまざまな業務を部下の不在時に行わなければなりません。また、そうした業務の多くは文書化が進んでいないため、実践を通じて学習するしかありません。ガイドラインでは、先代教育の必要性を主張していますが、先代も実践を通じて教育することしかできないため計画的には行きません。先代が後継者に対して「特別何も

しなかった（33.3％）」という回答が最も多いという調査もあります（東京商工リサーチ 2003）。神谷（2014）は、鉄工業を中心とした後継者の入社後の学習を調査し、「先代は、入社してきた後継者に経営を学ばせようとするのではなく、従業員と同様に、まず本源的な技能を学ぶことから始めさせ、すべての業務が一通りできるようになることを期待する。後継者といえども、先代が自ら教えたり、知識教授的な教育が行われたりするのではなく、『見て覚えるもの』、『後継者が自ら学ぶ姿勢が重要である』として、学習を後継者の実践に委ねる」としています（p.38）。筆者の支援経験においても、先代が積極的に後継者の教育に関与することはまずなく、後継者が実務を通じて自ら必要な学習を進めていくことが一般的でした。必ずしも効率的とはいえない学習方法ですが、この実務を通じた後継者の学習には事業承継に対する 2 つの利点があります。第一に、従業員さんとともに実務を行うことで、後継者としての認知が広まります。第二に、イノベーションはそれまでに蓄積された競争優位に依存するといわれ（経路依存性）、後継者が実践からその具体的な価値を学ぶことは、先代が採用可能な経営革新案の提案にもつながります。

　コンサルタントは、こうしたメリットを後継者に伝え、以下の①〜③により後継者の実務能力が高まるように支援していきます。

① 本源的業務の習熟

　入社した後継者は、まず本源的業務[17]の習熟を図る必要があります。その理由としては、第一に本源的業務には他の部署に比べて多くの人が関与しており、担当者の休業時に後継者が応援に入る機会が多いこと、第二に企業の付加価値創造の過程を知ることは、生産性の向上や経営革新案の検討につながること、第三に事業を実践的に知ることで、創業者の思いや理念、企業文化や社風など目に見えない知的資産（後述）を理解できること、などが挙げられます。ガイドラインでも、事業承継計画の策定において「そもそも創業者は『なぜそ

17　本書における本源的業務とは、企業の付加価値や存在価値を生み出す本業に関わる中心的な業務のことをいい、メーカーであれば生産業務や開発業務、小売業であれば販売や仕入れ業務などを意味しています。

の時期に』『なぜその場所で』『なぜその事業を』始めたのか、（中略）といった振り返りから始めることが有効」であるとしています（p.43）。

コンサルタントは、経営革新を焦る後継者が"頭でっかち"にならぬように、本源的業務を習熟することの重要性をしっかりと伝える必要があります。筆者は、実際のコンサル業務の開始時には、その企業の沿革や本源的業務を十分理解するように心掛けるとともに、より深く理解するために、支援先で実際に作業を経験させていただいたこともあります。

② 組織を超えた管理活動の実践

先代から指名を受けた後継者は、現在自分が学んでいる業務とは関係のない部署のトラブルの解決や応援業務に参加することが可能です。もちろん企業の大きさや後継者の能力に制約はされますが、後継者である限りは、組織的には無関係でも経営者として関与の正当性が認められるからです。こうした組織横断的な関与は、後継者にとっては、業務全体の流れを知り、企業内の"どこにどんな人がいるのか"を理解することに役立ちます。また、多くの業務で上位互換しなければならない後継者には、そうした全体への関与が学習を効率的、効果的に進めることに役立ちます。

コンサルタントは、日々の異常やトラブルへの積極的な関与だけではなく、方針展開活動[18]やISOの認証取得など、企業全体の活動への後継者の関与を提案していくようにします。

③ コンサルタントによる社内研修

コンサルタントは、後継者にどのような教育・研修を提供したらよいのでしょうか。一例として、筆者が主宰している企業団体向けの経営塾での研修内容（**図表15**）を紹介します。この内容は、塾の開催時に参加してくれた20社

18　一般的に、方針展開とは、「経営方針（期間方針を含む）を上位階層から下位階層へと伝達することであり、経営方針を従業員全体で共有するために必要な作業」であり、方針管理は、「経営方針に基づいて各部署の目標や達成計画を定め、それらを効率的に達成するために、組織一丸となって取り組む活動」とされています。本書では、方針展開及び方針管理をあわせて「方針展開活動」としています。

程度の経営者（多くは後継者です）との話し合いから決定しています。なお、第1回から第9回までは座学で行い、3年目となる第10回以降は毎年5社程度の個別企業の経営支援を行い、その事例を塾で発表し、議論しています。コンサルタントの皆さんには、後継者には知識の習得だけではなく、企業内での実務が求められる場合が多いことを理解し、研修内容はその企業の業務内容に沿って、できるだけ実際に支援企業で使用されている具体的な帳票類を例示しながら研修を行ってほしいと思います。

図表15　筆者が主宰している経営塾のテーマと主な内容

回	テーマ	主な教育・研修内容
第1回	開塾式	塾が目指す経営者像や塾訓を説明、全員で自社の課題・悩みを披露して、塾で取り扱うテーマを絞り込み。続いて中小企業を取り巻く経営環境の変化を説明し、認識を共有。
第2回	経営者の仕事とは何か―日々の仕事から積み上げる―	経営学におけるこれまでの研究から、経営者に求められる仕事を紹介し、重要な役割として「整備」（企業の枠組みとなる組織・制度を整備すること）と「管理」（経営者の考え方、基本理念を浸透させること）があることを説明。経営の実践は"今"しかなく、具体的な日々の業務から2つの役割を果たす重要性を強調。
第3回	誰でもわかる財務諸表の見方・使い方	財務諸表の成り立ちやその読み解き方、決算書の作成や決算事務について説明し、会計が難しいと感じる理由を簿記のルールから説明。経営者の会計業務として、資金繰り表、予算管理表の作成・管理、小口現金の管理を推奨。さらに、金融機関等の決算書類の見方を紹介。
第4回	営業の進め方、準備の仕方	営業のステップや道具作り（会社案内や見積基準など）、営業に対する考え方を説明。見積基準については、見積要素（マン、マシン費など）の算定方法についても解説。損害補償、品質保証といった営業に付随するリスクや、顧客来社時の対応も紹介。
第5回	人の育て方、育つ職場の作り方	中小企業の人材の特徴、採用時や入社教育時の留意事項、人事評価の前提となる諸条件の整備の重要性や経営者自身のレベルアップの必要性を紹介。人材評価の実践はトップから行うこと、評価基準をオープンにすること、従業員との直接的な信頼関係、相互作用に基づく人材活用法を推奨。
第6回	「設備投資判断の基準」―生産設備投資を中心として―	設備投資を判断する手順を説明し、投資効果を見極める手法を説明。第2部では、「ものづくり補助金―採択されやすい計画書の作成ポイント―」と題して、友人の中小企業診断士からの講演を実施。

第7回	従業員のやる気を引き出す―人の使い方、組織や賃金の在り方―	経営学における動機付け（モチベーション）に関するさまざまな議論を紹介。マズローの5段階欲求説に基づいて、賃金設計、福利厚生、教育・研修、人事評価、組織設計の動機付け方策を紹介。最後に、経営者による属人的な動機付けの必要性について説明。
第8回	自社の競争力をつけるには―コストダウンへの対応―	サプライチェーンの企業に要求されるコストダウンの本質とその対応策について説明。戦略的経営の在り方とその実践の重要性を強調。続いて、元トヨタ自動車の購買担当者であった友人を招いて、「トヨタ購買の見方、考え方」について講演を実施。
第9回	品質に対する考え方、不良の減らし方―不良品を作らない、流さない仕組み作り―	品質、品質管理について説明し、事例会社の品質保証の仕組みについて紹介。品質保証の仕組み作りの手順や品質管理活動についても説明。「人の作業」、「設備」、「製品」それぞれの"確からしさ"への活動があることを紹介。メーカー経営者の見方、考え方について、科学的、統計的な見方、考え方が必要であることを強調。

(2) リーダーシップの向上

　親族に事業を引き継ぐ際の問題として、「経営者としての資質・能力の不足」を挙げる企業が約6割に上っており、小規模事業者では経営者自身の実務能力が期待されているのに対し、中規模企業では役員・従業員を統率して経営を方向づける能力（リーダーシップ）がより重視されているとされます（中小企業白書2013、pp.144-145）。リーダーシップは、経営学においても重要なテーマとして研究されており、桑田・田尾（2010）は、ほぼ合意を得ているリーダーシップの定義として、「特定の個人の能力や資質によるのではなく、対人的な関係の中で発揮され、場合によっては、集団の機能そのものである」とし、「集団がそのリーダーシップを必要とするから、そのリーダーがいる」としています（p.231）。コンサルタントは、後継者のリーダーシップを向上させるために、そのリーダーシップを必要とする以下の①～③のような場を創り出すことを心掛ける必要があります。

　ただし、コンサルタントは、後継者のリーダーシップのとり方に関して留意しておく点があります。それは、"後継者は先代と同様のリーダーシップがとりにくい"ということです。事業承継では、先代と後継者が併存する時期

（ツーボス状態）が一定期間続くため、後継者が先代と同様のリーダーシップをとろうとすると実質的なリーダーである先代と対立することになり、組織に混乱が生じてしまいます。先代は、自分と同様のリーダーシップを後継者に期待しますが、先代の在職中にはそれは叶わないのです。

① 社内プロジェクト推進

これまでの研究では、社内の新たな取り組みの主導（日本政策金融公庫2010）や承継前のプロジェクト遂行（久保田2011b）が後継者の能力形成に有効であるとされてきました。具体的な取り組みとしては、生産性や品質の向上、新製品開発、営業力の強化、5Sといった全社的な方針展開活動や改善活動、ISOやHACCPの認証取得などが挙げられます。選択できるプロジェクト活動は、企業規模や事業承継の進展具合によって変わりますが、後継者をリーダーとする活動は従業員さんとの人的関係の確立にも寄与するものであり、コンサルタントは積極的に活動を提案していきます。経営実績のない後継者は、肩書にかかわらず経営者として認知されないため、経営面以外で成功の実績を重ねる必要があるのです。筆者と義兄は、一貫生産や自動化、QCサークル活動や改善提案制度、TPS（トヨタ生産方式：Toyota Production System）の導入、品質ISOや環境ISOの認証取得活動などの社内プロジェクトを積極的に推進しました。

② 人材の採用・評価の仕組み作り

次に提案してほしいのは、人的資源管理の推進、とりわけ人の採用と評価の仕組み作りです。筆者が関与してきた企業には、採用方針や採用計画、人事評価制度が整っていない場合が多く、経営者の持つマネジメントパワーを示す機会が多くありませんでした。後継者がそうした人的資源管理の仕組み作りを従業員さん（例えば、後継者のNo.2候補者）とともに行うことは、後継者が人事権を持つことを従業員さんに周知し、組織内での後継者の味方作りやパワーを高めることにつながります。小規模の企業の場合は、新たな人材を採用することは難しい点もありますが、自らが採用し、評価をした従業員さんとの協業の場合のほうが、社内プロジェクトも事業承継もうまく進むというのが筆者の

実感です。加えて、人の採用は企業の戦略とリンクするものであり、評価の仕組みは後継者が求める人材を示す指標になるため、人的資源管理の推進は後継者による経営革新の準備にもなります。

コンサルタントは、後継者とよく話し合いながら企業に合った人事制度を提案します。最初は、企業の実態から乖離しないように、星取表によるスキル管理といった簡便なものから始めていけばよいと思います。

③ 新たな業務や技術の採用

社内プロジェクトの推進とも関連しますが、後継者のリーダーシップを向上させる方法に、新たな業務や技術の採用があります。従前の業務や技術では、後継者は新参者にすぎませんが、新たな業務や技術を後継者が先に学習して業務の中に取り入れることで、先代や古参従業員さんの方が新参者となり、後継者はリーダーシップを発揮することができるのです。筆者は、ISO の認証取得を契機に、社内の業務内容や業務分掌を規格要求事項に沿ったルールに変更しましたが、そのために古参従業員さんの古いやり方は通用しなくなり、業務の遂行においてイニシアチブを取れるようになりました。また、設備のNC[19]化と外注工程の内製化に伴い、NC 旋盤による加工という新たな加工技術を導入し、その対応を筆者らの採用した若手従業員が担ったため、古参従業員さんの地位が相対的に低下し、組織の統制が随分とりやすくなりました。ただし、こうしたやり方は、古参の従業員さんからの反発を受けやすく、技能や経験といった従来の競争優位である知的資産の承継を危うくする可能性があり、コンサルタントはその点に留意が必要です。

（3）新たな経営者像の確立

社内で学習を進めてきた後継者は、経営者交代に備えて自らの経営者像を

19　NC（Numerical Control）とは数値制御のことであり、NC 機とは加工動作を数値情報で指令する制御方式を持つ設備のことです。近年では、工作機械を自動的に動作させるためのプログラムを解釈するコンピュータと組み合わされ、NC は、通常、この CNC（C はコンピュータのこと）を意味しています。

徐々に確立していくことになります。しかし、企業内で学習できるのは先代経営と研修による知識のみであり、後継者は社外との交流や外部学習、社外経験から新たなビジョンや考え方を実現する実践的な知識や技術を学んでいかなければなりません。

　コンサルタントは、後継者が自らの経営者像を確立できるように、以下の①〜③を通じた効果的な学習方法を提案するとともに、後継者からの問いに答えられるように、コンサルタント自身が中小企業経営のあるべき姿を明確にしておく必要があります。

① 先代経営の理解

　後継者が経営者としてできなければならないのは、まずは先代の業務です。神谷（2014）は、「後継者が目指す経営者像の規準は先代である。まずは先代が得た技能や熟達の知識を学び、その上で先代経営への批判に基づいて、人材育成や顧客ニーズへの対応を通じて、新たな経営者像を実現しようとする」とし（p.50）、後継者は「従業員や株主などの内部機関や顧客、金融機関などの外部機関に関わる先代の行為を見聞きし、自分に置き換えて先代の経営的意図や手法を理解する」としています（pp.51-52）。経営革新を背負わされる後継者は、とかく先代に批判的な立場を取りがちですが、現実的には明確なビジョンやそれを成し遂げる実力が伴っていない場合もあります。

　コンサルタントは、冷静に後継者に寄り添いながら、先代経営の良い点、見習うべき考え方などを十分学習するように、後継者にアドバイスを続けます。

② 外部学習・ネットワーク作り

　筆者には、商工会議所や業界団体だけでなく、著名な経営者が主宰する経営塾や企業家同友会などの経営者団体に入っていた友人が大勢います。また、日刊工業新聞特別取材班（2019）では、中小企業大学校での学習や出会いによって、事業承継を成功させた後継者の姿が数多く描かれています。筆者自身も、業界団体やサプライチェーンでの協力会、ISO研修などのさまざまな外部研修を経験しました。そうした外部での学習で重要なことは、知識を得ることだけではなく、他社の経営者とのネットワークを築くことであり、後継者が自分の

目指す経営者像や経営の在り方をそうしたネットワークを通じた経験から確立していくことです。さらに、開発やマーケティング部署のない中小企業にとっては、外部情報のタイムリーな取得や外部資源の積極的な活用が欠かせません。

コンサルタントは、外部学習機関やインターネットを活用した情報収集の在り方などを紹介して、後継者の外部学習やネットワーク作りを支援します。

③ 目指すべき経営の明確化

後継者は上述の外部学習において、さまざまな経営者と交流し、自らが目指すべき経営を模索しますが、新たな経営者像を確立することは容易ではありません。コンサルタントは、後継者の意思が明確となるように、成功者や先人の言葉を借りながら、自らが理想とする経営の在り方や経営者像を後継者に紹介します。筆者は、人的資源に依存する中小企業では、従業員さんの協力が欠かせないという思いから、経営結果を社員と共有する「オープン経営」（ガラス張りの経営ともいいます）や、さまざまな手段を通じて社員の経営参画を促す「全員参加型経営」などを目指すように推奨しています。

参考にしたい経営の在り方として、著名な2人の考え方をご紹介しておきます。まず、『日本でいちばん大切にしたい会社』を執筆している坂本光司氏は、2016年3月の（一社）中小企業診断協会の「企業診断ニュース」のインタビューの中で、「経営者が大切にするのは、①社員とその家族、②社外社員とその家族（仕入先である外注・協力会社や下請の会社における社員とその家族）、③現在顧客と未来顧客、④地域社会・地域住民（とりわけ障がい者や高齢者などの社会的弱者）、⑤株主・出資者・関係機関の人たち」とし、人を大切にする企業は業績も良いとしています。また、京セラの創業者である稲盛和夫氏は、主宰する盛和塾の「経営のこころ」として、「①心をベースとして経営する、②公明正大に利益を追求する、③原理原則に従う、④お客様第一主義を貫く、⑤大家族主義で経営する、⑥実力主義に徹する、⑦パートナーシップを重視する、⑧全員参加で経営する、⑨ベクトルを合わせる、⑩独創性を重んじる、⑪ガラス張りで経営する、⑫高い目標を持つ」といった経営の在り方を説いています。

4 後継者による組織のマネジメント

　第3章で述べたとおり、後継者が承継しようとする経営資源は先代が築き上げてきたものであり、そのほとんどが先代経営における知識や技能に沿ったものとなっています。また、属人的な中小企業では、承継する組織も先代との個人的な関係に永く依存しているはずです。Hannan & Freeman（1984）は、構造的慣性という概念を用いて組織慣性について述べ、環境の変化率に対して組織の変化率が低い時に組織の構造は強い慣性を持つとしています。事業承継前の中小企業では、経済・社会構造の劇的な変化[20]の中で先代による経営が永く続いており、後継者が承継する組織は規模の大小にかかわらず強い慣性を持っているといえます。後継者は、自らの経営者像を実現するために新たな組織体制を構築する必要がありますが、それは組織の新参者である後継者にとっては大変難しい課題です。先代経営を支えてきた古参従業員は、すでに先代との属人的な関係を有しており、後継者がそれを超える個人的な関係を創り出すためには長い時間が必要だからです。

　コンサルタントは、後継者が経営者交代に至るまでに本節で説明するプロセスに沿って後継者が入念な準備活動や人材育成を行い、自らの望む組織構造の構築（組織改編）ができるように支援を続けます。

（1）組織改編までの準備

　後継者は、自らの求める企業運営を実現するため、承継後の組織の在り方をイメージし、その実現の準備をする必要があります。しかし、大企業と比べて規模の小さい中小企業では、組織改編に対する考え方や実施の方法は大きく異なります。その要因として、第一に、大企業では従業員さん1人分の業務量

20　2019年版の中小企業白書では、「第3部　中小企業・小規模企業経営者に期待される自己変革」の中で、「3つの経済・社会の構造変化」として「人口減少」、「デジタル化」、「グローバル化」が中小企業、小規模企業にもたらした影響を分析しています。

（1人工の業務となる仕事）でも、中小企業では1人工にはならない場合が多く、多くの業務で他の業務との兼任が必要です。第二に、新たな部門や管理者を設置しようとしても、専門的な知識や管理能力を持つ人材が経営者などのごく少数の人間に限られること、第三に、中小企業内に組織スラック（企業が持つ余剰資源のこと）が少なく、組織改編のために必要な人材の教育や育成をする余裕がないこと、などが挙げられます。そして最後に、組織内に親族や縁故者が存在していることが多く、硬直的な組織運営しかできない場合があることが挙げられます。

　コンサルタントは、企業内の人材の配置やその業務量などを勘案しながら、後継者の組織マネジメントを支援しますが、後継者が思い描く組織がすぐに実現できるわけではないことを理解しておく必要があります。

① 組織改編の考え方

　前述のように、中小企業では、経営者以外に適当な管理者がいないのが実情であり、後継者が新たな部署を創ったり、新しい技術を導入したりする場合には、自ら管理者、技術者を育成しながら、また、個人の兼任から組織的な業務へと業務を移しながら、組織化を進める必要があります。筆者は、組織改編にあたっては、以下のような原則に沿って進めていただくように、経営者にアドバイスしています。なお、組織改編の支援については、第6章「1. 組織デザイン・業務設計への支援」にさらに詳しく記載してあります。

【組織改編の原則】

1）組織化は兼任から

　組織の"あるべき姿"にこだわるのではなく、組織を構成する人ごとに業務や責任を明確にし、兼任による組織化をまず行います。新設の業務で1人工になる仕事は多くはないため、業務の範囲や名前にこだわることなく、その人の1人工となるように業務を決めることが大切です。

2）ムダな管理は行わない

　経験の浅い後継者は、大企業の真似をして管理部署を設置し、管理をする

ための業務（データ取りやレポートの作成など）を作りがちです。中小企業は、データが発生している場所を直接視ることができるため、データや紙ではなく現地、現物で直接管理し、見える化によって情報を共有したほうが効率的です。筆者は、管理の三悪は「活用しないデータや情報のまとめなどを作成させる」、「一定期間（月ごと、週ごと）でまとめを行う」、「経営者が管理状況を見ない」と説明し、ムダな管理を絶対に行わないようにお願いしています。

3）本源的業務以外の部署は、すべて本源的業務を支援する役割を基本にする

選択と集中が求められる中小企業の付加価値は、主に本源的業務から生み出されています。そのため、規模の小さい企業では、本源的業務を行う部署以外のすべての部署の目的は、その付加価値の最大化を支援することといえます。本源的業務を行う部署以外の組織化は、本源的業務を行う部署（例えば、メーカーであれば工場）への支援を中心に設計することが大切です。特に同族経営の場合は、経営や事務といった部署に同族関係者が集中することが多く、それ以外の部署が軽んじられる傾向になりがちのため要注意です。

4）責任者、管理者は今いる人から選ぶ

大企業とは異なり、中小企業の従業員の中には管理者や責任者になることを嫌がる人がいます。また、実務はできても、管理ができるか不安な人もいます。しかし、それは、経営者が従業員に行ってきた教育や動機付けの結果でもあり、部署の責任者、管理者の選任においては、多少の不足があっても今いる人から人選し、教育を行って育てなければなりません。企業規模の拡大が急速に続いている場合は、外部からの招聘者で管理職を補うこともやむを得ませんが、責任者や管理者、技術者などを育成する仕組みを作らなければ、後継者の望む組織はいつまでも作ることはできないのです。

② 業務プロセスを見直す

後継者は、組織作りに備えて、業務プロセスの見直しを行うことも必要です。新たな組織設計を可能にし、若手がそこで能力を発揮するためには、個人

個人の経験や能力に頼った運営を改め、各部署の業務の責任や権限、流れを明確にすることが重要です。前節で、ISO の認証取得などを後継者が推進することを推奨した理由も、規格等で要求される業務に沿って、社内の業務を根本的に見直す機会となるからです。

　コンサルタントは、まずは業務運営の状況や課題を正しく把握し、合理的で、効率的な業務となるように、標準化や見える化、PDCA の考え方、科学的管理などのさまざまな手法や考え方を用いて、後継者とともに業務内容やその運営プロセスの見直しを進めていきます。

③ 中期経営計画の作成

　「組織は戦略に従う」は、著名な経営学者である Chandler（1962）の提示した命題です。後継者が組織作りを行う場合でも、新しい組織によって果たすべき課題や、経営目標を達成する戦略があることが前提となりますが、そうした戦略は中小企業では中・長期の経営計画（本書では、5 年以内の経営計画を中期経営計画とします）によって一般的に表されます。中・長期経営計画の策定は、コンサルタントにとって支援企業の内部環境や外部環境における課題を理解することにつながりますが、5 年を超えて経営を見直すのは大変難しいため、まずは、後継者や先代とともに事業承継前後の 3〜5 年程度の中期経営計画の策定を支援するとよいと思います。ただし、中小企業の場合は、大企業に比べて経営環境の変化が計画に大きく影響するため、状況に応じて柔軟に計画を改訂する必要があります。筆者の経営していた企業では、5 年間の経営計画（次頁図参照）を立てていましたが、さまざまな情勢の変化により、計画の途中で重点施策や経営目標を変更せざるを得なかったことが何度もありました。

　コンサルタントは、企業分析の手法等を活用しながら、後継者とともに中期経営計画を策定し、その重点施策や経営目標を各年度、各部署に割り付けて、各年度の会社方針に基づく部署の活動によって達成されるように支援していきます。筆者は、次の 1）〜4）の手順で中期経営計画を策定していました。

【中期経営計画の策定手順】

1）振り返り

　計画する期間と同様の期間の経営結果について振り返り、良かった点、悪かった点を洗い出します。SWOT 分析の S（強み）と W（弱み）につながる分析ですが、実際に生じた事柄を挙げることが重要です。

2）内・外環境の分析

　やはり、SWOT 分析の O（機会）と T（脅威）につながる分析となりますが、前項同様に、計画期間に実現しそうな事柄を事実に基づいて抽出する必要があります。

図表 16　中期経営計画の例

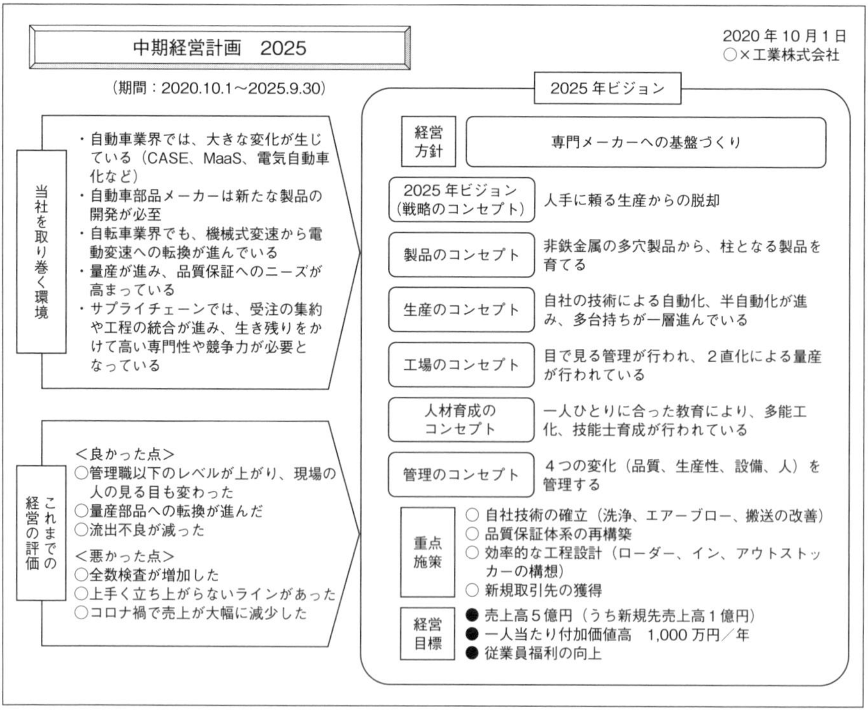

3）経営方針とコンセプト作り

　図表 16 の計画書の右半分は、この期間で達成するビジョンを表していま
す。経営理念の達成手段である経営方針を決め、その具体的な達成状況を
コンセプトとしてわかりやすく表現します。どの分野でコンセプトを設定す
るかは、企業の規模や業種によります。

4）重点施策、経営目標の設定

　最後に決定するのは、この計画で成し遂げるべき活動のテーマや目標で
す。この内容が、この期間の各年度の活動や目標に展開されます。

（2）後継者のための組織作り

　多くの先代は、創業から規模の拡大を担ってきた場合が多く、さまざまな社
内業務に精通し、また自らが採用した人材との個人的な関係をもとに企業運営
をしてきました。そのため、古参の従業員さんにとっての事業承継は、先代と
比べて実務経験も乏しく、経営実績のない後継者に、企業の運営や自らの処遇
を任せるという不安やリスクを感じさせるものです。いくら先代が認めた後継
者でも、古参従業員さんたちとの個人的な信頼関係が構築できるまでには一定
の期間が必要です。これまでの調査でも、後継者が自らの理念との折り合いを
つけるためには、承継後のしばらくの間、後継者と企業の「すり合わせ」の
ための調整期間が必要となることが指摘され（中小企業白書 2004、第 3 章第
2 節 3）、また、後継者が経営革新を進める場合に苦労した課題として「従業
員の協力を得ること」が上位に挙げられています（日本政策金融公庫 2010、
p.55）。

　つまり、後継者の組織作りにおいて重要なことは、いかに従業員さんとの個
人的な関係性を築くかであり、そのために何をどう実践するかなのです。もち
ろん、後継者の実践の基盤となる考え方や経営理念は重要ですが、中小企業で
は経営者の姿が間近に見えるため、そうした抽象的な考え方や理念より、実際
の言動のほうがはるかに影響力は大きいのです。

　コンサルタントは、後継者が古参従業員さんとの関係を上手に構築し、対立

を深めないよう注意しながら、以下の実践を通じて、後継者の思いや経営目標を達成するための組織作り、人づくりを支援します。

① 若手登用

後継者が経営を実践していくためには、後継者をよく理解し、ともに働いてくれる従業員さんが必要です。しかも、その人たちは後継者が採用した人物か、年齢的あるいは就業年数的に後継者よりも若い人物のほうが好都合です。後継者と永くともに働くことができ、先代経営や従前業務のやり方などの影響をあまり受けていないからです。

コンサルタントは、そうした従業員さんが多くの知識や経験が得られるように、計画的なローテーションや社内教育の実施を後継者にアドバイスします。ローテーションによって多能工化を図ることは、組織改編時に必要な人的スラックを確保することにもつながります。さらに、新しい人事制度、評価制度の確立を提案し、積極的な若手登用を後継者に働きかけます。

② No.2、片腕の育成

社内に No.2 や片腕と呼ばれる補佐役がいることは、後継者にとっても企業にとっても重要なことです。しかし、これまで述べてきたように、中小企業にはそうした能力を持つ人材は数少なく、後継者は自ら No.2 を育成しなければならない場合が多くあります。また、No.2 としての正当性を保証するためには、管掌する部署や業務が明確で後継者と同様の責任、権限が委譲されなければならず、コンサルタントは、No.2 の育成には組織化が重要なテーマとなることを理解しておく必要があります。

コンサルティングにおいて、どのような育成手順を提案するかは、支援企業の規模や人材の状況によりますが、筆者は複数の企業に対して以下の a.～c. の手順で支援した経験があります。支援会社は、いずれも 20 名程度のメーカーであり、いずれも支援の前には明確な組織化はされていませんでした。

【No.2 の育成手順の例】

a. No.2 候補者と後継者との話し合い

後継者と No.2 に期待する従業員さん（以下、候補者といいます）との間で十分話し合いを行い、候補者に就任の了解を得るとともに、経営や管理に関する思いを共有してもらいます。また、後継者が候補者に期待する業務を実践するための課題を洗い出してもらい、その課題を解決します。

b. 管理人工の創出

次に、候補者の管理人工確保のための活動を行います。候補者となるような人材はすでに多くの業務を抱えており、No.2 としての業務を行う時間がないからです。企業の業務全体を見直し、多能工化や生産性改善等を行って余剰人工を生み出し、候補者が現場から離れられる時間的余裕を生み出します。

c. 新管掌部署の設置

候補者の管理能力を高めるために、後継者または候補者が管掌する部署をそれぞれ設置し、業務分担や仕事の流れ、互いの関わり方など、必要なルールや管理のための帳票様式を定めてもらいます。部署の設置に際しては、前項（1）の「①組織改編の考え方」に従い、新たに設置した部署は本源的業務（製造）を支援する部署とするとともに、部署間で相互牽制が可能な業務の流れを構築します。

③ コンフリクトマネジメント

コンフリクトとは、2 つないし 3 つ以上の人ないし集団の間に生じる対立的あるいは敵対的な関係のことです（桑田・田尾 2010、p.251）。後継者にとって、古参従業員さんとのコンフリクトマネジメントは極めて重要であり、商工総合研究所（2009）は、「古参幹部とはできるだけ意思疎通を図り、支援、補佐を受けることが望ましく、意見の違いがある場合には納得するまで話し合う必要がある」としています（p.14）。コンフリクトマネジメントに失敗すると、古参の従業員さんの大量退社や技能承継の遅れにつながり、企業経営に大きな影響を及ぼす場合があります。神谷（2014）では、コミュニケーション不足か

ら、先代の言うことしか聞かない古参従業員を後継者が全員解雇してしまい、経営の安定や業容の拡大が遅れてしまったことを嘆いている後継者の姿が紹介されています（p.12）。

　コンサルタントは、後継者と古参従業員さんとのコミュニケーションの機会を増やしたり、自らが仲介者となったりして、両者の意思疎通を図るように支援します。

（3）後継者経営の確立

　大月（2014）は、長年にわたって構築されてきた既存の行動様式は、合理的にルーティン化されたものとして慣性力を持つため、それを壊して新しくするのは容易でないとしています（p.34）。つまり、人的資源に頼りがちな中小企業経営においては、先代だけでなく、先代経営とともに確立されてきた各部署責任者や従業員さんの行動様式—責任や権限、意思決定の方法、業務の進め方など—も慣性力を持ち、容易には変えられないのです。後継者が独自性を発揮し、経営や業務の効率化などを遂行するためには、先代経営とは異なるアプローチで経営に臨む必要があります。

　コンサルタントは、以下のような視点や手順を十分に後継者に説明しながら、その経営の確立を支援します。

① 科学的管理の導入

　マネジメントの原点とされる科学的管理法を唱えたTaylor（2009）は、「労働者の果たすべき作業のほぼすべてについて、よりよい成果がより迅速に上がるように、マネジャーが何らかの備えをすべき」としています（p.29）。しかし、筆者のこれまでの経験では、後継者は先代経営の様式をなかなか変えることはできず、業務は担当者任せにされ、管理の仕組みも未熟で、科学的な経営管理ができているとはとてもいえない企業が数多くありました。

　コンサルタントは、後継者の経営が科学的管理のもとで実践されるように、業務の生産性や経営結果の管理に必要な重要指標（KPI：Key Performance Indicator、重要業績評価指標）の設定や、ISO9001などで推奨されている

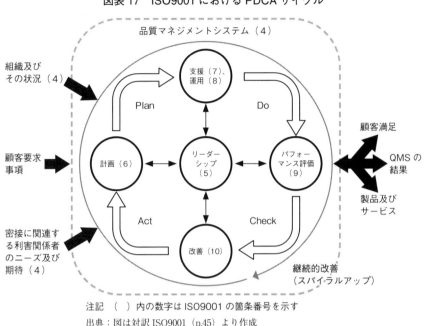

図表 17　ISO9001 における PDCA サイクル

注記　（　）内の数字は ISO9001 の箇条番号を示す
出典：図は対訳 ISO9001（p.45）より作成

PDCA サイクルに基づく業務設計（**図表 17**）や、方針管理、方針展開活動の仕組みの導入を提案します。さらに、見える化や標準化、ルーティン化等によって業務の生産性を上げ、データや数値、統計的手法といった科学的管理に基づいて、経営結果の継続的改善を進めることを推奨します。具体的な改善の支援方法については、第 6 章 2. を参照して下さい。

② 従業員参画の促進

　黒瀬（2018）は、年間の経営計画の作成に関して調査し、「一般従業員も参加する」とした企業（130 社）のほうが、「経営層幹部だけで決めている」（308社）や「経営計画を決めていない」（204 社）とする企業よりも、従業員との情報共有、経営実績、自社の強みなどでパフォーマンスが良いとしています（p.56）。さらに、中小企業の精神的、身体的近接性は、付加価値の源泉となる情報生産性を高めるとしています（p.57）。筆者の経験でも、従業員とのコミュ

ニケーションがよくとれている経営者ほど、経営がうまくいっている印象があります。

　コンサルタントは、後継者が経営者として認知されるためにも、従業員とのコミュニケーションや経営への参画促進を後継者に働きかけます。具体的な提案としては、経営計画の策定や方針展開活動への参加や、改善提案、QCサークル活動制度の導入、定期的な従業員さんとのミーティングの開催などがあります。

③ 独自性の発揮

　筆者がコンサルティングに行った際に、しばしば感じるのは後継者の経営に対する思いの弱さです。多くの先代は創業者であり、自分が選び、成長させてきた製品や企業にわがままとも思えるほど強い思いを持っています。しかし、それを引き継ぐ後継者は自分のカラーを出したり、新しい道を選んだりすることに消極的な印象を受けます。経営への強い思いがなければ、理想と現実のギャップは生ずることはなく、戦略もビジョンもそれを達成するための計画も描けないのです。

　コンサルタントは、あくまでも後継者の属人性、独自性を尊重しながら、それを経営で表現してもらうように支援を続ける必要があります。筆者は、本節（1）③で述べた中期経営計画を話し合う際に、以下の1）〜3）の手順で後継者の独自性を明らかにしながら、その発揮に向けて後継者自身は何を学習すべきかといった点を話し合います。

【後継者の独自性発揮手順】

1）自分のなりたい姿を描く

　最初に決めてもらうのは、企業経営を通じて「どんな自分になりたいのか」という点です。経営判断の基準、企業の文化や風土、内外の評価の基盤となるものであり、経営の個性を表すものです。具体的な達成目標（売上数値や利益など）ではなく、企業活動を通じて社会にどんな貢献をするのか、経営から退出後に従業員さんや社会の人たちから「あの人はこういう人だっ

た」と言われたい姿を明らかにしてもらいます。通常は一生変わることはないものであり、後継者の経営理念の基盤となる姿です。

2）それが達成できている会社の状況（将来像）を描く

　次に、"なりたい姿"が達成できた時、企業はどのような姿になっているのかを明らかにします。製品、技術、従業員さん、取引先、売上や利益、給与水準など、できるだけ具体的な言葉や数値で会社の状況を詳しく描写してもらいます。後継者が自分の代だけで達成できるかできないかではなく、自分を含めた今後の経営者にずっと追い続けてもらいたい状況を数値により具体的にします。

3）会社の将来像と現状の違い（ギャップ）を明らかにする

　最後に、思い描いた会社の将来像と現状を比べて、具体的な項目、数値における違い（ギャップ）を明らかにしていきます。経営環境にもよりますが、通常は最もギャップの大きい点から取り組むことになります。ただし、ギャップの解消は自社努力だけでなく、技術の進歩や顧客ニーズの変化などの影響を受けるため、中期経営計画に表す際には、取り組みやすい課題の解決を優先して活動してもよいと思います。

第5章

知的資産承継の
コンサルティング

　ガイドラインでは、知的資産を「従来の貸借対照表上に記載されている資産以外の無形の資産」で「財務諸表には表れてこない目に見えにくい経営資源の総称」と定義し、知的資産は企業の「強み」・「価値の源泉」であり、次の世代に承継することができなければ、その企業は競争力を失い、将来的には事業の継続すら危ぶまれる事態に陥ることも考えられるとして知的資産承継の重要性を強調しています（p.19）。もともと、知的資産の承継については、廃業によって失われていく中小企業の強みとなってきた経済的資源（中小企業白書 2004）や、「モノ作り」の現場における技能（中小企業白書 2006）などの承継から議論が始まり、知的資産が中小企業の成長・発展の原動力（価値の源泉）であるとして『中小企業のための知的資産経営マニュアル』（中小企業基盤整備機構（2007）、以下、知的資産経営マニュアルと略）にまとめ、知的資産経営を推奨してきた背景があります。そのため、無形資産である知的資産は知的財産を抱合する幅広い概念と捉えられ、**図表18**

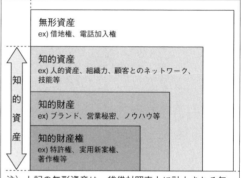

図表18　無形資産の分類イメージ

注）上記の無形資産は、貸借対照表上に計上される無形固定資産と同義ではなく、企業が保有する形の無い経営資源全てと捉えている。

出典：中小企業のための知的資産経営マニュアル（2007）
　　　p.7 より転載

のように分類イメージが示されています（p.7）。本書でもこの分類に従って記述を進めていきます。また、特許庁においても 2020 年 4 月に『知恵の承継マニュアル』（特許庁 2020a）を発行して知的資産の承継を促がすとともに、知的財産を切り口とした事業承継支援に資するために『知財ビジネス評価書（目的別編）～事業承継～』を 2023 年 3 月に取りまとめています。

　しかし、知的財産権（特許権・実用新案権・意匠権のいずれか）を持つ企業の割合は、中規模企業では 4.66％、小規模事業者では 0.88％で、中小企業全体

図表 19　知的資産の考え方

経営資産 （知的資産）		負債的性質 （引き継がなければ喪失するリスク）
人的資産	人に帰属するノウハウ、技術、人脈、経験、アイデアなど	属人的性質 従業員が退職する際に一緒に持ち出す資産、またはその人がいなくなったら、なくなってしまう資産
構造資産	経営理念、企業文化、社風、データベース、業務の仕組み、など	非属人的性質（組織的性質） 企業（組織）が存続する限り、従業員が退職しても企業（組織）に残る資産、またはその人がいなくなっても組織に残る資産、企業（組織）の対外関係に付随した全ての資産
関係資産	顧客、供給先、外注先、金融機関、支援者との関係など	

出典：経済産業省九州経済産業局（2018）p.1 より転載

では 1.56％であり（帝国データバンク 2014、p.12）、それほど高い割合ではありません。そこで、本書では、知的財産権を除く知的資産の承継を中心に説明を進め、知的資産の内容に関する経営学、会計学での議論や研究も併せて紹介していきます。知的財産権の承継については、本章「2.（3）知財戦略」において改めて解説することにします。なお、本書では、知的資産と経営学における知識資産、会計学における知的資本を同義に扱っています。

　では、知的資産とは具体的に何でしょうか。ここでは、まずその定義や内容を明らかにしておきたいと思います。ガイドラインでは、知的資産の具体的な内容として「経営理念、経営者の信用、取引先との人脈、従業員の技術・ノウハウ（技能を含む）、顧客情報、経営者と従業員の信頼関係など」を挙げています。経済産業省九州経済産業局（2018）では、知的資産の内容はマニュアルと同じですが、その捉え方としては人的資産、構造資産、関係資産から構成され属人的性質及び非属人的性質が混在しているという視点から考えることが重要であるとし、その考え方と具体的な内容を**図表 19** のように表しています（p.1）。

　経営学においては、1990 年代に野中郁次郎先生らが主唱されたナレッジマネジメントや知識経営[21] の根幹をなすものとして知識資産が位置づけられています（紺野 2006、p.1153）。コンサルタントの皆さんも「暗黙知の形式知化」

図表 20　知識資産マトリクス

	経験からの知識資産	知覚による知識資産	定型的な知識資産	仕組化した知識資産
市場知 （市場・顧客が 源泉の知）	・顧客が製品やサービス、企業について使用経験から学習された知識 ・流通ネットワークが製品やサービス、企業について持つ学習された知識	・ブランド ・企業の評価	・顧客や流通との契約関係（権利、ソフトウェアの利用許諾など） ・メンバー登録された顧客についての情報内容（利用歴やカルテ）	・顧客とのネットワーク（消費者モニタなど）、交流により獲得される知識 ・流通ネットワークを通じて獲得される市場・顧客に関する知識
組織知 （組織・事業が 源泉の知）	・従業員が持つ総合的知識・能力 ・特定の専門職の持つコアとなる知識・能力	・製品開発・企画・デザインに関する知識・能力 ・品質に関する知覚	・ドキュメント資産（共有再利用可能文書）、マニュアル（定型化ノウハウ） ・知識ベースシステムの情報内容	・組織の学習に関する制度（教育プログラムや訓練ノウハウ） ・コミュニケーション・システムなどを通じて組織内に流通している知識（電子メールの情報内容など）
製品知 （製品・科学が 源泉の知）	・製品やサービスに関する共有可能なノウハウ ・製品の製法などの伝承されている熟練的知識（組織知との境界は曖昧）	・製品コンセプト（市場化製品および開発中製品のコンセプトの質と量） ・製品デザイン（モデル、プロトタイプなどを含む）	・特許知財となる技術・ノウハウ・著作物 ・技術・ノウハウに関するライセンス	・製品の使用法などの製品特定の補完的知識製品を取り巻く社会的・法的な知識活用のシステム（情報開発、PLなどのプログラム）
	暗黙知＞＞形式知	暗黙知≧形式知	形式知＞＞暗黙知	形式知≧暗黙知

出典：紺野（2006）p.1155 より転載

や「SECI プロセス」といった言葉を聞かれたことがあるはずです。知識資産については、紺野（2006）が**図表 20** のような分類例を示し、市場や製品に関連する知識を多く取り上げています（p.1155）。また、「知識資産の価値はすでに決まった固定的なものではなく、企業の戦略的志向、場の生成の在り方によるところが大きい」とし、知識資産は「不完全な」資産であるとしています（p.1156）

　また、会計学では、人や組織が持つ知識・技術等の人的資本を中心とした無形資産が企業の競争優位を左右するようになり、無形資産の測定や無形資産への投資の評価が重要となりました。そのため、株式時価総額と簿価企業価値

21　野中・紺野（1999）では、知識経営は「従来の有形資源や資産中心でなく無形の知識こそが価値の源泉だとする、新しい経営のパラダイム」と定義し（p.46）、ナレッジマネジメントは企業内のベストプラクティスの共有、意味情報の活用という側面が強いとして区分しています（p.52）。

の差額部分や、企業の持つ知識、ノウハウに基づく超過収益力を知的資本と呼び、その評価について議論が重ねられています（**図表 21** 参照）。Edvinsson & Malone（1999）は、知的資本は人的資本と構造的資本である組織資本と顧客資本という 3 つの要素で構成されるとし（p.53）、「知的資本は資本と同様に見なすべき負債側の要素であり、

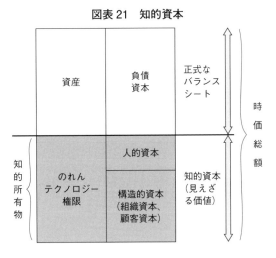

図表 21　知的資本

出典：Edvinsson & Malone（1999）p.63 に筆者加筆、転載

企業と利害関係にある者、つまり顧客、従業員などから借りているもの」としています（p.62）。これまで紹介した資産側からの見方ではなく、資本側の側から知的資産を捉えているのです。こうした捉え方は、経済産業省九州経済産業局（2018）が示した知的資産への考え方（**図表 19**）でも、知的資産の「負債的性質」という言葉で示されており、知的資産の承継に対する重要な視点を提供しています。

0　知的資産承継の捉え方

　知的資産が企業の強みにつながっていることは容易に想像できますが、コンサルタントや支援機関がその内容を理解し、その承継を支援することは容易ではありません。その理由は、大きく 3 つあります。第一に、多くの中小企業経営者は知的資産に高い関心を持っていますが「自社の強みに気がついてない」、あるいは「勘違いしている」ケースが多いとされ、経営者自身が気づきを得て行動しない限りいかなる支援策も有効に作用しないとされています（経済産業

省九州経済産業局 2018、p.62）。第二に、コンサルタントには承継すべき知的資産を評価するいわゆる"目利き"が必要とされますが、目利きは誰にでも簡単にできるというものではありません。正確な目利きを行うためには相当の経験が必要とされ、支援する側の人材の育成や組織の整備が必要です（同、p.67）。コンサルタントは、そうした場合には「知的資産経営報告書」や「事業価値を高める経営レポート」の作成やローカルベンチマークツールなどを活用して、まず支援企業の競争優位となっている技能・技術等の無形資産を後継者とともに明らかにする必要があります。第三の理由は、知的資産が持つさまざまな性質により後継者は知的資産を単純には承継ができないことです。知的資産経営マニュアルでも、知的資産は①それ自体に交換価値があるわけではないこと、②独立して売買可能ではないこと、③知的資産のすべてをその企業が必ずしも所有・支配しているとはいえないこと、といった留意点があるとしています（p.6）。これまでに紹介したアカデミックな議論においても、知的資産の承継には、企業の戦略的志向や場の生成、顧客や従業員との関係性が必要であるとしています。

　この第三の理由は、支援に重大な影響をもたらします。たとえ承継すべき知的資産が明らかになったとしても、簡単に承継できるわけではないからです。経済産業省九州経済産業局（2018）は、知的資産移転の在り方について①経営交代期よりも前の働きかけ、②ソリューション力とマネジメント、③マネジメントのあり方、④他業態との連携による知的資産移転の可能性、⑤企業の商品化という発想、⑥強みを活かす指導、⑦ロールアップ型M&Aを挙げ、経営者の気づき、人材育成、社内コミュニケーションなどの必要性を主張しています。さらに、経営学では、知識やノウハウの移転そのものの難しさが議論されてきました。中小企業における知的資産の多くは暗黙知とされていますが、そうした暗黙知は「その知識を持っている本人自身がなかなか体系的に理解できない」、「場合によってはそうした知識を持っていることを『知らない』」という問題があり（野中・紺野 1999、p.105）、他者は体験や訓練からしか学ぶことができず、形式知化しても部分的にしか学ぶことができないとされています

（同、p.107）。暗黙知の名付け親として有名なマイケル・ポランニー（Polanyi 2003）が「人は言葉にできることよりも多くのことを知ることができる」としているように（p.18）、暗黙知の状態にある知的資産のすべてを言葉として形式知化して承継することはできないのです。また、こうした暗黙知は、情報の粘着性[22] という点でも議論されています。暗黙知は、特定の従業員やその業務の中にへばりついていて、そこから移転するには多大なコストが掛かるといわれているのです。

　コンサルタントは、知的資産の承継では、必要な資産を特定し、評価することが難しいだけでなく、本当に移転できたかどうかの判断もできないことや、その移転には、多大な時間や費用が掛かる場合があることを理解しておく必要があります。

　つまり、知的資産の承継にあたっては、関連する従業員さんや製品、顧客やビジネスモデルなどの承継が必須となり、それには先代経営の引き継ぎが前提となったり、多大なコストが掛かったりする場合があるということです。老舗企業であれば、ある程度普遍的な価値を持つ自社の競争優位を維持することは重要でしょうが、経営革新を迫られている企業にとっては、従来の知的資産をすべて承継することが必要かどうかはケースバイケースであり、むしろそれらを棄却して、新しい技術や技能をどのように導入するかが課題となることもあります。コンサルティングにあたっては、承継を一辺倒に進めるのではなく、知的資産の承継も他の資産と同様に、経営結果や後継者の経営戦略などにより、承継する対象や方法を選択していくことになります。

　さまざまな承継の課題を持つ知的資産ですが、本書ではこれまでの議論を踏まえ、4つのテーマに絞って説明していきたいと思います。まずは、経済産業省九州経済産業局（2018）の考え方に従って、**図表19** に掲げる「技術・技

22　情報の粘着性という概念は、Hippel（1994）が提唱したもので、「ある場所に存在している情報を、他の場所に移転させるのにどのくらいコストが掛かるか」を表現したものです。情報粘着性が高くなるほど、情報の移転は難しくなります。すでに言葉や数字になっている形式知に比べて、暗黙知は情報の粘着性が高く、移転しにくいとされています。

能[23]」（人的資産）、「企業文化、従業員との関係性」（構造資産）、「取引先等との関係性」（関係資産）の 3 つの承継を取り上げ、4 つ目に、紺野（2006）から「製品・サービス」の承継を取り上げたいと思います。ただし、「技術・技能」については、属人的な技能の承継を中心に説明します。また、説明の都合上、取り上げる順番は技能、製品・サービス、企業文化、従業員さんとの関係性、取引先等との関係性の順とします。

なお、本章のコンサルティングのプロセスの説明順については、できる限り承継前、承継中、承継後という 3 つの段階に応じたコンサルティング内容を説明していきますが、「保有する知的資産や知的資産経営によって生み出される価値も時代や環境によって全く異なってくる」ため（知的資産経営マニュアル、p.9）、承継後の段階では、承継の見直しに対する支援を中心に述べるようにしています。また、「3. 企業文化、従業員さんとの関係性の承継」と「4. 取引先との関係性の承継」においては 3 つの承継段階ではなく、具体的なテーマの内容とコンサルティングの在り方を中心に説明していきます。

1 技能の承継

知的資産経営マニュアルでは、技能に関係する知的資産の例えとして「製造段階での『すりあわせ』に代表される製品の細部へのこだわり」、「技術・ノウハウ」、「技能者の裾野の広さに支えられた知的創造の能力」を挙げ（p.5）、主に従業員さんが持つ技術的能力に焦点が当てられています。本書では、この考え方に沿って、先代や従業員さんなどが持つ本源的業務（第 4 章 3.（1）を参照）における技術的能力を技能として、その承継を中心に説明していきます。

また、技能には多くの暗黙知が含まれているため、技能の承継には現場での実践、つまり承継者と非承継者との間で協業や教育、OJT が必要であり、実

23　中小企業白書（2006）では、「技術は組織内で共有された能力であるため、IT 化やマニュアル化による形式知化が可能なものであるが、技能は技術と異なり暗黙知であり、組織的に保持する能力というより、個人が経験と勘により身に付けていくもの」としています。（第 2 章第 5 節 1.)

際に残すべき技能を使いながら実践を通じて学習する必要があります。コンサルタントは"目利き"ができる専門家との連携等を通じて、承継すべき技能を見極めるとともに、承継者がその技能を実際に活用できるように支援していきます。さらに、第1章で述べたように、中小企業は地域や業界、サプライチェーンの維持に密接に関係しているため、技能承継の是非は、業界、産業集積、クラスターといった視点からも検討される必要があります。

(1) 承継する技能の明確化と活用 ─────────────

多くの技能は、科学の進歩や消費者のニーズの変化などによって企業経営における価値が変わります。実際、筆者が所属していた鉄工業界では、1980年代に加工設備のNC化というイノベーションが起こり、それまで大切にされてきた熟練工の技能のほとんどがコンピュータによる数値制御に置き換えられました。また、こうした外部環境の変化に加え、後継者の経営戦略によっても技能の価値や重要性は変化します。承継すべき知的資産は、後継者の経営に欠くべからざるものであり、知的資本で議論されたように企業に簿価以上の価値や超過収益力をもたらすものが対象になります。

コンサルタントは、今後も企業経営に必要される技能を確実に残すため、以下の手順で後継者とともに残す技能を明らかにし、実践の場づくりや更なる活用を進めていきます。

① 残す技能の見極め

技能はさまざまな階層に分かれているとされ、技能研究をレビューした松本（2003）は、技能概念を「高度な熟達＝成果を生み出す下位の能力＋能力を使い分けるメタ能力」[24]と表し、熟達過程においては、メタ能力のほうが下位の技能よりも重要であると指摘しています（p.32）。

24　松本（2003）は、技能は2つの概念による階層構造をなすと推測し、その基礎には、手先の器用さやフィードバック・メカニズムなどの認知プロセスといった求める成果を生み出すような能力を挙げ、その上位に、変化する状況に対応して必要な技能を用いる「メタ能力」としての能力があるとしています（p.32）。

コンサルタントは、先代や後継者だけでなく、できるだけ多くの従業員さんへのヒヤリングを通して、いわゆる職人技といった技能だけではなく、承継に時間が掛かる作業や特定の人にしかできない業務、突発的なトラブルへの対応などを洗い出し、連携している専門家とともに企業の運営に欠かせないメタ能力を抽出します。さらに、企業の経営状況や後継者の経営戦略、IT 化や機械設備の進歩などと照らし合わせながら、後継者とともに残すべき技能や技術を見極めていきます。

② 承継者の指名と実践の場づくり

経営学では仕事場や職場における学習については、学習論、特に状況論[25] の視点から説明されることが多くありますが、そうした理論においては学習者の実践参加が重要とされています。

コンサルタントは、後継者に具体的な承継者の指名を促し、承継者がその技能を持つ従業員さんとともに働けるような学習計画やローテーションを後継者とともに検討します。しかし、IT 化や自動化、専業化が進む現場では、属人的な技能に基づく生産が減少する場合があり、実践の場の維持が課題となる場合もあります。そうした場合には、コンサルタントは、いわゆる「技能道場」や「ものづくり道場」の設置といった実践的な教育制度を提案することを検討します。また、企業内に適切な承継者が見つからない場合には、後継者に地域や業界での承継が検討できないか提言することも必要です（関 2013 などを参照）。

③ 残す技能の活用、革新

承継した技能を維持していくためには、その技能から生まれる製品やサービスが承継後も付加価値を生み出す必要があります。京都市伝統産業活性化検討委員会（2005）は、技能の保全、革新について、知的所有権、意匠権の強化、機械化・コンピュータ利用などを検討するとともにビジネスの在り方も革新す

25　状況論の代表的理論に、Lave & Wenger（1993）で主張された正統的周辺参加論（Legitimate Peripheral Participation）があります。徒弟制の研究から生まれたこの理論では、技能の熟達者である古参者の実践に、新参者が参加することで学習が進み、熟達者になっていくとしています。

る必要があるとして、市場への働きかけ、取引慣行・価格形成の見直し、販売力・営業力の強化、発信力の強化などの必要性を提言しています。

コンサルタントは、承継した技能を維持、活用するために、それら技能を使った新たな製品やサービスの開発、知的財産権の確保、営業力の強化などを、後継者とともに検討していく必要があります。こうした点については、次節「2. 製品・サービスの承継」で具体的に説明します。

（2）標準化・見える化

承継すべき技能をいつまでも属人的なものに留めていては、承継に時間が掛かるだけでなく、社内での共有や活用が進みません。前述したように、熟練者が持つ技能のすべてを形式知化することはできませんが、標準化や見える化（可視化）によってできるだけ形式知化することが重要です。また、標準化や見える化が進めば、技能を使う業務の改善やIT化がしやすくなり、生産性の向上を図ることも可能です。ただし、技能やノウハウを、標準化や見える化、さらにはIT化することは、社内への技能移転を進めるだけでなく、社外への機密の流出にもつながり、却って技能の価値を下げてしまう恐れがあります。前出した京都市伝統産業活性化検討委員会（2005）では、「製造過程におけるITの導入については、手工芸としての伝統技術の否定につながる面もあるので、個別に慎重に考えて取り組んでいかなくてはならない」としています。

コンサルタントは以下の手順を参考にして、残すべき技能の標準化、見える化を進めるように後継者に提案するとよいでしょう。

① 困り事の解決策から始める

承継が必要だからといって、技能のすべてを文書化、形式知化することは非効率です。標準化や見える化のためにマニュアルや手順書などの標準類を作成し、それを維持することはかなりの労力が必要ですが、その使用頻度はそれほど高くありません。標準類は、それを使用する人が一度覚えてしまえば、その後はほとんど必要ないからです。また、過度なマニュアル化が従業員さんの工夫や思考に悪影響を与えることも指摘されています。松本（2003）がレビュー

しているように、重要なのは知的熟練とも称されるメタ能力であり、メタ能力は変化する状況において発揮されることから、標準化、見える化は、技能を使う業務で生じる不良品や故障の発生などの"困り事"への対応策から始めることが効率的です。

　コンサルタントは、技能を承継する従業員さん（学習者）が、実践で熟達者の代わりに業務を行う際に、熟達者と比べて「対処に苦慮すること」、「うまくいかないこと」などを明らかにしてもらい、その対応方法の標準化、見える化をまずは進めていただくように提案します。

② 形式知化の仕組み作り

　標準化、見える化を進めるにあたっては、将来を見据えた仕組み作りも併せて検討する必要があります。現場では、常に新たな技能やノウハウといった属人的な暗黙知が生まれているからです。

　コンサルタントは、そうした記録に必要な要領書や手順書など帳票様式や業務フローなどを提案し、日々の業務の中で技能やノウハウの形式知化が進む仕組み作りを支援します。大阪中小企業診断士会（2018）では、中小企業診断士が技能承継に際して貢献できる具体的支援として①カン・コツ入りマニュアル作成、②カン・コツ入りマニュアルのみで伝承できる範囲の把握、③効果的なOJT のセッティング（技能伝承者の教育等）、④全体教育計画の作成、を挙げています（p.71）。筆者は、そうした仕組み作りにおいて以下の諸点に留意しています。

【形式知化の仕組み作りにおける留意点】

　a. デジタル記録化

　　記録についてはデジタルデータによることを原則とし、データを記載する帳票様式もデジタル化します。記録するデータは、文書や表だけでなく、写真や動画データでも構いません。また、記録内容はできるだけ体系化し、将来の調査や分析が可能になるように保存しておきます。

b.　アクセスの容易性

　記録された技能やノウハウは、従業員さんの間で共有されることが必要です。社外への漏洩を十分留意しながら、誰もが、いつでも記録されたデータにアクセスできることを前提に仕組み作りを行います。

c.　最新版の管理

　多くの人がアクセスできるようになると、最新版の管理が重要になります。いつの間にか多くの副本が作成され、どれが現時点の標準かわからなくなることのないように、複写や転載を禁じるなどの処置を施し、改訂担当者を制限するなどの処置が必要です。

③ 定期的な見直し

　現有の標準類を常に実態に即したものにするには、定期的な見直し機会が必要です。技能は、技術の進歩や人の経験によって使用方法や価値が変化するからです。また、前述したように、標準類は従業員さんが一度覚えてしまうと、ほとんど見なくなるため陳腐化しやすく、継続的な維持管理が絶対に必要だからです。ISO の認証を受けている企業では内部監査などが標準類の定期的な見直しの機会となりますが、認証を受けていない企業では見直す機会はあまりありません。

　コンサルタントは、支援企業に対して年1〜2回程度の見直し機会を設けること、効率の良い技能の承継が継続して行われるように専門家による定期的なアドバイスの機会を設けてもらうことなどを提案します。

（3）新たな技術の導入

　中小企業白書（2006）は、技能承継問題が特に製造業で大きく論じられる理由として、①技術の中身が年々高度化してきていること、②技術のサイクルが速くなっており、承継しようとする技術自体が即陳腐化してしまい新しい技術に代替されてしまうこと、③コスト削減、短納期化によるリストラ要請といった時代背景から企業内で人材を次世代育成へ十分に投入できないこと、を挙げています。つまり、中小製造業では社内にある従前の技能、技術だけでは競争

優位が保てなくなってきているのです。後継者は、事業承継を契機に新たな技術の導入を迫られますが、そうした後継者主導による技術導入は、従前技能の承継や組織の在り方、個別の企業のみならず地域や業界全体に大きな影響を与える可能性があります。

　コンサルタントは、後継者の技術導入の機会を注意深く見守りながら以下のような視点から支援していくことが求められます。

① 導入是非の検討

　新しい技術の導入は、必ずしも社内の技能や従業員さんのモチベーション、企業業績の向上にプラスとなるわけではありません。浅井（2007）によれば、新しい技術の導入について、Braverman（1978）は「技術革新によってワーカーの裁量は制限される」として「スキル低下説」を唱え、反対にSpenner（1983）は「高度に自動化が進むと、個人の自律性、スキル、意思決定権限が大きくなる」として「スキル高度化説」を唱えているとしています。また、前述した京都市伝統産業活性化検討委員会（2005）で懸念されているように、新たな技術の導入は、それまでの職人の手仕事や伝統技能の価値の維持・向上と相反する場合があるのです。

　コンサルティングにあたっては、同業界のベンチマーク企業の動向を調査するなどマーケティング手法を十分活用して、後継者とともに新技術導入の費用対効果や企業の競争優位の形成への貢献を事前に評価しながら、慎重に導入を検討する必要があります。

② 後継者主導における課題への対処

　事業承継を契機に後継者が新技術を導入することは、先代や組織にも大きな影響を与えます。神谷（2018）は、後継者主導における技術導入は、先代の退出を早め、技能の熟達者であるベテラン従業員とのコンフリクト（第4章4（2）参照）をもたらすとして2つの課題を挙げています。1つ目は、後継者の従前技能の学習機会が減少すること、2つ目は、先代やベテラン従業員が持つ技能が新技術に活かされなくなることであり、企業内に蓄積された技能を十分に継承するためには、従前技能の実践をできるだけ永く残しながら新技術導入

による新たな技能をいかに早期に確立していくかが課題であるとしています（p.17）。

　コンサルタントは、技能承継の場での後継者の扱われ方やベテラン従業員さんの動向に十分留意しながら、新たな技術の習得と残すべき技能の維持や新技術との再構成が行われるように支援する必要があります。有効な新技術の導入方法としては、年齢的な制約はありますが、新技術の導入を従前の技能を持つベテラン従業員さんに主導してもらうことや、後継者を中心とするプロジェクトグループを組成して導入にあたるなどがあります。

③ 地域・業界における支援策の活用

　伝統ものづくり産業における産地分業体制や多くの企業群が互いの機能を相互補完的に利用し合う地域産業集積など、中小企業や熟練従業員さんの持つ技能は地域の産業基盤であり、業界全体の知的資産であるともいえます。つまり、個別企業の新技術導入とそれに伴う保有技能の変化は、地域や産業全体に影響を与える可能性があるのです。そのため、国や各都道府県においては、マイスター制度や外部人材による技能継承支援、講習会の実施など、さまざまな事業によって技能継承や中小企業の研究開発、人材育成を支援しています。さらに、企業組合や個別の企業が中心となって、製造現場の技能者を育成する機関を設立している地域もあります[26]。

　コンサルタントは、新技術の導入にあたっては、こうした多くの支援策や外部研修機関の教育内容、地域や産業に対する影響などを調査し、後継者に効率的な技術導入や人材育成案を提案します。ただし、そうした新技術の導入に伴い、地域や産業に対する支援企業の貢献、役割がどのように変化するのかを後継者とともに検討することを忘れてはなりません。

26　マイスター制度については、厚生労働省の「若年技能者人材育成支援等事業」によって多くの都道府県で取り入れられています。また、人材育成や研究開発については、中小企業庁の「ものづくりに取り組む中小企業への支援策」や「戦略的基盤技術高度化支援事業（サポイン事業）」などによる支援が活用でき、組合や企業による人材育成等の支援例としては、新潟清酒学校、テクノ小千谷名匠塾、大阪匠塾、などが挙げられます。

製品・サービスの承継

　経営環境が激しく変化する中、後継者は自社の製品・サービスが従前の価値を継続して持ち続けることができるかどうかについて事業承継を契機に見直すことが必要です。紺野（2006）は次の4つの視点から製品・サービスに係る知識資産（製品知）の具体的な内容を説明し、「経験からの知識資産」では「製品やサービスに関する共有可能なノウハウ」と「製品の製法などの伝承されている熟練的知識」、「知覚による知識資産」では「製品コンセプト」と「製品デザイン」、「定型的な知識資産」では「特許知財となる技術・ノウハウ・著作物」と「技術・ノウハウに関するライセンス」、「仕組化した知識資産」では「製品の使用法などの製品特定の補完的知識製品を取り巻く社会的・法的な知識活用のシステム」があるとしています[27]（p.1155、本章の冒頭部分の表を参照）。

　ここでは「知覚による知識資産」であるコンセプト、ブランド、デザインと、「定型的な知識資産」としてドキュメント、マニュアル、フォーマットといった知識資産の承継の課題について、主にマーケティングや知財戦略といった視点から捉え、コンサルタントの支援内容について説明していきます。

（1）承継する製品・サービスの絞り込み

　筆者のこれまでの経験では、経営者は製品・サービスを追加することは比較的容易に判断できますが、製品数やその市場を削減することにはかなり抵抗があり、不採算を承知で従前の製品・サービスを維持している場合を何度か見掛

---

[27]　野中・紺野（1999）では、知識資産の機能的分類を①経験的知識資産、②概念的知識資産、③定型的知識資産、④常設的知識資産としています。経験的知識資産とは、経験、文化、歴史といった企業・事業の過去の経緯、市場での活動を通じて経験的に生み出された知識資産であり、概念的知識資産とは、コンセプト、ブランド、デザインなどの消費者や顧客の知覚に依存して成立する概念資産であり、定型的知識資産とは、ドキュメント、マニュアル、フォーマットといった構造化された知識資産で、常設的知識資産とは、実践法、プログラム、ガイド、教育システムといった組織制度、仕組み手順で維持された知識資産としています（pp.137-139）。

けたことがあります。末松（1961）は中小企業の製品・サービスに求められるものとして、①製品に対する需要変動が激しい、②製品に特色があり特殊の市場を有する、③労働集約的で機械化、標準化が困難、④工芸品のように職人的注意と作業が必要、⑤サービスで需要量が限定される、⑥製品の輸送が困難、⑦生産工程が大規模専門工場では行えない、⑧大企業の独占または寡占が出来上がっている、⑨人間の管理能力その他から見て中小工場が最適規模、という9つの存立支援条件を挙げています（pp.37-39）。こうした存立支援条件は、グローバル化や生産、物流、ITといった分野での科学技術の発達によって随分古めかしくなりましたが、ひとつの目安としては現在も有効でしょう。

　コンサルタントは後継者とともに、末松（1961）のいう根本的な条件を満足しているかどうかに加えて、以下の手順によって承継する製品・サービスを再評価し、承継する製品・サービスを絞り込む必要があるかを検討していきます。

① 製品ライフサイクルの見極め

　最初に検討するのは、承継する製品・サービスのライフサイクル（以下、製品ライフサイクルといいます）です。製品ライフサイクルは、支援企業の製品・サービスが含まれる製品レベルや産業レベルにおいて、「製品寿命は限られる」という前提のもとに、製品・サービスの一生を売上や利益の変化によって区分する考え方です。一般に、導入期、成長期、成熟期、衰退期の4つの段階で議論されます。ただし、この製品ライフサイクルという考え方は、マーケティングや営業の結果として売上や利益が変動する可能性があること、自社ブランド群がどの段階に位置するのかを明確に判断できないという問題点があり（和田・恩蔵・三浦 2012、pp.185-186）、慎重に検討を進めていく必要があります。山本（2002）は、衰退期にある製品の戦略方針は基本的には撤退としながらも、開発や導入に際して投下した資金の回収や他の製品群や企業コンセプトへの影響をよく分析し、合理的な意思決定をするべきとしています。段階の判別方法には、製品の売上高や利益を時系列に分析する方法や、その製品の市場への普及率を分析する方法などがあります。筆者は、削減する製品・サービ

スの売上減少が資金繰りや企業運営に与える影響といったデメリットと、削減によって期待できる経費減や新たな製品・サービスの採用による売上増といったメリットを比較して方向性を検討するようにしています。

コンサルタントは、売上高や利益が急速に減少する衰退期の段階と判断できる製品については、後継者の経営戦略、同業他社や市場の動向などに十分留意しながら、どのような対応を取るべきかを後継者とともに話し合います。

② 近代化の遅れ判断

中小企業の生産性は、製造業、非製造業とも低下しており、大企業と中小企業との生産性の差は拡大しているといわれています（経済産業省 2017）。筆者も、多くの支援企業で科学的管理の遅れとともに設備投資の遅れを感じており、特に中小の製造業においては設備の近代化の遅れが生産性の低さの最大の要因ではないかと考えています。京都の伝統産業や各地の老舗企業では、"一子相伝" や "守破離" といった概念によって、生産性よりも人的な能力の維持、向上の重要性が強調されますが、人の技能や製品・サービスの特殊性によって差別化が難しい企業では、設備投資や教育、科学的管理などによって企業運営を近代化し、生産性を向上させることが必須であるといえます。

コンサルタントは、支援企業の労働生産性、労働分配率、労働装備率などの財務諸表データの調査、分析に加えて、パートさんや外国人労働者などの低賃金労働者の割合、メーカーであれば製品の不良率や時間当たり出来高などを調査し、承継する製品・サービスを絞り込んだうえで、生産性向上や科学的管理の課題に対する対策を提案します。

③ 新たな差別化の可能性

中小企業白書（2020）では、中小企業の競争戦略では特定のターゲットを対象に価格以外の点で差別化した製品・サービスを提供する「差別化集中戦略」を採る企業の割合が最も多いとしており（Ⅱ-6）、製品・サービスの絞り込みは新たな差別化の可能性といった点からも検討する必要があります。グローバル調達やEコマース（Electronic Commerce）といった境界のない競争環境が進展する現代では、ますます中小企業の独自性や専門性による差別化が求めら

れるでしょう。筆者は、まず支援企業の製品・サービスを再定義して絞り込んでもらい、そこに経営資源を集中し配分することで専門性や労働生産性を上げ、製品やサービスの差別化を図ることを検討します。

　コンサルタントは、製品・サービスの絞り込みにあたっては、創業の理由やこれまでの歩み（沿革）といった企業の存在意義をまず確認し、そのうえで最近の製品・サービス別の売上推移、受注状況を分析して、今後の差別化につながる製品・サービスを選択するようにアドバイスします。

（2）マーケティング活動の見直し

　後継者は、承継に際して製品・サービスの内容や構成を検討するだけでなく、営業活動を含むマーケティング[28]の方法や仕組みの承継も併せて検討する必要があります。製品ライフサイクルの箇所で述べたように、製品・サービスの売上、利益の推移はマーケティング活動の結果ともいえるからです。これまでの多くの調査や研究で、中小企業では製品・サービスを売るための努力やマーケティング活動が特に不足しているといわれています。実際、筆者もメーカー支援が中心のせいか、マーケティング活動が計画的に行われている企業を見掛けたことがほとんどありません。田中（2014）は、意思決定における「マーケティング情報の収集は、多くの中小企業にとってまさに弱点である」とし、中小企業の経営者は市場を知ることを軽視する傾向が強いとしています（p.66）。

　とはいえ、対象となる市場規模も小さく、経営資源に限りのある中小企業に、大企業と同様の活動を行ってもらうことには無理があります。ここでは、まずマーケティング活動がほとんど行われていない企業を前提に、基本的な

28　公益社団法人日本マーケティング協会のホームページによると、「マーケティングとは、企業および他の組織がグローバルな視野に立ち、顧客との相互理解を得ながら、公正な競争を通じて行う市場創造のための総合的活動である。」とあります。ここでは「自社の製品やサービスに対する顧客の評価を確認し、経営や企業内の仕組みの見直しを行って、売上や利益の拡大を図る活動」といった程度に捉えています。

マーケティング活動支援の在り方について説明をしておきます。

　コンサルタントは、以下の諸点を調査、分析して、後継者にマーケティング活動の見直しや実施の検討を行っていただくようにアドバイスします。

① 情報入手の仕組み

　まずは、自社の製品・サービスや企業運営に対する顧客や市場の客観的評価を得ることができる情報入手の仕組みの有無をチェックします。筆者は、経営者の考え方や企業規模によって情報入手の頻度や時期を決め、定期的な入手を行うことを支援企業にお願いしています。また、中小企業では従業員さんのモチベーションや企業への帰属意識の向上、顧客との関わりの改善のために、従業員さんへのインターナルマーケティングやインタラクティブマーケティング[29] が重要であると考え、従業員さんとのコミュニケーションも定期的に行うよう併せてお願いしています。

　コンサルタントは、以下の活動が十分に行われているかを後継者とともに吟味し、必要に応じてできるだけ簡素な情報入手の仕組みの追加、構築を検討します。

a. "顧客の声"の収集

　顧客への販売時や納品時を利用して、できるだけ多くの顧客の評価や苦情を収集します。具体的な他社や他社製品との比較を顧客にお願いしてもよいと思います。

b. 関連する展示会、見本市等への参加、見学

　出展している競合他社の製品内容や業界情報、自社技術に関連する設備などの開発状況など、製品・サービスの方向性や競争優位に結びつく情報の収集を行います。

c. 経営及び社内活動の振り返り

　経営判断や社内の諸活動が売上や利益にどのように影響したかを確認

29　本書では、インターナルマーケティングを「従業員満足度を高める活動」、インタラクティブマーケティングを「顧客に対する評価を従業員から得る活動」と捉えています。

し、PDCA サイクルをしっかり回して、社内外のマーケティング活動の見直しを図ります。

d.　企業運営に関連する情報の収集

　企業運営に関する法や規則・規制、業界情報等も収集する必要があります。ネット等の活用による収集のほか、公的な窓口や弁護士さんなどの専門家を活用して行うこともできます。

e.　従業員さんとの直接的なコミュニケーション

　経営者による従業員さんへの直接的なヒヤリングや話し合いの機会を定期的に設けてもらいます。人的企業といわれる中小企業では、サービス業だけでなく、製造業などすべての業種で必要です。具体的なコミュニケーション手法については、次節の「(2) 従業員さんとの関係性の承継」において詳しく紹介しています。

② 営業ツール

　筆者のこれまでの支援経験では、多くの中小企業で営業活動が不足していると感じています。とりわけ、サプライチェーンを構成する BtoB 企業（企業向けの商品やサービスを提供する企業）などの中小製造業では、営業不足が企業の弱点になっていると痛感しています。営業ができない最大の要因は、経営者の営業に対する意識の低さですが、その次に目立ったのは営業ツールの不足でした。大半の支援企業では、企業の沿革や概要が掲載された企業案内は準備されていますが、それ以外に目立った営業ツールはなく、自社の製品・サービスの特徴や他社製品との比較に関する資料、新規顧客獲得のための計画や顧客管理に関する帳票類、営業方針や戦略など、営業に必要な道具がほとんどありませんでした。また、見積もりの作成に関しても基準やルール、責任や権限といったことが定められておらず、経営者のカン、コツ、経験に頼っている状況をよく見掛けました。

　コンサルタントは、後継者とともに営業や見積もりのプロセス、ツールの見直しを行い、必要に応じて帳票類や手順書、ルールなどを作成して提案します。筆者は、これまでに会社案内、製品パンフレットや価格表や Excel を活用

した見積書作成ソフトなどを作成し、多くの企業で提供してきました。

③ インターネットの活用

　これからのマーケティング活動や営業活動全体に欠かせないのが、ウェブサイトや SNS といったインターネットツールの活用です。インターネットを活用すれば、紙ベースの一方的な情報発信だけでなく、調査やアンケートなどの顧客と直接的なやり取りや、海外市場との直接取引（越境 EC）を実現することも可能です。もともと顧客や市場が限定的な中小企業にとって、比較的安価に情報発信や調査が可能なインターネットは極めて有効なマーケティング・営業ツールであるといえます。こうしたインターネットの活用は、先代での対応は難しく、活用が遅れている場合は事業承継を契機に積極的に取り組んでいく必要があります。名取（2013）は、ウェブサイトを積極的に活用して技術マーケティングを実施している企業の共通点として、①リニューアルやメンテナンスに力を入れていること、②説明文だけでなく、製品事例やサンプルなど、視覚的な要素を豊富に盛り込むこと、③ウェブサイトに顧客を招くため、メールマガジン、ブログなどの他の入り口とのリンクを積極的に行っていること、④顧客の要望に的確に応えるための社内体制が整備されていること、を挙げています（p.70）。

　インターネットの活用には国内外の法的問題や模倣リスクといった課題がありますが、コンサルタントは後継者がマーケティング活動や営業活動の充実を図れるように、補助金等の活用を含めて支援企業のウェブサイト、E メール、E コマースなどの充実を積極的に支援していきます。

（3）知財戦略

　前述のように、知的財産権を持つ中小企業の割合は全体で 2% 足らずで、多くの企業の事業承継で問題となるわけではありません。経済産業省九州経済産業局（2018）は、「知的財産の源泉となるのは知的資産であり、知的財産も知的資産の延長線上に存在するもの」としています（p.1）また、知的資産経営マニュアルでは、知的資産は「それ自体に価値がない」とか「独立して売買可

能ではない」などと定義していましたので、この知的財産権は知的資産の中でも特別なものということができます。しかし、特許庁（2020b）では、企業を持続的に発展させていくためには、知財を有効に活用していくための戦略が欠かせないとしており（p.13）、いずれ知財の承継もコンサルタントの支援分野となってくるものと思います。

　ここでは、知的財産権に基づく知財戦略の必要性や活用、仕組み作りについて、後継者とコンサルタントが承継を契機にどのように検討していくべきかを、特許権を中心に考察していきます。こうしたコンサルティングでは、知財に強い専門家との協業が必要になると思われます。

① 戦略の必要性判断

　伊東（2005）は、東京大田区の知財戦略を調査し、「中小企業は、特許取得には熱心なものの、知財に関する基礎知識の不足、特許取得や実施契約において大企業等との関係で不利な状況に置かれている実態がある。また、中小企業においては、知財を担当する人材を社内に確保する余裕がなく、多くの場合、知的財産権の創造から保護、活用までも経営者自らが直接取り組まざるを得ない状況である」（p.12）としています。中小企業では、知的財産権の必要性は理解できても、知識や人材の不足から、知財戦略を単独で取り組むのは難しいことがわかります。

　コンサルタントは、後継者とともに、まず自社の強みの確認や知的財産の棚卸しを行い、その価値を明らかにして、承継後の知財戦略の必要性やその内容を話し合います。強みの洗い出しや戦略の構築には、内閣府が提供する「経営デザインシート」や経済産業省の「経営レポート・知的資産経営報告書　作成マニュアル」や「ローカルベンチマークツール」などが活用できます。知財評価を行う評価会社の利用や、金融機関に事業性評価をお願いしてもよいかもしれません。特許庁（2020b）は、経営戦略から見た知財戦略の事例を**図表 22**のように分類しています。

図表 22　経営戦略から見た知財戦略

経営戦略	知財戦略	知財戦略の概要
イノベーション創出	①オープンイノベーションによる事業創出	競合企業、スタートアップ、大学等を自社に取り込むこと等を通じてイノベーションを起こす
	②プラットフォーム戦略の推進による事業創出	顧客などを同一の場所であるプラットフォームに載せることで事業のエコシステムを創出する
	③ソリューションビジネスの事業創出	従来のモノ売りビジネスから脱却し、顧客の課題を解決するコト売りのビジネスに進化すること
事業競争力の強化	①コアコンピタンス強化	コアコンピタンスを現状からさらに磨き、深化させる
	②グローバル事業展開	輸出、ライセンシング、戦略的提携、買収及び現地子会社の新設等
	③M&Aによる事業ポートフォリオの拡大	社内にない事業を社外からM&Aを実施して社内に取り込むことにより事業ポートフォリオを拡大する
組織・基盤の強化等	①ブランド価値向上	高い経営理念に基づいた企業活動によって向上させる
	②デジタルトランスフォーメーション（DX）等による事業基盤強化	IT、データ等の利活用を通じて自社の事業基盤の強化を図る
	③SDGs（持続可能な開発目標）の取り組み	国際社会から企業への信頼を高め、グローバルな投資家からの高い評価を得る

出典：特許庁（2020b）pp.14-16 より筆者作成

② 戦略と活用方法の策定

　後継者が自社の製品・サービスの拡販や事業化のために、知財戦略が欠かせないとした場合には、コンサルタントは後継者とともに戦略の目的や内容を明確にして知財戦略やその活用方法を策定します。ただし、特許の取得や維持、管理には多くの費用が掛かること、特許が気づかないうちに他社に使われてしまうリスクがあることなども考慮する必要があるほか、経営戦略やマーケティング活動、企業の文化や風土との整合性をチェックする必要もあります。また、戦略に沿って新たな特許の取得方法や活用方法についても検討します。後藤（2020）は、特許の活用方法について①自社だけで製品開発し販売まで行う、②製造・販売は他社に任せ、ライセンス料をもらう、③製造・販売等を他社と連携して行う、という 3 つの方法があるとしています（p.136）。岡室

（2004）は、経営資源の乏しい中小企業では、知的財産の形成には共同研究開発が重要であり、その効果も大企業より長く持続し、自社の研究開発の生産性も向上するとしています（p.9）。

③ 知的財産権の活用

　知財戦略を策定し、特許を取得することが経営のゴールではありません。特許庁は、知的財産権取得・活用の効果として、「有利な事業展開」、「技術開発力の向上」、「販売力の向上」、「社内活性化」の４つを挙げており（ホームページより）、そうした効果が実現し、知的財産権の取得が企業の経営結果を向上させ、企業のゴーイングコンサーンに資するようにすることが知財戦略の目標なのです。

　コンサルタントは、知的財産権の取得やそのプロセスを活用して、企業の収益力の向上や体質強化につながる諸策を提案していきます。また、時には知的財産権の取得が自社技術の保護のみを目的とし、却って企業の発展や技術開発の妨げになっていないか、自前技術への固執や損益を度外視した開発につながっていないかなど、第三者的な立場から知財戦略の見直しを提案することも必要です。中島（2014）は、中小企業の知財を強くする４つのステップとして、①自社の強みとなる技術を見極める、②社内に知財マインドを植え付ける、③知的財産権獲得のスピードを重視する、④市場環境を分析し、将来を予測する、という４点を挙げ、知財戦略を実行していくためには、知財戦略が企業の戦略や文化と一致していることの重要性を主張しています（pp.151-154）。

3　企業文化、従業員さんとの関係性の承継

　ここでは、企業文化の承継、従業員さんとの関係性の承継と後継者による新たな企業文化の創出という３つの視点からコンサルティングについて説明します。これまでの研究から、企業文化[30]は組織のあらゆる要素と有機的に関連しているため、独立的な経営要因としてマネジメントすることは不可能であるとされ（横尾 2010、p.36）、また、従業員さんとの関係性についても企業の経営

理念やミッションなどの共有や職務や生活に対する従業員満足度など、組織の
インターナルマーケティングやインターナルコミュニケーションと密接に関係
しているとされています。そのため、企業文化、従業員さんとの関係性の承継
については、先代経営の結果として構築されてきた企業文化と従業員さんとの
関係性について、それらを生み出してきた先代時代の制度や施策を後継者が引
き継ぐべきかどうかという側面から説明していきます。また、新たな企業文化
の創出を取り上げる理由は、第 4 章で述べたように多くの後継者には事業承継
を契機とした経営革新が望まれる状況になっており、後継者は自らのリーダー
シップを発揮して、新たな企業文化を創出することが求められているからで
す。

（1）企業文化の承継

　澤邉・飛田（2009）は、中小企業における組織文化とマネジメントコント
ロール[31] の関係について研究し、マネジメントコントロールを、会計を中心と
する会計コントロール、経営理念を中心とする理念コントロール、社会関係を
中心とする社会コントロールの 3 つに分類して分析し（**図表 23 を参照**）、中
小企業の組織文化とマネジメントコントロールシステムの間には密接な関係が
あるとしています（pp.91-92）。そこで、本書では企業文化の具体的な承継内
容としてマネジメントコントロールを取り上げ、会計コントロールでは予算や
中期経営計画、目標管理や給与制度といった内部統制と情報の共有の在り方、
理念コントロールでは経営理念や経営戦略、社会コントロールでは従業員の経
営参画や従業員満足を課題として、そのコンサルティングについて説明してい

30　桑田・田尾（2010）は、「組織文化とは、組織の中で、それを構成する人々の間で共有された価値
　　や信念、あるいは、習慣となった行動が絡み合って醸し出されたシステム」としています（p.188）。
　　本書では、組織文化と企業文化を同義とし、「同じ企業で働く人が共有する価値観、信条、行動規
　　範、及び暗黙に共有された認知・行動様式」と定義します。
31　澤邉・飛田（2009）は、「マネジメントコントロールは、一般に、組織目的の達成に向けて組織成
　　員を動機付け、望ましい行動を実行するように誘導するプロセスであると定義されている」として
　　います（p.74）。

図表23　マネジメントコントロールシステムの類型

類型	内容
会計コントロール	企業の目標や、各部署や個人の責任と実績を会計的に可視化するプロセスを通じて経営目的の実現を図ることを基本としたアプローチ
理念コントロール	その企業の一員としてどのような判断や行動が正しいのかを理念的に指し示すことで組織成員の判断や行動を誘導し、マネジメントコントロールを行うアプローチ
社会コントロール	アフター5でのコミュニケーションに象徴されるように社会関係を重視し、それによって経営目的の実現を図るようなマネジメントコントロールのアプローチ

出典：澤邉・飛田（2009）pp.85-86 により筆者作成

きます。

　コンサルタントは、後継者が先代時代のマネジメントコントロールの承継を望まない場合には、できるだけ代替となる具体的な考え方や制度を提案することが必要です。また、そうした場合には従業員さんに必要な統制や評価の基準をわかりやすく示すこと、制度が定着するように積極的な働きかけを行うこと、障害となっているものを取り除くことなどを後継者に対してアドバイスします。

① 会計コントロール

　筆者が支援してきた経営者は、短期間での経営結果を中心に経営を評価している場合が多く、中・長期の経営目標や年度の目標、予算を持ち、あるべき姿から経営者の活動や事業を評価している経営者はそれほど多くはいませんでした。また、従業員さんがどんな努力をし、どのような成果（業績）を上げれば自分の昇給や昇格に結びつくかといった人事評価の基準も曖昧でした。会計コントロールにおいては、内部統制が重要であり、PDCA サイクルに基づく経営や目標管理（MBO：Management By Objectives）、予算や人事評価に関する制度などが必要です。ただし、数値目標による目標管理や報酬等によるインセンティブの設定には注意が必要です。同族企業でオーナー企業が多い中

小企業では、経営結果を第三者的に評価してもらう機会がほとんどないため経営者の評価が甘くなりがちで、経営者への評価と従業員さんの評価に不公平感が生まれやすいためです。目標管理は経営者にこそまず適用されるべきであり、そうした姿勢こそが会計コントロールにつながるものと思います。

　会計コントロールでは、内部統制制度に加え、従業員さんとの情報共有も大きな支援課題です。大企業の場合は、企業の経営情報や人事評価制度は法律等により公開が義務化されており、従業員さんはそうした情報を共有することができます。しかし、中小企業にはそうした義務はなく、筆者の支援企業でも経営結果や人事評価制度の公開、共有を進めている企業は多くはありません。

　コンサルタントは、先代経営における内部統制や情報公開の状況を調査し、そうした制度や慣行が不十分な場合には、制度の創設や充実に加えて、経営情報の積極的な発信や見える化を併せて推進してもらうことを後継者に提案します。

② **理念コントロール**

　関（2007）は経営理念、経営方針（戦略）、経営計画の作成状況を兵庫中小企業家同友会とともに調査し、経営理念を作成している中小企業は調査対象企業273社のうちの129社（47.3％）であり、経営理念の作成が中小企業でも確実に進展しているとしています。また、『経営者のための事業承継マニュアル』やガイドラインでは、経営理念を承継することの重要性が謳われています。経営理念は確かに大切ですが、筆者は中小企業の経営理念の決め方には課題があると考えています。筆者の経営者時代に発注企業（いわゆる親会社）の要請に応じて、傘下の中小企業が一斉に経営理念を定めたことがありました。多くの企業で「品質至上」や「顧客第一」といった経営理念が採用されましが、こうした経緯で定められた経営理念は経営者の哲学や信念を表したものではなく、顧客から求められた"あるべき姿"を表しているにすぎません。経営理念は経営者によって体現され、具現化されていくことが必要ですが、思いの伴わない経営理念の場合は経営者の行動や判断と一致しない場合があり、規模の小さい企業ではそうした矛盾が直接従業員に伝わり、却って理念コントロールが難し

くなるのではないかと懸念されるのです。

　鈴木（2009）は、経営理念の経営結果における影響は「理念内容の違いから生まれるのではなく、経営理念を組織内で浸透させようとする直接的な努力に加えて、人々の意欲を高める評価報酬や人事などの HRM 要素を整備する」ことが重要であるとしています（p.20）。つまり、理念コントロールには、経営者の理念浸透や実現への絶え間ない努力と人事制度や動機付けの仕組みといった人的資源管理（HRM）制度の整備が必要なのです。国税庁の会社標本調査によれば、全体の 84.9％を占める資本金 1,000 万円以下の法人の赤字率は74.8％であり、中小企業の大部分は赤字経営を強いられているとしています。理念コントロールの必要性は言うまでもありませんが、経営がうまくいっていない企業での事業承継に際しては、理念コントロールの必要性は言うまでもありませんが、経営がうまくいっていない企業での事業承継に際しては、理念コントロールの基盤である会計コントロールの整備も必要となるのです。

　コンサルタントは、後継者に対して単純に経営理念の承継を促すだけでなく、経営状況に応じて経営理念の内容や浸透度合い、人事制度や動機付けの仕組みなどを調査・確認し、後継者に対して、必要な人的資源の管理制度の整備、充実を図ったうえで、経営理念の再定義や浸透方法、実現へのプロセスの見直しを行うことを提案します。

③ 社会コントロール

　澤邉・飛田（2009）は、社会コントロールを「共同体的な性格を組織において醸成することで目標の達成を図ろうとするもの」であるとし（p.86）、「経営トップと従業員あるいは従業員間のコミュニケーション、信頼関係が厚いほど、従業員の満足度が高まる」として p.90）、その象徴的な手法に「アフター5でのコミュニケーション」を挙げています（p.86）。企業の内部コミュニケーションは、ISO9001（2015：7.4）でも重要視され、その具体的な方法には朝礼・連絡会、会議、教育訓練、掲示・回覧、社内誌など（以下、公式的な内部コミュニケーションの機会といいます）が挙げられています。また、もともとこうした公式的な内部コミュニケーションの機会は、業務ルーティン[32]として

企業文化を形成する重要な要素でもあります。本項では次項の「従業員さんとの関係性」と区分するため、ここでは社会コントロールを行う機会、つまり公式的な内部コミュニケーションの観点からの支援について説明します。なお、内部コミュニケーションの効果的な実施方法等については、次項（2）を参照してください。

　コンサルタントは、経営理念や経営方針、経営者の意志や戦略、人事制度の主旨や評価方法など、前項①、②で述べてきたマネジメントコントロールに関係する公式的な内部コミュニケーションの機会がどのようになっているかを量（時間、分量）、質（内容）、頻度、参加者・伝達者等から調査し、必要な情報が従業員の皆さんに十分伝わっているか、先代や後継者への信頼は上がっているかなどを分析して必要な提案を行います。特に事業承継においては、後継者の考え方や評価基準、承継後の業務や社内制度の変更点などが十分に伝わる必要があり、新たな情報伝達の機会を設ける必要があるかどうかも検討します。

（2）従業員さんとの関係性の承継

　属人的と呼ばれる中小企業においては、経営者と従業員さん個人との関係性が支援企業の強み、弱みとなっている場合があります。しかし、そうした関係性は、企業内の制度や従業員さんへの処遇など先代と従業員さんとの永い時間の共有から生じたものであり、後継者は先代が築き上げてきた従業員さんとの関係性を直接引き継ぐことはできません。後継者は、事業承継の過程で先代のコミュニケーション手法や関係性の構築方法を学習し、良いところを踏襲しながら、後継者と従業員さんとの関係性を新たに構築していくことになります。鈴木・浦坂（2012）は、中小企業の従業員における組織コミットメント[33]の規定要因を調査し、「経営者と従業員のあらゆる場面における接触頻度

32　本書では、業務ルーティンを「日常的に繰り返される仕事の手順やパターン」と定義し、組織ルーティンと同義として捉えています。大月（2004）では、「組織ルーティンは組織行動を規制するものであり、行動のルールやプログラム、慣習に関するものである」と定義しています（p.81）

33　本書では、組織コミットメントを従業員さんと企業との心理的な関係性を表す概念であり、企業への帰属意識や忠誠心と同義と捉えています。

が組織コミットメントを強化する」として、①日常業務における業務指示が経営者から直接的に一定の頻度で行われていること（日常業務共有接点）、②従業員とプライベートでの接点を経営者が一定の頻度で持つこと（プライベート共有接点）、③従業員の将来をしっかりと共有し理解する時間を設けること（キャリアビジョン共有接点）、という3つの接点が重要な要因であるとしています（p.72）。さらに、経営者と管理職との指示内容が矛盾しないように「経営者と従業員の2者間における接触頻度のみならず、経営者と管理職の接触頻度や、管理職と従業員の接触頻度が保たれる必要がある」ことを加えています（pp.73-74）。筆者の経験でも、朝礼や会議といった公式的な内部コミュニケーションだけでなく、管理職や従業員さんとの個人的かつ直接的なコミュニケーションの大切さを実感していました。

　本書では、鈴木・浦坂（2012）の主張と筆者の経験から、日常業務共有接点を「経営者としてのコミュニケーション」、プライベート共有接点を「仲間としてのコミュニケーション」、キャリアビジョン共有接点を「育成者としてのコミュニケーション」と再定義させていただき、経営者が持つ多面的な役割—経営者、仲間、育成者という3つの役割—におけるコミュニケーションの視点から後継者と従業員さん（管理職を含む）との関係性の承継に向けた支援を説明します。

① 経営者としてのコミュニケーション

　後継者が経営者としてのコミュニケーションを行うのは、前項の「③社会コントロール」における「公式的な内部コミュニケーション」の機会が中心となります。このコミュニケーションの目的は、経営理念、経営戦略、企業目標達成や業務遂行における経営者の考え方や指示事項などを明確に伝達し、管理職や従業員さんがしっかりそれを共有することです。また、後継者が全員参加のオープン経営を目指す場合などでは、経営指標の開示も重要なコミュニケーション機会となります。後継者は、承継前にそうした機会に同席することで先代のコミュニケーション方法を学習しているはずです。しかし、そうしたコミュニケーションは、前述のように先代と従業員さんとの関係性に基づくもの

であり、後継者にとって必要かつ十分なものかどうかはわかりません。また、そうした機会に延々と話をしたり、小言や不満を口にしたりする先代も中にはいます。コミュニケーション・スキルについて、藤本・大坊（2007）は、自己統制、表現力、解読力、自己主張、他者受容、関係調整の6つをメインスキルとしています。また、柴山他（2018）は、理念・ビジョンの浸透プロセスを、「共有」、「理解」、「自分ごと」（従業員さんが自ら問題として捉え、自らの言葉で語ること）、「実践」という4つのステップに分けて整理しています。

　コンサルタントは、そうしたスキルやステップを十分理解し、後継者にとっても、従業員さんにとっても効率的で有効な内部コミュニケーションとなるように支援していきます。筆者は、後継者に以下の点に留意いただくようにお願いしています。

【公式的な内部コミュニケーションでの留意点】

　a.　具体的に表現する

　　情報を受け取る人によって伝わる内容が異ならないように、抽象的な表現を避け、伝達する内容を数値やわかりやすい言葉を使って表現します。「目標に達していない」ではなく、「○○％不足」という具合に、経営者と同じ認識を持ってもらうように心掛けます。また、「誰に」、「何を」といった5W1Hもしっかり伝達します。

　b.　相手の立場から表現する

　　経営者と管理職、従業員さんとでは、それぞれ立場が異なります。経営者は、「目標を達成したい」という経営者の立場だけでなく、目標の達成が従業員さんに何をもたらすのかなど、伝達される人の具体的な行動に結びつくような話し方をする必要があります。

　c.　自分の思いを丁寧に表現する

　　自分の思いをできるだけ多くの人に共有してもらうために、話す内容を十分吟味して、丁寧にコミュニケーションするようにします。その場その場の感情任せの表現だけでは、効果的なコミュニケーションの機会にはな

りません。

d. 短い時間で実施する

　共有してもらいたい情報を確実に伝達するためには、コミュニケーションの時間はできるだけ短くする必要があります。だらだらと長く話していては、印象が薄れ、聞き手の緊張も続かないものです。

e. 朝令暮改を恐れない

　中小企業経営は外部環境の変化に大きく影響されます。経営に必要な考え方や業務内容を変える必要が生じた場合には、たとえ経営者自身が決めたことであっても迅速に変更し、従業員さんに伝えなくてはなりません。ただし、変更は十分な根拠がある場合であり、あくまで「君子豹変す」（いい方向へとすっかり変わること）です。

② 仲間としてのコミュニケーション

　前項の経営者としてのコミュニケーションは、経営者の思いや考え方、経営結果などを明確に伝達するための「情報のコミュニケーション」でしたが、本項のコミュニケーションはいわば「感情のコミュニケーション」であり、経営者が従業員さんとの間で行う「非公式の内部コミュニケーション」がその中心的な機会です。経営者は従業員さんを上下関係から見るのではなく、ともに働き、経営を支えてくれる仲間としてコミュニケーションすることが重要です。具体的なコミュニケーションの場としては、職場内では経営者からの非公式で直接的な声掛け、職場外では社員旅行や社内レクリエーション、アフター5といった場での接触が主なものです。職場での直接的な声掛けは、MBWA（Management By Walking Around）と呼ばれる手法が有名で、「歩き回るマネジメント」とか「巡回による管理」などと呼ばれ、特に成長率の高い企業のリーダーたちが行っているマネジメント手法といわれています。経営者は現場をぶらぶら歩きながら、従業員さんと非公式なコミュニケーションをとります。そうした機会は、従業員さんの個性や考え方をよく知るだけでなく、自分の考え方や経験、感謝の気持ちなどを話すことで、経営者個人を知ってもらう場にもなります。さらに、悩み事や心配事を聞いたり、励ましたりすることも

できます。筆者は経営者時代に、声掛けする人数を決めて日々工場巡回を実施し、ほぼ1か月で全員に声掛けするようにしていました。社内レクリエーションやアフター5の機会が減る中、MBWAは後継者にぜひ実施していただきたい内部コミュニケーションの機会といえます。

　コンサルタントは後継者に以下への点に留意を促しながら、職場内外での非公式なコミュニケーションの定期的な実施を支援します。

【非公式の内部コミュニケーションでの留意点】

a.　公平な機会を設ける

　良くも悪くも、経営者と直接話すことは従業員さんにとってめったにない機会です。周りから特別な目で見られないように、直接的なコミュニケーションは老若男女を問わず公平な頻度で行われる必要があります。

b.　聴くことを中心にする

　経営者による一方的なコミュニケーションは、従業員さんには苦痛でしかありません。経営者は聴くことに徹し、その内容に応えるような態度で接したいものです。非公式なコミュニケーションは、まずは個々の従業員さんが抱える問題解決の場として捉える必要があります。筆者は「困っていることはないか」という問いかけを心掛けていました。

c.　ねぎらう・期待を示す

　経営者が、従業員さんに直接感謝の気持ちを伝える機会は多くはありません。直接的なコミュニケーションをそうした機会として活用したいものです。日々の就労や努力をねぎらい、これからの期待を表明することで、良い関係性を構築することができます。

d.　できるだけプライベートな話題を共有する

　従業員さんの個人的な趣味や特技、家庭環境などをすべて把握することはできませんが、プライベートな話題を経営者と共有できることは、経営者との距離を縮め、従業員さん一人ひとりを経営者が見てくれているという信頼感や安心感につながります。中小企業では、非公式なコミュニケー

ションの機会にプライベートな相談に乗ることも必要です。

③ 育成者としてのコミュニケーション

　佐藤（2012a）は、中小企業では人材育成面で制約が多く、従業員さんのニーズに応えきれていないこと、人材育成に対する認識も経営者と従業員さんとに乖離があることなどを指摘しています（p.56）。属人的といわれる中小企業ですが、人材育成が十分に行われているとはいえないのです。一方で、先述した鈴木・浦坂（2012）は、キャリアビジョン共有接点が特別な意味を持つとし、「従業員が思い描く将来のビジョンを経営者がしっかりと把握し、理解を示すことは、経営者の主要業務の一つ」であるとしています（p.72）。

　コンサルタントは、経営者を含む個々の人材の能力の開発、伸展が中小企業の発展の原動力であることを理解し、後継者とともに先代時代の人材育成方法を振り返り、必要な人材育成の機会を積極的に設けるように提案します。厚生労働省のキャリア形成促進助成金、キャリアアップ助成金、在職者訓練、認定職業訓練、ものづくりマイスターなど、さまざまな支援策も用意されているため、公的支援の活用についても提案することができます。ただし、すべての従業員さんの公平性が担保されるように、計画的に実施することが重要です。

　以下、佐藤（2012b）おける調査項目から（p.110）、後継者が従業員さんの育成に対して取り組むべき教育・研修について説明していきます。後継者は、公式、非公式のコミュニケーションの機会を通して、従業員さん個々のニーズを把握し、育成者としての関係を強化していきます。

【後継者が取り組むべき教育・研修】

a. マネジメント（管理・監督能力を高める内容等）に必要な知識の習得

　　この分野の内部研修としては、社内プロジェクトのリーダーや改善サークル、社内委員会の責任者といったOJTのほか、管理・監督者研修などがあります。また、外部研修では、多くの民間団体や公共機関が主催する管理・監督者研修があります。筆者は、まず後継者自身がこうした分野で学習することを推奨しています。中小企業大学校では、後継者のために

図表24のようなカリキュラムを用意していますが、コンサルタントがこうした講習を社内で実施することもできます。

b. 仕事の幅を広げるために必要な知識、技術、技能の習得

　本項に関連する内部研修としては、職場でのOJTやローテーション、社内勉強会などがあります。スキルマップや星取表、力量表などによって、従業員さんに求められる知識や技能を職制や職務ごとに明らかにしておくことが必要です。上司による教育・研修だけではなく、先輩や同期生などに先生役を務めてもらうことで、従業員さん同士の理解を深め、一体感の醸成にも役立ちます。外部研修では、前項同様に多くの教育・訓練が、職種や職能に応じて提供されています。

図表24　中小企業大学校のカリキュラム

マインド スキル	科目	カリキュラム構成（参考例）	自社分析
経営者としてのマインドやスキルの開発	経営者 マインド開発	派遣元合同研修／企業経営とミッション・ビジョン／経営後継者の心構え 経営後継者研修とその後の私の経営観【OB講演】／事例に学ぶ後継経営者のあり方 経営後継者と事業承継／OB合同研修会／経営後継者研修の全体像と目標設定	沿革・経理理念分析
	能力開発	後継者に求められるコンピテンシー／戦略的思考法／セルフエンパワーメントと自律型人材 問題解決力／ロジカルプレゼンテーション／ファシリテーション／コーチング 思考を深める仮説推論力／プロジェクトマネジメント	—
	ゼミナール	自社分析フォローアップ／専門分野研究／論文作成指導	—
経営スキルの習得	経営基礎	ビジネスシミュレーション／流通業の経営環境と業務プロセス 製造業の経営環境と業務プロセス／製造業の業務プロセスと分析の進め方	業界・業務プロセス分析
	経営戦略	経営戦略概論／経営戦略策定プロセス演習／経営後継者の経営観と経営戦略 バランススコアカードによる戦略マネジメントの展開／第二創業を成功させる着眼点 中小企業の第二創業の実際／ビジネスプラン策定方法／新規事業プラン策定の実際	第二創業プラン策定
	マーケティング	マーケティング概論／自社マーケティング戦略策定プロセス 中小企業のマーケティング活動の実務／中小企業の技術経営／中小企業の経営戦略	経営戦略・ マーケティング分析
	財務	経営財務への誘い／決算書の仕組み／企業経営と財務のつながり／財務分析の意義と進め方 財務分析手法と改善のポイント／キャッシュフロー計算書の作成と分析／企業経営に必要な税知識 利益計画の作成方法とその運用／資金計画の作成とその運用／財務戦略策定演習　ほか	決算書・財務分析 利益・資金計画策定
	人的資源管理	企業経営と人事制度、人事制度設計手法／中小企業の人材活用の実績／組織原則 組織の中の人間行動とモチベーション／労働に関する諸問題／モラールサーベイの意義と進め方	人的資源管理分析
	情報化・国際化	中小企業経営と情報化／中小企業の海外展開	—
	経営法務	企業法務入門／人事・労務関連／マネジメント関連／コンプライアンス関連／事業承継税務関連	—
	リスク マネジメント	企業経営とリスクマネジメント	リスクマネジメント分析

出典：中小企業大学校のホームページより

c.　仕事の専門性を高めるために必要な知識、技術、技能の習得

　専門性の程度によりますが、中小企業の内部研修のみで専門性を高めるために必要な知識、技術、技能の習得を図ることはなかなか難しいといえます。いわゆる"たたき上げ"の熟練者は理論的に教えることが得意とはいえず、また、専門性を高めるためには、その時点で企業内にはない知識や技術の学習が必要となる可能性があるからです。外部研修としては、公的機関では職業訓練校やポリテクセンター、高等技術専門校、障害者職業能力開発校などさまざまな機関で多くの教育・訓練の機会が設けられています。また、サプライチェーン下の企業であれば、顧客や仕入先、材料メーカーなどでの教育・訓練をお願いすることを検討します。ただし、そうした教育・訓練は長期間にわたる場合が多いため、コンサルタントは代替人員の確保や期間中の賃金、費用負担等についても検討してもらうように後継者に提示します。

d.　公的資格の取得

　公的資格の取得は客観的な評価であり、従業員さんのキャリアパスの重要な指標となります。また、企業としても、従業員さんが上位の資格取得に進むことで、確実なステップアップが期待でき、昇給や昇格の条件としても活用できます。さらに、こうした公的資格の取得は、転職後の従業員さんの採用機会にもつながります。筆者の前職企業では、公的資格取得のための通信教育費用を全額企業負担とし、資格取得の際には賞与を増額給していました。コンサルタントは、従業員さんの意思を尊重しながら、後継者の経営戦略や考え方と従業員さんの将来像が結びつくような資格取得の推進や、取得のための支援制度の構築を推奨します。

（3）新たな企業文化の創出

　事業承継は、もともと代表者の変更という後継者による組織変革であり、そうした組織変革プロセスにおける代表的な理論には、Lewin（1947）の「解凍（unfreezing）、移行（moving）、再凍結（refreezing）」という3つの段階

論があります。「解凍」のプロセスとは、これまで組織が身に付けてきた行動パターンや正しいと信じてきた信念が必ずしも望ましくなく、何らかの変革が必要であることを組織成員に認識させることに重点を置く段階であり、次の「移行」のプロセスは、新たに身に付けるべき行動パターンや価値観などを組織成員に身に付けさせる段階、最後の「再凍結」のプロセスとは、新しい行動パターンや価値観を組織成員に定着させる段階であるとされています（山岡2008、p.67）。先述した横尾（2010）は、「企業文化については、変革の実行段階においても変革の阻害要因となり、また新たなマネジメントを組織に定着させる段階においてもポイントとなる」としています（p.36）。

　コンサルタントがまず理解しなければならないのは、先代経営における企業文化や従業員との関係性は、組織が現在の状態を継続しようとする性質—すなわち組織慣性力—として、後継者による新たな企業文化の創造やリーダーシップの発揮を阻害する要因にもなるということです。では、後継者が組織慣性としての先代時代の企業文化や従業員との関係性を打ち破り、自らの考え方や戦略を組織に定着させるには、どのようなプロセスが必要となるのでしょうか。久保田（2011c）は、事業承継に際する組織変革について調査し、先代のリーダーシップと後継者のリーダーシップとの間にギャップが存在するため、後継者は、①経営方針やビジョンの明確化、②綿密な社内外とのコミュニケーション、組織全体の情報共有、③意思決定や指揮命令系統の見直し、④従業員の育成、意識改革、⑤社内ルールの明確化、によって組織面の改革を行っているとしています（pp.60-61）。

　本書では、Lewin（1947）の３つの段階に沿って、解凍段階では後継者と従業員さんが先代経営の課題や経営革新や組織変革の必要性を共有する「従業員さんとのすり合わせ」のプロセス、移行段階では後継者が新たな理念や戦略を発案して従業員さんに理解してもらう「後継者体制の構築」のプロセス、最後に再凍結段階として先代時代の考え方、仕事のやり方に戻ってしまうことを防ぐ強力な歯止めとなる「旧い企業文化への回帰の排除」のプロセスを取り上げ、新たな企業文化の創出プロセスにおける課題とコンサルティング方法につ

いて説明することとします。

　コンサルタントは、こうしたメカニズムを後継者に理解してもらいながら、後継者の思いを実現するためのステップや手立てを提案し、施策や制度の整備につなげていきます。

① 従業員さんとのすり合わせ

　中小企業白書（2004）では、後継者がすでにある企業体と自らの理念との折合いをつけるためには、企業を変えるか、もしくは後継者自身が企業に合ったものに変わることが必要であり、経営者と企業の「すり合わせ」のための調整期間が必要となるとしています（第3章第2節3.）。また、このすり合わせの期間では、従業員教育の拡充、社内体制の改編、人事制度の改革といった、企業を経営者に合わせていく取り組みができることが、承継を成功させる重要なポイントであるとしています。筆者の経験でも、事業承継の前後で後継者のこうした取り組みを支援したことが何度もあります。コンサルティングにおいては、こうした取り組みを後継者に提案していくことになりますが、従業員教育の拡充については、前項（2）③を、社内体制の改編については第4章第4節を参照いただくこととし、ここでは人事制度の改革におけるコンサルティングについて説明したいと思います。

　経営者が持つ人事権は、経営者が持つ経営三権—すなわち「業務命令権」、「人事権」、「施設管理権」—のひとつで、企業内における経営者のパワーの源であり、人事制度は経営者のマネジメントを構成する重要な要素といわれています。しかし、多くの中小企業では、明確な人事制度が制定されておらず、経営者の持つ人事権というパワーが生かされていないのが実情です。その理由には、人事制度の基盤をなす賃金制度、評価制度、教育制度などがほとんど整備されていないことなどが挙げられます。

　コンサルタントは、人事制度の基盤をなす賃金制度、評価制度（等級付けを含む）、教育制度や福利厚生、労務管理などの整備を提案する必要があります。

a. 賃金制度の整備

　　中小企業では、大企業に比べて中途採用が多く、入社時の需給環境に

よっても採用時の賃金が異なるため、年齢や在籍年数、学歴などを基準とした賃金表や賃金体系が整備しづらいという特徴があります。とはいえ、経営者はできるだけ不公平にならないように、現状の賃金を基準にした賃金制度を設計する必要があります。しかし、次に述べるように、評価制度と賃金、報酬との連動は、中小企業では大変難しい一面があります。

　コンサルタントは、実在者の現状の賃金との齟齬（そご）が生じないように、慎重な検討を行い、できるだけ簡便な賃金体系を提案します。

b.　評価制度の整備

　大企業では成果主義や能力主義が謳われ、適切な評価が業務の生産性を上げるとされています。確かに、適切な評価は従業員さんの生産性や能力の向上に役立ちます。しかし、筆者の経験では、中小企業では多くの業務を兼任すること、採用状況によっては学歴や経験とは無関係の業務をしてもらうことがあること、少人数で競争原理が機能しないことがあること、また、企業規模が拡大していく状況では後から入社してくる従業員さんのほうが相対的に優秀である場合が多いことなど、能力評価そのものに関する課題や、経営状況によっては評価に見合った賃金にできないこと、管理者のポストが少ないため昇進がなかなかさせられないこと、同族経営の場合には同族と非同族の間で公平な評価がしづらいこと、といった企業運営上の課題があり、規模の小さい企業で大企業並みの評価を取り入れることは却って合理性を欠くことになります。

　コンサルティングにおいては、従業員さんに期待する能力を星取表やスキルマップ等で明らかにすること、教育や研修を充実させること、全体の成果をベースアップや賞与等で全員に還元することなど、個々人の評価ではなく、企業全体の能力の底上げを目指した運営をまずは提案するとよいと思います。

c.　教育・研修内容等の整備

　教育制度で整備すべき内容については、前項（2）③の後継者が取り組むべき教育・研修を参照していただきたいと思います。ただし、そうした

教育制度の整備についても経営者としてのニーズを十分に従業員さんに理解してもらう必要があります。また、資源の乏しい中小企業では、教育後直ちに生産性や能力の向上を求めがちですが、一度や二度の教育で成果を期待することは、却って教育制度の整備を遅らせることにつながります。筆者は、従業員さんへの教育や研修は、企業経営の目的のひとつであり、「教育を続けること自体が、企業の文化として経営に良い結果をもたらす」と考えていただくようにお願いしています。

　また、福利厚生や労務管理の整備、拡充についても人事制度上の重要なテーマであり、コンサルタントはまず有給休暇や育児休業といった法的要求事項の順守状況、取得状況を確認する必要があります。そのうえで、従業員さんの要望、困り事などをヒヤリングして、無理なく始めることができるものから制度の拡充や制度化を提案するように心掛けます。いきなり大企業の制度を真似してみたり、経営者の思いつきで一時的に教育・研修や福利厚生を充実したりしても長続きせず、却って従業員間の不平等や不信を生じることになりかねません。

② **後継者体制の構築**

後継者は、従業員さんとのすり合わせのプロセスを経ることで、現状の課題や改革の必要性を全社的に共有していきますが、それと前後して後継者の経営理念や考え方、それを実現する組織や業務の設計を行うとともに、自らのリーダーシップの醸成を図っていく必要があります。こうした内容は、第4章の「3. 後継者の能力形成」や「4. 後継者による組織のマネジメント」と重なる内容がありますので、参照しながら理解していただきたいと思います。

　ここでは、「理念、戦略の策定と浸透」、「新たな組織ルーティンの確立」、「後継者のリーダーシップの醸成」への支援について説明します。

a. 理念、戦略の策定と浸透

　山野井（2006）は、中小企業の経営者交代と戦略変更の関係性を調査し、経営者交代は戦略変更を促すこと、後継者の他社勤務が長いほど戦略の変更が促されるとしています（p.52）。しかし、前章の第4節（3）③で

説明したように、後継者自身の強い思いがなければ、経営理念は生まれ
ず、戦略もビジョンも描けません。また、本節（1）の②理念コントロー
ルで説明したとおり、経営理念は、経営者によって体現され、具現化され
ることが必要です。

　コンサルタントは、常識的な理念や戦略の策定を推奨するのではなく、
まずは後継者に対して経営に強い思いを持ってもらうように支援する必要
があります。具体的には、他社の経営者との交流や社外学習への参加と
いった学習機会を提案しながら、後継者に経営への強い思いが醸成される
まで、目指すべき企業の姿や現状の課題等について、後継者と辛抱強く話
し合います。ただし、決して、コンサルタントの理念や思いを後継者に押
し付けてはいけません。

b.　新たな組織ルーティンの確立

　理念や戦略は、経営者のみが実践するのではなく、すべての従業員さん
に理解され、現場で実践される必要があります（窪田 2018、pp.42-43）。
コンサルタントは、後継者が理念や戦略を策定した際には、理念や戦略を
どのように周知するか、経営や現場での実務のあり方―組織ルーティン[34]
―をどのように変えるかなどを後継者と話し合います。こうした組織ルー
ティンについて、槇谷（2009）は、日常業務活動を中心とする「作業ルー
ティン」、業務の計画化と標準化による作業ルーティンの修正と調整を図
る「管理的業務ルーティン」、組織メンバー間のコネクションの存在など
ダイナミックな新たな視角から捉える「戦略的組織ルーティン」の3つに
分けて論じ、好業績を上げる企業では、戦略的組織ルーティンとして、部
門横断的活動や営業活動の成功要因の開示が標準化されているとしていま
す（p.35）。

　コンサルタントは、後継者の理念や戦略が従業員に浸透し、共有化され

34　槇谷（2009）は、組織ルーティンは「標準化された組織能力であり、競争優位の標準化された組
　織のダイナミック・ケイパビリティとして位置づけられる」としています。本書では、企業内で反
　復的に行われている業務やそのプロセスを意味しています。

るように、後継者に部門横断的活動の推進を提案するとともに、経営者や全社的活動において業務設計、業務改善を提案し、新たな組織ルーティンの確立を支援していきます。具体的には、これまで述べてきたように、後継者の主導による方針展開活動の実践や ISO の認証取得への挑戦といった全社的活動を提案します。

c.　後継者のリーダーシップの醸成

　先述した久保田（2011c）は、先代のリーダーシップのタイプには「典型的なカリスマタイプ」、「ワンマンなリーダーシップ」、「トップダウン型のリーダーシップ」が多く、後継者のリーダーシップの特徴は①開かれた経営、②自立型社員の育成・活用、に大別されるとしています（p.62）。神谷（2019）はそうした後継者のリーダーシップは、組織階層が未整備な中小企業では組織内の具体的な実務や経験を通して開発され、醸成されていくものであり、経営での実績を伴わなければリーダーシップは発揮できないとしています（p.44）。また、八木（2010）は、後継経営者自身が後天的に自己理解、他者理解、自己変革といった内省に取り組むことでリーダーとしての資質も高めることが可能であるとしています。

　コンサルタントは、実務への徹底した関与を後継者に推奨し、自己変革や実績の積み重ねを促すとともに、従業員さんの経営参加の在り方や教育・研修に対する施策を提案していくことになります。リーダーシップを向上させるための具体的な施策については、前章の第3節（2）を参照願います。

③ 旧い企業文化への回帰の排除

これまで説明してきた2つのプロセスによって新たな企業文化の基盤を創り出したとしても、先代時代の文化の影響が直ちに無くなるわけではありません。企業内には、まだまだ先代時代の従業員さんが多く残っているはずですし、旧い慣習、業務やルール、設備や技能なども残っています。つまり、後継者が実質的な経営者となった後でも、社内には承継前の企業文化に戻ろうとする組織慣性力が働いているのです。後継者は、こうした旧い企業文化への回

帰を排除しなければなりませんが、資源的な制約がある中小企業では、短期的に排除することは容易ではありません。古参従業員さんを排除しようとすればそれまでの競争優位を失いかねず、旧い慣習や業務を改めようとしても教育や訓練に十分な時間は取れず、設備を更新しようにも資金的な余剰がないからです。実際、筆者の支援先においても、先代の言うことしか聞かない古参従業員さんに対して、後継者が強権的な態度をとったため一斉に退社してしまい、それまで培った技能が失われてしまったという経験を持っている企業があります。後継者は、こうしたジレンマを抱えながら経営をせざるを得ないのです。

　コンサルタントは、旧い企業文化への回帰を排除するために、以下のような手段や施策を後継者に提案します。

　a.　徹底した社内教育、コミュニケーションの実施

　　後継者は、社内研修など教育の機会やプロジェクト活動などの協働の場を通じて、自らの考え方や戦略を共有してもらいながら、それに基づく新しい業務ルーティンを定着させます。先代時代に行わなかった朝礼や決算発表、社員旅行など、後継者独自の社内コミュニケーションを実践することも有効です。筆者の友人は、事業承継後に業務を徹底的に標準化して自ら教本を作成し、朝礼中に従業員さんに読み継いでもらい、その記載内容を厳格に順守するように求めたそうです。

　b.　新たな技術、設備、製品などの導入

　　前述したように、筆者が永く経営塾を開催している鉄工業では1980年代に加工設備のNC化が起こり、それまで職人技に頼っていた生産プロセスが急激に陳腐化し、社内のパワーバランスに大きな影響をもたらしました。新設備や新技術への対応は、若手従業員さんのほうが早く、業務における古参の従業員さんの影響力が低下したのです。後継者主導の新技術、新設備の導入や新製品開発は、後継者の考え方を理解する若手従業員さんの活躍の機会を高め、旧い企業文化への回帰を排除することにつながります。

c. 新たな全社活動への挑戦

これまでも述べてきたように、方針展開活動や ISO の認証取得等によって、新しい業務標準やマニュアルを作成し、生産性を向上させながら、旧い業務ルーティンの廃止や改善を行うことができます。また、各活動のリーダーを若手とすることで、管理能力や業務の力量を向上させることにもつながります。

 # 4 取引先等との関係性の承継

本章の最初に述べたように、経済産業省九州経済産業局（2018）は、知的資産を人的資産、構造資産、関係資産という視点から捉えることが重要であるとし、関係資産の例として「顧客、供給先、外注先、金融機関、支援者との関係」を挙げています（p.1）。また、知的資産経営マニュアルでは、関係資産に「イメージ、顧客ロイヤリティ、顧客満足度、供給業者との関係、金融機関への交渉力」等を挙げています（p.6 表）。しかし、企業の外部の取引先等との関係から生じている外部資産（以下、取引先等との関係性といいます）は、個々の企業の経営戦略や事業ドメイン、製品、オペレーションだけでなく、企業が属する産業集積やサプライチェーンの構造などと密接につながっており、取引先等との関係性の承継をそれ単独で検討することはできません。また、企業を取り巻く経営環境が激しく変化している現在では、そうした関係性の承継が却って経営革新の阻害要因となる場合もあります。

では、後継者やコンサルタントは、具体的に何を、どのように検討して、取引先等との関係性の承継を判断していけばよいのでしょうか。

経営学では、企業間の関係性については、ビジネスモデルやビジネスシステムという視点から議論されてきました（**図表 25 を参照**）。外部との関係性が議論されるようになった背景には、企業業績が個別企業の競争によって決まる時代は終わり、ビジネス・エコシステム[35] 間の競争の重要性が高まっているからとされています（井上 2010、p.193）。根来・木村（1999）は、ビジネスモ

デルを戦略、オペレーション、収益の 3 つのレベルに分けて捉え、戦略は「顧客に対して自社が提供するもの」、具体的にはその事業における顧客、機能、対象製品、魅力、その根拠となる資源、前提が何かを示すものであり、オペレーションは「戦略を支えるためのオペレーションの基本構造、前提」を示し、収益は「事業活動の対価の受入方法、前提」を示しているとしています。さらに、その構成要素として、顧客、機能、対象製品、魅力、資源、オペレーションの基本構造、事業活動の対価を得る仕組みを挙げています（p.145）。一方、ビジネスシステムの構成要素としては、その定義に表れているように、自社の担当、取引相手との関係、分業構造、インセンティブシステム、情報・モノ・カネの流れといったものになります（加護野・井上 2004、p.37）。中小企業は、地域の産業集積や地場産業、サプライチェーンといったビジネス・エコシステムの中で存在している企業が多く、こうしたビジネスモデルやビジネスシステムにおける研究の成果を適用することが可能なはずです。

図表 25　ビジネスモデルとビジネスシステム

	ビジネスモデル	ビジネスシステム
定義	誰にどんな価値を提供するか、そのために経営資源をどのように組み合わせ、その資源をどのように調達し、パートナーや顧客とのコミュニケーションをどのように行い、いかなる流通経路と価格体系のもので届けるか、というビジネスデザインについての設計思想（國領 1999）	経営資源を一定の仕組みでシステム化したものであり、どの活動を自社で担当するか、社外のさまざまな取引相手との間にどのような関係を築くかを選択し、分業の構造、インセンティブのシステム、情報、モノ、カネの流れの設計の結果として生み出されるシステム（加護野・井上 2004）
構成要素	顧客、機能、対象製品、魅力、資源、オペレーションの基本構造、事業活動の対価を得る仕組み	自社の担当、取引相手との関係、分業構造、インセンティブシステム、情報・モノ・カネの流れ

筆者作成

35　井上（2010）によれば、ビジネス・エコシステムというのは、「出資者、パートナー、供給者、顧客から成り立つ協調的ネットワークを生態系メタファーによって示したもの」であるとされます（p.220）。なお、本書の第 1 章のエコシステムは、直接的にビジネスと関係していない地域との文化的、人的つながりを含めています。

　また、中小企業白書（2006）では、中小企業が属する産業集積を「企業城下町型集積」、「産地型集積」、「都市型複合集積」、「誘致型複合集積」の4つの形態に類型し、①産地型集積、企業城下町型集積では、規模の縮小が顕著に見られたこと、②都市型複合集積や誘致型複合集積の中にも規模の縮小が顕著に見られるところがあることを指摘しています。さらに、中小企業白書（2015）では、産業集積が存在する市町村が抱える課題として、「生産高（売上）の減少」（42.2％）、「従業者数の減少」（36.8％）が上位を占め、工場の海外移転や、外国企業との競争激化により産業集積の規模が縮小していると認識している市町村が多いとしています（p.490）。吉見（2012）は、産業集積の存在は、これまで中小企業の存立基盤、発展基盤であったとしながらも、グローバル化等の進展によって「特定の産業、系列取引に深く組み込まれた集積ほど求められる変化は大きく、変化に対応することは困難である」とし（p.24）、集積内外での新たなネットワークの形成、充実が望まれるとしています。また、中小企業白書（2020）では、企業エコシステム[36]という概念を用いて、自動車産業の取引構造の実態や取引関係の複雑さ・多様さを明らかにするとともに、取引関係の築き方は一様ではなく、自社が置かれている状況を正しく見極めることが重要であるとしています。中小企業における取引先等との関係性の承継においては、個別の企業が抱える課題だけでなく産業集積や地場産業が抱える問題や企業間の取引構造における課題も考慮する必要があります。

　そこで本書では、承継時に検討すべき取引先等との関係性の具体的な項目として、「価格体系」、「自社の担当する活動」、「分業の構造」、「インセンティブシステム」、「情報・モノ・カネの流れ」、「流通経路」、「新たなネットワークの構築」を挙げ、主に自動車産業のSCM（サプライチェーンマネジメント：supply chain management）での筆者の経験から、事業承継における課題とその対応について説明していきます。ただし、「流通経路」については、サプラ

36　中小企業白書（2020）では、企業エコシステムは「ある特定の企業が取引を通じて影響力を及ぼす範囲を定量的に取り出し、一つの単位として捉えたもの」と定義されています（p.Ⅱ-201）。

図表26　取引先等の関係性の具体的内容

層別	具体的な項目
自社の役割、責任	・自社の担当する活動 ・分業の構造
事業の基盤	・製品やサービスの価格体系 ・企業間のネットワーク
特有な業務・慣行	・情報・モノ・カネの流れ ・納入形態・在庫

筆者作成

イチェーンを想定しているために「納入形態・在庫」に読み替え、「インセンティブシステム」については、前節（2）で触れているために省略します。最終的に、残る6つの課題を**図表26**のように「自社の役割、責任」、「事業の基盤」、「特有な業務・慣行」の3つに区分して説明したいと思います[37]。また、知的資産経営マニュアルなどで挙げられた金融機関との関係性については、経営結果により構築されるものとして、ここでは承継対象として考えません。

（1）自社の役割、責任

　企業は、自社を取り巻く経営環境の変化に応じて経営戦略を変える必要があり、中小企業においてはこれまで述べてきたように事業承継がその重要な機会として見なされています。また、多くの中小企業は、地域の経済的基盤の形成や雇用機会の創出だけでなく、地域の社会や文化を支えており、後継者は自社の役割や責任について地域や業界の将来を見据えた承継判断を求められています。ここでは、支援企業の事業ドメインと分業の視点から、自社の役割や責任の承継における留意点やコンサルティングについて説明していきます。

37　阿部・黒須（2002）は、ビジネスモデルをコーポレートレベル、製品・サービスレベル、オペレーションレベルの3層に分け、コーポレートレベルでは事業ドメインや分業体制、製品・サービスレベルでは商品開発や事業展開、オペレーションレベルではビジネスプロセスやSCMを重要な要素としてビジネスモデルを設計することを提案しています（pp.408-410）。

① 自社の担当する活動

「組織は戦略に従う」という有名な命題を提示したアルフレッド・チャンドラーは、戦略を「企業体の基本的な長期目的を決定し、これらの諸目的を遂行するために必要な行動方式を採択し、諸資源を割り当てること」（Chandler 1962、p.29）と定義しており、先代の事業ドメインを承継するかどうかは、まさに後継者の描く戦略に基づくものといえます。そうした戦略について、中小企業白書（2020）では戦略論で著名なマイケル・ポーターの類型化を参考に、①コストリーダーシップ戦略、②差別化戦略、③コスト集中戦略、④差別化集中戦略、に分けて中小企業の競争戦略の実態を調査し、差別化集中戦略が最も採用されているとしています（p. Ⅱ -6）。また、事業ドメイン[38] の見直しについては、調査企業の約 4 割が新事業領域、新事業分野[39] への進出を実施、検討しているものの（p. Ⅱ -32）、人材や人員の不足が制約となっているとしています（p. Ⅱ -51）。経営資源の乏しい中小企業では、差別化集中戦略が中心的な戦略となるのは自然な流れであり、人材、人員の不足が事業ドメインの見直しの阻害要因となることは容易に理解ができます。また、もともと中小企業の経営資産の多くは、従来の事業ドメインの関係特殊資産（第 2 章 2 （3）参照）であり、新たな事業ドメインに転用することは難しい場合が多いのは当然です。

　コンサルタントは、事業ドメインの見直しについては、後継者と承継後の経営戦略をまず協議するとともに、それを実現する人材の育成や、設備や IT 化への投資などの計画を綿密に立てる必要があります。ただし、その際には中小企業白書（2019）で指摘された人口減少、デジタル化、グローバル化などの経営環境の変化への対応についても、後継者と十分協議することが重要です。こ

38　本書では、事業ドメインを「企業が事業を展開する領域のこと」と定義しています。

39　中小企業白書（2020）によれば、「事業領域」とは、ある最終製品やサービスが生み出され、最終ユーザーに届くまでに必要とされる、企画、開発・設計、製造・販売・サービスといった、いわゆるバリューチェーン上の各工程のうち、各企業が事業の対象とする領域のこととし、「事業分野」とは、自動車、医療機器といった、最終製品やサービスごとに規定される分野のうち、各企業が事業の対象とする分野のこととしています（p. Ⅱ -18）。

こでは、支援企業の事業ドメインの視点から事業承継における留意点やコンサルティングについて説明していきます。

② 分業の構造

中小企業白書（2020）では、受託企業の事業承継について「サプライチェーンの維持という観点から、それぞれの企業は自社の取引先の状況を十分に把握し、必要に応じて、事業承継に関する早期の検討を促していくことが重要」としています（p. Ⅱ -225）。しかし、発注元である大企業の競争力の低下や自動車業界に見られる大変革など、後継者が承継を検討する時点では先代時代のサプライチェーンや産業集積における分業構造そのものが大きく変容している可能性があります。生産分業構造の転換を議論した吉田（1996）は、「中小企業と地域経済は、これまでのような日本独特の重層的生産分業・下請けシステムの下部構造という位置づけから脱却し、親会社やユーザーの自己実現に貢献できる自立的・自律的展開能力を強化することが求められている」とし（p.12）、その課題として「経営のオリジナリティーの明確化」、「戦略的マーケティング」、「高度で弾力的な企業間のネットワークの構築」、「経営体質の強化」を挙げています（pp.245-247）。また、関（2011a）は、下請中小企業のケーススタディを通して、その自律化のポイントとして「取引企業の分散化」と「能動的行動」を挙げています。

確かに、筆者も自動車産業のサプライチェーンの中で、新規取引先を増やして主要企業への売上依存度を低下させ、自社の専門性を高めて発注企業に対する発言力や企業のオリジナリティーを向上させてきました。また、外注工程を内製化するなど付加価値を高めたうえで差別化集中戦略を採用し、製品の種類を絞り込み、少品種の量産[40] に特化してきました。

コンサルタントは、支援企業の業界動向や分業構造の変化を十分把握し、安易に下請け体質からの脱却を推奨するのではなく、まず自律した企業として

40　量産とは、主に、コストを下げるために同一規格の製品を大量につくることで、フォード生産方式に代表される「流れ作業」や自動化設備を用いて製造を行うものです。

の地位を確立できるように後継者にアドバイスする必要があります。分業構造に参加できていることは、支援企業の経営基盤であり、競争優位でもあることを忘れてはなりません。ただし、中小企業白書（2020）のいう"サプライチェーンの維持"という視点は少し大企業寄りの発想であり（p. Ⅱ -295）、コンサルタントは発注元の大企業や社会の要請という立場ではなく、あくまでも支援企業の立場からアドバイスすることが必要です。

（2）事業の基盤

　近年の急速なグローバル化やさまざまなノベーションは、中小企業の事業基盤を担ってきた製品やサービスへのニーズを大きく変化させています。また、都市への人口集中がもたらす地域や地方文化の衰退も、中小企業の事業基盤に大きな影響を与えています。筆者の生家はもともと八丁味噌のような"赤みそ"を生産していましたが、製品に地域性が失われたことで徐々に販売が低迷し、結局大手との競争に敗れて廃業に至ってしまいました。支援企業の事業基盤の承継を判断する際には、それらがもともと地域、地方の文化や伝統を反映したものである場合やサプライチェーンのように発注元の競争力に依存する場合には、特に慎重に検討することが必要といえます。

　ここでは、そうした点を踏まえて、事業基盤の承継の是非をどのように判断するべきかを「製品やサービスの価格体系」と「企業間のネットワーク」の視点から説明していきます。

① 製品やサービスの価格体系

　製品やサービスの価格は、企業の競争力そのものを表すといえます。筆者は、「製品は社会が必要とする程度に応じて、供給に必要な収益が確保される」という考え方を持っており、企業支援を行う際には利益の多寡ではなく、売上高の推移を必ず第一に確認します。多くの製品やサービスの価格は、市場競争の中で決定され、自社の原価だけを反映しているわけではないため、企業が赤字経営に陥ることは度々あります。しかし、少なくとも売上高が長年にわたって維持、継続されているのなら、支援企業の製品・サービスへの市場のニーズ

は存在し、商品開発や経費削減等の経営努力によって収益を生み出せる可能性
が十分あるからです。逆に、その時点で収益は確保されていても売上高は長年
漸減しており、支援企業が属する業界全体の売上高や企業数が減少傾向にある
ような場合には、支援企業の製品やサービスの将来性について検討する必要が
あります。

　ただし、支援企業が自動車業界などのサプライチェーン下にある場合は、製
品やサービスの価格については特別の理解が必要です。中小企業庁は 2017 年
9 月に「下請等中小企業の取引条件改善への取組」を公表し、2016 年 9 月に公
表された「未来志向型の取引慣行に向けて」（いわゆる世耕プラン）に基づい
て、「価格決定方法の適正化」、「コスト負担の適正化」、「支払条件の改善」の
重点 3 課題を挙げ、その取り組みを紹介しています。その中で、価格に関す
る問題としては「一律の原価低減を要請される」、「労務費上昇分が考慮され
ない」といった例を挙げていますが（スライド 6）、筆者も全く同様の経験を
しています。しかし、この要因は、大企業の都合によるものだけではありま
せん。多くのサプライチェーンでは、複数社への見積もり、発注が前提であ
り、自社の原価にかかわらず、最安値の見積価格が受注の基準になってしまい
ます。そのため、新規受注を継続していくためには、その価格に合わせていく
しかなく、一時的な原価割れや収益の低下が生じる可能性があるのです。さら
に、価格の改定交渉にあたっては、カーメーカーなどのさらに上流メーカーに
対する発注元企業の交渉力や競争力が影響し、発注元と支援企業の間だけで価
格改定をすることが難しいのが実情です。

　コンサルタントは、後継者が先代経営時代の製品・サービスの価格体系を継
承すべきかどうかを悩む場合には、自社の収益状況だけでなく、ライバル企業
の有無や支援企業の競争力、原価低減や販売促進における企業努力の程度、そ
の業界のガイドラインやその価格が形成されてきた経緯などを十分に調査し
て、アドバイスする必要があります。筆者の経験では、赤字経営で苦しむ企業
の中には、製品価格が課題なのではなく、設備投資や製品開発、人材の育成な
どの遅れ、費用削減や生産性のアップといった原価低減の不足、「モノ作りよ

りコト作り」などといった売り方の工夫が足らないなど、企業努力が不足している場合を多く見掛けるからです。

　なお、現在では「未来志向型の取引慣行に向けて」において、前述の重点3課題に「知財・ノウハウの保護」と「働き方改革に伴うしわ寄せ防止」が追加され、取引適正化重点5課題として取り組みが推進されています。また、下請適正取引等の推進のためのガイドラインが国により策定され、適正な下請取引が行われるように多くの業界でガイドラインや自主行動計画[41] が定められています（2017年3月末時点で20業種）。

　コンサルタントは、サプライチェーンにある企業を支援する際には、こうした政府や業界での取り組みについても理解しておく必要があります。

② 企業間のネットワーク

　後継者が承継する企業間ネットワークは、サプライチェーンの前後という垂直分業を担う企業間だけでなく、産学官の連携や、町おこしや地域ブランドの生成といった共通の目的のための地域内の企業や市民、行政等のオープンなネットワーク、本来であればライバルとなり得る水平分業間の同業者連携にまで広がっています。政府も2005年に施行された「中小企業の新たな事業活動の促進に関する法律」に基づき、産学官の連携や異業種分野の事業者間の連携を中心として、さまざまな新連携支援事業を行ってきました。筆者の周りでも、同業者間の情報共有や連携、共同受注など、需要変動へのバッファの確保や競争力向上のための仲間取引の話を聞く機会が増えています。経営資源の乏しい中小企業が、厳しい環境の中で互いに連携したり、外部機関との関係を深めたりするのは、新たな事業基盤や競争優位の獲得に非常に有効な手段といえます。しかし、そうしたネットワークも課題がないわけではありません。池

41　中小企業庁のホームページには、各業界団体（18業種、38団体）が公表している自主行動計画が掲載されています。例えば、日本自動車部品工業会の自主行動計画には、重点課題に対する取り組みとして、「合理的な価格決定」、「型取引の適正化」、「下請代金支払の適正化」、「働き方改革への対応」、「天災等への対応」、「事業継承への対応」、「知的財産の扱い」の7つの項目が挙げられています（2022年1月31日調べ）。

田（2019）は、グローバル化の進展、インターネットの普及などの環境変化に対応して、2000年前後に形成された新たな中小企業ネットワークについて、それまでのネットワークに比べ「より多くの経済的成果を生み出しているが、個々には課題を抱えているグループもある」とし（p.190）、「当面の課題が無くなると持続しなくなる恐れがある」としています（p.196）。また、山本・松橋（1999）は、ローカルなネットワーキングには、地方自治体やそれに準ずるローカルな公共機関の支援が有効であるとしています（p.171）。筆者の支援してきた企業でも、そうしたローカルなネットワークや産学官の連携から新たな受注や事業につなげたいと努力をしている経営者はいますが、現実的にはなかなか売上につながらないのが実情です。また、そうしたネットワークの維持は先代の属人性によることが多くあります。

　では、後継者は、そうしたネットワークの承継に際して何を基準に承継の要否を判断すればよいのでしょうか。

　コンサルタントは、そうした企業間の新たなネットワークの将来的な意義や目的を十分に分析するとともに、現状の活動状況や公的な支援の有無、ネットワークの承継に対する経済的な価値などを冷静に分析し、ネットワークへの参加を継続するかどうかを後継者とともに検討していきます。また、後継者の経営戦略によっては、新しいネットワークを構築することについても同時に検討を進める場合もあります。

（3）特有の業務・慣行

　かつて外国企業の日本進出を阻む要因として、日本の取引慣行が議論された時代がありました。それは、系列取引や建値制、取引シェアに応じた不透明なリベート制度、株式の持ち合いを前提とした取引関係、メーカーから流通企業への派遣店員、委託販売や返品制度などが典型的な事例とされていました。加護野（2009）は、日本のビジネスシステムの特徴として、システムを構成する企業の垂直的分業が高度に進められていること、長期継続取引を意図して、基本の取引条件以外は「書かれざる契約」になっていること、取引条件の決定が

共同利益の分配という性質を持っていることを挙げています（pp.3-4）。しかし、多くの場合、そうした「書かれざる契約」はサプライチェーンにおいては発注元の有利に判断され、中小企業にとっては現在においても不利な取引を強いられる要因となっています。筆者が経験してきた自動車部品業界特有の業務・慣行の多くも、TPSの考え方から派生して発生してきた「書かれざる契約」によるものであり、必ずしもサプライヤーの利益を考慮して採用されてきたわけではないため、課題がないとはいえません。

同じように、多くの業界で特有の業務や慣行がありますが、それらを長く受け入れてきた先代は、そうした事態は発注元が解決することと考えがちです。グローバル化などによってサプライチェーンが大きく変化している現在では、先代時代の右肩上がりの発注を前提にした取引は難しくなっており、後継者は、事業承継を契機にそれら特有な業務や慣行の見直しに挑戦する必要が生じてきているといえます。コンサルタントは、こうした業界特有の業務や慣行への対応について、後継者とともに検討し、それまでの取引実態にこだわることなく、現在及び将来の取引を見越して、自社でできる対策を具体的に検討する必要があります。

ただし、コンサルタントは、こうした視点以外にも、顧客の支払条件や見積基準の履行状況を確認しておくことも重要です。筆者の経験では、取引企業間の力関係によっては、こうした特有の業務・慣行以外でも、最初から支援企業が不利な支払条件を押し付けられたり、過剰在庫を抱えさせられたりする場合もあるからです。とはいえ、そうした不利な取引条件を、当事者である中小企業自身が解決することは容易ではありません。親会社や発注元等への取引の是正をお願いすることによって、取引の停止や発注金額の減額につながることを恐れているからです。筆者の周りでも、そうした話はよく聞きます。筆者は、本書のような伴走的支援の広がりによって、そうした取引上の課題を多くのコンサルタントや支援機関が共有し、国の施策への提言や標準的な中小企業との取引契約書の制定といった活動に発展することを願っています。

では、具体的にどんな特有の業務や慣行があるのでしょうか。筆者が直面し

てきた自動車部品業界での特有の業務や慣行課題から、「情報・モノ・カネの流れ」と「納入形態・在庫」における課題について取り上げたいと思います。

① 情報・モノ・カネの流れ

ここでいう「情報・モノ・カネの流れ」は、企業間で市場取引以外の取引を行う際に、必要な調整のための仕組みのことですが（加護野・井上 2004、p.36）、先述したとおり、「カネ」の点については「未来志向型の取引慣行に向けて」（前項①参照）で示された取り組みにより改善が進んでいますので、ここでは特に「情報」と「モノ」における典型的な課題とコンサルティングについて説明していきます。

最初は、「情報」における業界特有の業務や慣行です。筆者が経験してきた「情報」に関する業界特有な課題は、「発注数に対する責任がない」ことです。一般に、見積もりは、見積もり時に示された発注予定数（見積基準数）が保証されることを前提に見積もり計算を行います。そのため、その数量が変われば、当然に生産準備に必要な設備や人に対する投資が変化し、見積単価の変更が必要になります。しかし、自動車部品のサプライチェーンでは、受注後に見積もり時の発注予定数が減少しても、受注単価の見直しや予定した売上との差額等が保証されることはありません。また、生産開始後の発注情報も、長期的な計画は目安でしかなく、時には月単位の発注情報すら目安でしかない場合があります（月単位での納入数のバラツキについては次項でお話しします）。つまり、発注側の理由による発注数や発注期間の変動に対して発注先が責任を問われないのです。受注企業は、受注数が減れば、得られるはずの売上が確保できないため、設備投資や人件費など新たに準備した固定費の回収ができなくなり、逆に受注数が極端に上振れすれば、人の手配や納期の順守に苦労することになります。こうした慣行が誕生した理由としては、長い間業界全体として生産が拡大し続けてきたこと、サプライチェーンをカーメーカーのグループ企業が中心的に担ってきたことなどによるものと推測されます。

次は、「モノ」に関する特有な課題です。ここでは、製品の品質に関する特有な慣行について説明します。通常、製品の製造を受託する企業は、顧客から

の図面、指示書等に基づいて製品を製造し、検査して品質を保証することを約束します。しかし、近年、製品品質に対する市場要求の高まりを受け、見積もり時の図面、指示書等に記載のない品質を発注企業から求められることが多くなっています。課題は、製品の品質基準の後出しが慣行として認められることです。外観品質[42]はその代表的なもので、受注時には保証を検討しなかった外観品質が評価・判断基準が曖昧（数値では示されない）なまま、発注企業の指定する方法（全数検査やダブルチェックなど）で保証を要求されるのです。外観品質の保証は、人の目視に頼る場合が多く、大幅なコストアップになります。実際、筆者の周りの多くの中小サプライヤーが保証の実施や新たに発生するコストの吸収に大変苦労しています。

　コンサルタントは、こうした業界特有の課題に対しては、短期的な解決策と長期的な解決策の両面から、後継者にアドバイスする必要があります。短期的な解決策としては、正確な受注情報、品質情報の入手先を探索してもらうことです。例えば、支援先の製品を実際に使用する発注先の工場からの情報であれば、購買部署の情報より受注や品質に関する情報が得られる可能性があります。カーメーカーの関連部署に直接アプローチできれば、情報はさらに確実なものになるはずです。また、すでに受注したものは無理でも、新規見積もり時に「生産開始後の受注数が見積基準数を下回る場合には、再見積もりさせていただきます」とか、「外観検査が必要となった場合は、再見積もりをさせていただきます」などの再見積もり条項を見積書に付すことをアドバイスすることも可能です。長期的な解決策としては、「生産のリードタイムを短縮して受注数のバラツキに対応する」、「品質の作り込みを徹底して外観不良を出さないもの作りを実現する」といった自社の競争力をアップすることや、「新たな発注企業への新規営業を強化」して、そうした顧客への依存度を低下させるといった方策が考えられます。次の「納入数のバラツキへの対応策」も参照してくだ

42　外観品質とは、キズ、汚れ、変色、変形などの製品の"見た目"の品質を指します。自動車部品のような金属加工製品だけでなく、食品などでも重視されるようになり、食品ロスにつながっているとされています。

さい。

② 納入形態・在庫

　自動車業界における「必要な物を、必要な時に、必要な量だけ」供給する
ジャストインタイムの考え方は、サプライヤーに多回納入やかんばんの使用
などを求めます。受託先である中小企業では、それに応えることで業務のムダ
を省き、生産性を向上させることが可能です。筆者も多くの業務の改善にジャ
ストインタイムをはじめとする TPS の考え方を活用してきました。しかし、
最近では、かんばんの悪用[43]や発注元の生産計画の不安定化などによって、納
入リードタイムを無視した発注がなされる場合が目立つようになり、サプライ
ヤーの持つ在庫量は、ブルウィップ効果[44]（Bullwhip Effect）によって、サプ
ライチェーンの上流（カーメーカーから遠い）企業ほど―つまり下位の中小企
業ほど―拡大してしまう傾向が強くなっています。こうした「仕入先を結果と
して倉庫代わりに使う」考え方に起因する典型的な課題が、金型を中心とする
型の受注先保管の問題です。すでに対応が進んでいるため、ここでは課題とし
て説明しませんが、先述した「未来志向型の取引慣行に向けて」では、重点課
題として「型保管・管理の適正化」をわざわざ取り上げて取り組みを進めてい
ます。これは、もともと型の取り扱いについて取引条件が曖昧なままで取引が
行われていたため、量産終了後も受注側企業が長期間の保管を強いられ、保管
費も支払われないか、支払われたとしても実費相当額になっていないことが慣
行となっていたからです。また、多回納入については、トラックの排気ガスな
どの環境問題だけでなく、トラック輸送の効率化や負担軽減といった点で課題
を指摘されています。

　コンサルタントは、後継者が抱える課題に対して有効な解決方法を示す必要
がありますが、長期的な課題については業界全体で解決する必要がある場合が

43　かんばんの悪用とは、かんばんの使用の前提となっている平準化生産や総枚数管理などを行わず
　　に、納入計画やリードタイムを無視したかんばんの使用を行うことを意味しています。
44　一般に、ブルウィップ効果とは、サプライチェーンの川下で起こった需要変動が、川上に伝播し
　　ていくに従って大きな変動になる現象といわれています。川上の受託企業である中小企業は、その
　　変動によって不必要な生産や調達を強いられたり、過剰在庫の発生リスクが生じたりします。

多く、コンサルタントは主に支援企業が単独でできる短期的な課題への支援を行うことになります。さまざまな支援策がありますが、ここでは典型的な取り組み事例として、筆者の主宰する経営塾での支援依頼の多かった日々の納入数のバラツキへの対応策について紹介しておきます。なお、前項で挙げた「受注数のバラツキ」は見積基準数や長期受注見込み数のバラツキであり、ここでいう「納入数のバラツキ」は、毎月の受注数の内示と確定の差、あるいは日々の納入数の差を意味しています。筆者は以下のような支援を提案、実施してきました。

【納入数のバラツキへの対応策】

a. 在庫による対応

　　顧客の発注に大きなバラツキがある以上、そのバラツキを無視した在庫を設定していたのでは、上手に対応することはできません。まずは在庫を増やして発注に対応し、その後、在庫を削減していきます。

b. 顧客納入計画と社内生産計画の分離

　　たとえ発注にバラツキがあっても、現場での生産や段取りは平準化させる必要があります。在庫を持つことで、顧客への納入計画と生産計画を切り離して考えます。

c. 顧客への情報提供

　　製品の納入リードタイム、材料の入荷状況、完成品の在庫数など、自社の納入に関わる情報を、顧客に絶えず提供するように心掛けます。情報を提供することで、互いに無駄なコストを削減できることがわかれば、協力してもらえる可能性があります。

d. 外注工程の内製化

　　外注工程を内製化することで、運搬や保管に掛かる時間等を削減し、生産リードタイムの短縮を図ることが目的です。

e. 作業者の多能工化、高度化

　　作業者の多能工化、高度化を進め、段取りや多台持ち、自主保全といっ

た業務を可能にして、生産リードタイムを短縮するとともに、変化に強い工場を実現します。

第6章

事業承継後の
コンサルティング

　ここまでは、事業承継におけるコンサルティングをアカデミックな研究成果や筆者の経験に基づいて、後継者の視点から詳しく説明してきました。しかし、後継者にとって、事業承継は先代から承継を受ければ終わりではなく、そこから自分自身の経営を始めることを意味しています。また、新たな先代となって、次の後継者を育成することにもなります。ここからは、事業承継後の後継者から課題解決を求められる代表的な支援事例を挙げ、後継者経営の確立に向けたコンサルティングについて説明していきたいと思います。

　最初に、多くの皆さんが学んできたコンサルティングの理論や考え方が、中小企業の経営支援にどの程度活用できるかという点について筆者の考え方を説明しておきます。第 1 章の「3.　中小企業支援における制約の理解」でも触れましたが、中小業支援を行う多くの皆さんのコンサルティングの根拠となる考え方やツールの多くは、大学や研修機関等で学ぶ経営学に依拠するものであるはずです。しかし、一般に、経営学の研究対象になってきたのは大企業、それも株式を公開し、証券取引所に上場している企業であり（川上 2013、p.342）、残念ながら、中小企業の経営や管理を研究した研究はほとんどないとされています（川上 2007、p.352）。筆者は、足掛け 7 年の間に大学院で経営学を学びましたが、中小企業経営を具体的に学ぶことができる科目はありせんでした。とはいえ、筆者の経験では、経営学で学ぶ理論や考え方が全く中小企業に適用できないのではなく、大部分の理論は適用可能という印象を持っています。ただし、経営学が基本的に大企業を対象としている点を考えれば、適用しやすいのはある程度の数の従業員さんがいる企業であり、コンサルティングにあたっては支援企業の規模をまず斟酌する必要があると考えるのが妥当です。

　経営学では、組織の最小単位は 2 名とされますが（桑田・田尾 2010、p.20）、その管理においては、「スパン・オブ・コントロール」という考え方があり、1 人のマネジャーが管理できる部下の人数は 5〜8 人程度とされています。つまり、およそ 10 名程度までの中小企業であれば、経営者個人が管理しきれるため、経営学で学ぶ組織的な管理を規範とするコンサルティングの必要はないと考えられます。従業員 30 人以上の製造業でアンケート調査を行った中小企業

研究所（1990）は、中小企業の組織編成の有効性は人的能力に大きく依存しているとして（p.192）、中小企業の組織構造については「スタッフ機能は、規模拡大とともに独立組織化（例：経理職能は50人以上）」し、「組織改善・改革については、組織規模が100人を超える段階から実施比率が高くなる」などといった特徴を持つとしています（pp.75-76）。そうした点からすれば、経営学の理論がおおよそ適用可能であるのは100人以上の中小企業からであり、100人未満の企業では個人の人的能力に対する依存度が高いため、経営学で学ぶ理論だけを当てはめてコンサルティングを行うのは無理があるものといえるでしょう。ただし、経営学がそのまま適応できるのは、従業員数30人以上の規模の企業であるとする主張もあります（中山1986、p.5）。いずれにせよ、中小企業の約9割が小規模企業（製造業その他の業種は従業員20人以下、商業・サービス業は従業員5人以下）であることを考えれば、中小企業に対するほぼすべてのコンサルティングで経営学だけでは学べない考え方や手法が必要になるといえます。

　本章では、まず経営支援に影響する中小企業経営の特有さや実情、メリット及びデメリットについて筆者の捉え方を説明し、その後に承継後の支援として依頼の多かった「組織設計」及び「経営革新」支援のコンサルティングについて説明します。なお、紙幅の都合により、いずれも主だった実践内容、そこで使用した理論やツール、考え方や支援手順について取り上げていきます。

中小企業経営への理解

　もともと大企業と中小企業は、従業員数と資本の額で区分されているだけであり、中小企業経営の特徴は、基本的には大企業に比して「従業員が少ない、資本が少ない」ことから生じるはずです。また、中小企業の大部分は同族会社[45]であり、非上場の企業です。つまり、中小企業経営の特徴は、「小資本、少人数、同族、非上場」という4つの要因から主に生じているといえます。小林（1996）は、そうした中小企業の経営の特徴を①経営者所有の経営であり、

経営の分権化が少なく、経営が硬直しやすい、②経営者能力に偏りがあり、経営管理に偏りを生む、③企業規模が小さく、組織による管理が難しい、④構造的環境変化に対応する戦略的経営能力が必要、と整理しています。こうした中小企業の経営や経営者の特徴については、前述のように第1章の「3.　中小企業支援における制約の理解」や第2章の「1.　事業承継に対する当事者の思い」でも触れてきましたが、ここではコンサルティングを効果的、効率的に行うために、改めて中小企業経営の特徴をその特有性から説明し、そこから生じる経営上のメリット、デメリットと経営の実情についてまとめておきたいと思います。

（1）経営の特有さとメリット・デメリット ─────────

　中小企業経営の特有さについて、山口（2012）は「近接性」と「自律性の制約」という視点から議論をしています。この近接性とは「心理的、空間的、時間的に、より近くの事柄を優先するという傾向、及び閉じ込もり孤立するという傾向を同時に理解するのに役立つ概念」（Torres）と紹介され（p.73）、この近接性によって、小規模企業の事業承継の候補者が、まず経営者の家族や親戚、次いで従業員、そして顧客や取引先、最後にその他の第三者（市場）へと経営者を出発点として同心円的に探索されたり（p.78）、経営者の孤独を招いて経営情報の公開にアレルギーを示したりするとしています（p.84）。自律性の制約とは、「他の経営主体や本来直接的につながりのない環境変化に影響を受けざるを得ない」ことであり、「直接的には自らが制御できない外部金融機関や他社の経営状況に大きく左右されざるを得ないことを意味している」としています（p.89）。また、井上（2011）は、「中小企業においては、経営者の個性が経営に反映され、他社との差別化がなされているケースが見受けられる」として、中小企業経営に経営者の個性を取り入れることの必要性を主張し

45　中小企業庁による2008年度の「会計処理・財務諸表開示に関する中小企業経営者の意識アンケート」によれば、資本金1億円未満の企業では、同族会社の割合は約97％（2007年度）とされています。

図表27　中小企業経営の特有さとそのメリット、デメリット

基本的特徴	少人数、同族		小資本、非上場	
特有性	属人性	近接性	自律の制約性	経営者大株主性
定義	業務の進め方やその結果が、個人的な能力や知識に依存している度合いが高いこと	心理的、空間的、時間的に、より近くの事柄を優先するという傾向、及び閉じ込もり孤立するという傾向	直接的には自らが制御できない地域や他社の状況に経営が左右されざるを得ないこと	経営者支配など、個別企業の資本を特定の個人または少数の資本家によって所有されている程度が高いこと
メリット	・差別化が容易（職人技、一子相伝） ・専門性、創造性、個性が出しやすい	・ファミリー的な企業運営 ・満足度、モチベーションが高い	・産地や産業集積を形成しやすい ・少しの費用で企業運営ができる	・長期的視野に基づく経営が容易 ・迅速な経営判断ができる
デメリット	・業務がブラックボックス化しやすい ・組織で知識や技能が共有できない	・ひいきや不公平が生じやすい ・外部に対して閉鎖的になりやすい	・外部の状況に経営が左右される ・利益が確保しにくい	・経営者の独善を許してしまう ・資本、資金調達がしにくい
特有性から生じる課題の解決策	・マニュアル化、標準化、IT化 ・組織化や業務の仕組み作り	・ルール作りや責任と権限の明確化 ・経営のオープン化	・自社製品の開発や下請からの脱却、ブランディング ・自己資本の充実	・増資、株式公開などの資本政策 ・従業員による持株制、経営参画

山口（2012）および植杉（2013）などより筆者作成

　ており、中小企業経営はこうした属人性からも理解する必要があります。さらに、植杉（2013）は、中小企業を中心とする非上場企業の存続と退出について調査し、オーナー経営者が多く、事業承継が困難という非上場中小企業では「大株主経営者が企業の退出に伴う個人の損失を避けるために廃業の先延ばしをしている」、「存続するべき質の高い企業と退出するべき質の低い企業があまり明確に峻別されていないという点において、自然な淘汰の程度が弱い」という可能性があることを指摘し（p.17）、中小企業経営には非効率な部分があることを主張しています。

　それら議論をふまえて、「少人数、同族」という要因がもたらす特有性として「近接性」と「属人性」を挙げ、「小資本、非上場」という要因がもたらす特有性として「自律性の制約」と「経営者大株主性」を挙げて、筆者が感じてきた中小企業経営のメリット、デメリットを**図表27**にまとめてみました。ただし、自律性の制約については、山口（2012）が挙げた資本関係からの視点だけでなく、これまで説明してきた産地、産業集積、サプライチェーンといった取引関係における制約も含めてあります。

　コンサルタントは、こうした中小企業経営のメリット、デメリットを十分理解し、関連する課題解決においては、デメリットを抑えながらメリットの活用を図ることを優先し、デメリットを強調したステレオタイプの解決策を押し付けることのないようにしてほしいと思います。

（2）経営の実情

　こうした特有さを持つ中小企業経営の実情について、筆者は**図表28**のように理解しています。つまり、①中小企業経営に求められる機能的要素[46]は基本的に大企業と同じであるが、業務の種類や量は少ないこと（図の内枠）、②実施されている状況は要素間でばらつきが大きいこと（要素2、4）、③求められる機能が全く行われていない場合があること（要素6）です。こうした実情のため、中小企業の経営者の多くは経営に求められる機能をすべて理解しているわけではなく、また、行っていたとしても他社の経営実践を知らないため、それが十分かどうか、大企業との差がどのようなものかはわからないのです。中小企業の経営者には、こうしたバイアス（得られる情報が偏っていることによる認識の歪みのこと）があるため、自社経営の"足る、足らない"について全体像を客観的に理解することは難しいといえます。

---

[46]　ここでいう機能的要素は、一般的な経営管理に必要な機能（人事、労務、生産、販売、財務など）に加えて Mintzberg（1993）の主張する「経営者の10の基本的役割」や末松（1959）の「10の水平的機能と5の垂直機能」を実践するために必要な業務や経営資源などを概念的に表したものです（「第4章　0.経営承継の捉え方」参照）。

図表 28　中小企業経営の実情

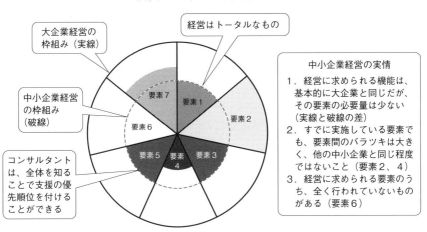

（注）色付き部分が行われている要素の量

　さらに、後継者の経営実践は、良くも悪くも先代の実践が基準となり、先代経営がうまく行っている場合はその影響がさらに大きくなります。後継者の多くは経営者能力があるために経営者、代表者になったわけでもなく、大企業の経営者のように一定の経験を積んだのちに経営を行っていくわけでもないからです。後継者は、そうした実態や前述したバイアスの中でさまざまな課題に直面し、コンサルタントにアドバイスを求めますが、それがどんな課題か、何が要因かについて後継者自身もわからない場合があるといえます。

　コンサルタントは、経営者からの意見や情報をもとに支援企業の課題について判断することになりますが、その内容にはこうした実情の影響を受けていることを理解しておく必要があります。しかも、属人的な中小企業では、個人個人の能力に依存した実務が行われ、企業ごとに経営者や従業員に求められる職務も能力も同じではないため、同じ経営課題に対して、同じ解決策が別の企業にも適用できるかどうかはわかりません。コンサルタントは、企業の実態を十分調査したうえで後継者の抱える課題を再評価し、具体的な課題を明確にしてコンサルティングをしなければなりません。後継者から依頼された解決策を実

施するだけでは、不十分な場合が多いのです。例えば、よく中小企業の課題となる原価計算の導入については、その前提となる簿記や仕訳の正確さはもちろん、生産管理や予算管理の業務がどの程度実際に行われているかを評価しなければ、それこそ原価は“絵に描いた餅”になり、その導入が却ってコストアップにつながってしまう恐れがあります。

　では、具体的なコンサルティングに進みましょう。ここでは、「組織デザイン・業務設計」、「経営革新（改善）」の２例を挙げ、筆者の支援実践とそこで採用している理論や考え方を中心に実際の支援事例の内容を交えながら紹介していきます。筆者の実践をもとに説明するため、支援事例がメーカーに偏ることになりますがあらかじめご了承願います。

1 組織デザイン・業務設計への支援

　筆者が後継者から依頼された組織デザイン・業務設計への支援（以下、組織化支援といいます）の具体的な目的は、事業承継や組織拡大を契機とした「No.2 をつくりたい」、「若手登用をしたい」、「特定の人への業務の偏りを直したい」などでした。多くの後継者は、自身の企業運営を目指して、事業承継後に新しい組織の確立や業務の変更を模索します。しかし、中小企業の組織デザインや業務設計についてのアカデミックな研究は、あまり多くはありません。例えば、山中（2019）は英国中小企業における創造的活動と組織デザインについて調査し、組織化とマネジメントは漸進的に展開しており「組織デザインを動態的な継続的なプロセスあるいは一連の組織化行為の連続的な流れとして理解するような視点が重要」としていますが（p.13）、単一の中小企業についての事例研究であることから継続的な調査の必要性を論じています。

　なお、事業承継時の後継者の基本的な組織作りのニーズについては、第４章の「4. 後継者による組織のマネジメント」を、事業承継時の組織変革の進め方については、第５章の「3. 企業文化、従業員さんとの関係性の承継」を参照してください。本節では筆者の主宰する経営塾での支援事例とその事例発表の際

に参加者と議論した内容、筆者の考え方などを中心に説明を進めていきます。

（1）基本的な考え方

　経営学における組織論的な考え方では、「組織を構成する要素は人間そのものではなく、人間が提供する活動や力」であり、「個人と活動を区別することが、最も本質的な点である」とされ（桑田・田尾 2010、p.20）、組織を構成する個人の属性とは無関係に、部署の業務の定義や業務処理の流れ、他の業務や部署との連携といった組織・業務設計を行えばよいことになります。しかし、中小企業の場合はそうはいきません。何度も述べているように、大企業に比べて小規模な中小企業では、一人ひとりの属人性が重要な経営要素であり、組織・業務設計においても、個人を中心に構築する必要があるからです。

　ここでは、まず筆者が支援で前提としている組織デザインや業務設計の基準となる組織運営の姿を紹介し、コンサルタントは、どのような姿を思い浮かべて組織化支援をするか、どんな支援要素があるかを説明した後、実際のコンサルティング事例について紹介していきます。

① 組織構造は官僚制組織が前提

　組織構造として、誰もが思い浮かべるのが官僚制システムと呼ばれるピラミッド構造と思います。筆者も支援において組織図を提案する際には、このピラミッド型の組織構造を前提にします。ドイツの政治・経済学者であるマックス・ウェーバーが理論化したこの官僚制は、規模の大きい組織や集団を合理的に管理、運営ができるシステムとして、以下の 12 の特徴を持つとされています。そのため、コンサルタントはこの特徴をよく理解し、支援企業の規模が大きくなるにつれ、この特徴の中で欠けていたり、十分ではなかったりする特徴を見つけて、その改善を支援していくことが合理的です。ただし、小規模な企業では、しっかりとしたピラミッド型ではなく階層の少ないフラットな構造になりますが、管理・監督者の兼任を前提とすれば、組織化における考え方は同様で良いと思います。また、次々項③の中小企業の組織化における筆者の考え方と対比していただくと、中小企業支援における留意点がより明確になると思

います。

【官僚制システムの特徴】

a. 規則による規律の原則

すべての組織メンバーの業務が、公に確立された規則や手続きによって行われること。

b. 明確な権限の原則

業務は規則によって定められた明確な権限の範囲内で行われていること。

c. 明確な階層性構造の原則

組織は階層性構造（ヒエラルキー）を持ち、指揮命令系統が確立されていること。

d. 経営資材の公私分離原則

組織の所有物とメンバーの私有物とは完全に区別されていること。

e. 官職占有排除の原則

特定人による職位の占有や世襲制を認めないこと。

f. 文書主義の原則

ミスや誤解が生じないように、決定、処分、指令はすべて文書の形で表示され、記録、保存されること。

g. 任命制の原則

管理者、上級者などは任命されたメンバーから構成され、権限が明確であること。

h. 契約制の原則

メンバーの身分は契約によって生じ、規則に定められた職務に関してのみ上級者の命令に服すること。

i. 資格任用制の原則

メンバーの採用は、世襲などではなく試験や一定の資格の有無に基づいてなされること。

j. 貨幣定額俸給制の原則

　労働の対価は、定額の貨幣で受け取ることができること。

k. 専業性の原則

　メンバーはその業務に専念すること。

l. 規律ある昇任制の原則

　メンバーの昇給、昇格は、在職年数や業務成績によって行われること。

② 企業運営は品質 ISO の枠組みを基本

　組織化支援においては、前項の組織構造だけでなく、業務設計の基準となる企業運営の枠組みをどうするかが課題となります。筆者は、製造業の企業運営の範型として ISO9001（以下、品質 ISO といいます）の PDCA サイクルを規範としたマネジメントシステムが適していると考えています。その理由は、筆者自身が実際の事業承継時の企業運営の仕組み作りで、このマネジメントシステムに準拠して実際に組織体制や業務設計を行った経験を持っていることと、筆者が主に支援している製造業では品質 ISO の認証取得を目指す企業が多く、現実の経営管理と ISO の要求事項の一体化が必要となる場面が多いからです。また、ISO で求められている PDCA サイクルは、第 4 章でも登場したアンリ・ファヨールが唱えた経営における POCCC サイクルをもとに作られたといわれており、もともと企業運営には適用しやすいといえます。図表 29 に、品質 ISO の PDCA サイクルで区分した章立てと POCCC サイクルの内容を対比し、各プロセスで行う管理活動や日常業務について記載しておきました。

　品質 ISO のマネジメントシステムは、「製品・サービスの品質を継続的に改善する仕組み」ですが、「製品・サービスの品質」を「経営の品質」に読み替えれば、規格要求事項はほぼそのまま業務設計に活用することができます。濱川（2004）では、「ISO 規格を最も有効に活用した企業群は、①ワンマン創業者から事業を承継した 2 代目の若手経営者、②固有技術力やサービスで成長した企業を次の成長に備えて管理体制を整備しようと試みた経営者、等であった」としており（p.118）、後継者の組織化支援に適していることがわかります。

　コンサルタントの皆さんには、前項による組織デザインと並行して、こうし

図表 29　PDCA サイクルと POCCC サイクルの対比

ISO9001 の PDCA サイクルと対応する規格要求事項		ファヨールの 5 つの経営管理要素と対応する業務内容		
Plan (計画)	4　組織の状況 　4.1　組織及びその状況の理解 　4.2　利害関係者のニーズ及び期待の理解 　4.3　品質マネジメントシステムの適用範囲の決定 　4.4　品質マネジメントシステム及びそのプロセス 5　リーダーシップ 　5.1　リーダーシップ及びコミットメント 　5.2　方針 　5.3　組織の役割、責任及び権限	計画	意味	経営は予測することであり、将来を予測し、それに備えた良い活動計画を立てる
			業務内容	・経営環境の分析 ・経営方針や経営目標の立案 ・中・長期経営計画の策定 ・KPI の設定
	6　計画 　6.1　リスク及び機会への取り組み 　6.2　品質目標及びそれを達成するための計画策定 　6.3　変更の計画 7　支援 　7.1　資源 　7.2　力量 　7.3　認識 　7.4　コミュニケーション 　7.5　文書化した情報	組織化	意味	企業の稼働に有用なものをすべて備えて、企業を社会的組織にする
			業務内容	・予算、投資計画 ・方針展開活動の計画 ・採用計画 ・組織化、人事異動 ・教育・訓練 ・内外のコミュニケーション ・データや文書の管理
Do (実施)	8　運用 　8.1　運用の計画及び管理 　8.2　製品及びサービスに関する要求事項 　8.3　製品及びサービスの設計・開発 　8.4　外部から提供されるプロセス、製品及びサービスの管理 　8.5　製品及びサービスの提供 　8.6　製品及びサービスのリリース 　8.7　不適合なアウトプットの管理	指令	意味	一定の個人的資質と管理の一般原則に基づき、組織を機能させる
			業務内容	・日々の業務プロセスの設計 ・製品やサービスの設計・開発 ・購買、仕入れ業務 ・購買先、仕入先管理 ・製品やサービスの品質の保証 ・物流、運搬、アフターケア ・不具合問題への対応
Check (チェック)	9　パフォーマンス評価 　9.1　監視、測定、分析及び評価 　9.2　内部監査 　9.3　マネジメントレビュー	調整	意味	企業の活動が成功するように、組織の大きさや活動を調和させる
			業務内容	・部門間調整 ・情報共有 ・KPI の監視
Act (処置・改善)	10　改善 　10.1　改善 　10.2　不適合及び是正処置 　10.3　継続的改善	統制	意味	すべてのことが、計画、命令、原則に従って行われていることを確かめる
			業務内容	・各種活動計画や予算の見直し ・次年度へのフィードバック ・予算管理

出典：筆者作成。ISO9001 の章立ては 2015 年版、ファヨールの POCCC（5 つの経営管理要素）の意味については岡田（2011、pp.43-46）を参照し、対応する「業務内容」については筆者による。

た考え方をもとに各部署の業務内容や責任、権限、管理方法や管理サイクル（管理データの取得から管理者が必要なアクションをとるまでの時間）などを検討されるとよいと思います。品質 ISO の規格要求事項やその解説と前項の「官僚制システムの特徴」を対比しながら読んでいただくと、さらに具体的な内容の検討に役立つものと思います。

③ コンサルティングにおける留意事項

　これまで述べてきたように、組織デザインや業務の見直しは、事業承継後の後継者の経営において避けては通れないものです。しかし、大企業とは異なり、多くの中小企業では専門的な知識を持つ人は少なく、経営者以外に適当な管理者や部署責任者がいないのが実情です。そのため、とりわけ規模拡大に伴う組織化支援等においては、まず管理者、技術者を育成しながら、効率的に現状の責任者の業務を見直していくことが基本になります。

　コンサルタントは、中小企業は、"人"が中心であること肝に銘じ、従業員さんの肩書や責任だけでなく、組織や部署の名称や責任・権限までも、"人"が替わるたびに柔軟に対応させる必要があります。ただし、兼任の場合の責任や権限、内部牽制はどうするのかといった点は十分検討する必要があります。

　筆者は、以下の制約や手順に留意しながら組織化支援の具体策を構築しています。なお、1）から4）までは、事業承継時の組織変革において説明した4つの「組織改編の原則」（第4章4.（1））と重複しています。

【組織化の原則】

1）組織化は兼任から

　中小企業の組織化においては、組織の"あるべき姿"に応じた従業員さん、管理者、部署責任者を確保することにこだわるのではなく、組織を構成する人の業務や責任を明確にし、さまざまな役割を持つ人材の兼任による組織化を前提とします。組織作りにおいては、すべての業務が1人工の仕事になっているわけではないため、業務の範囲や部署の名称に関わりなく、その人の1人工となるように業務を決めることが大切です。

2) ムダな管理は行わない

　大企業を前提とした考え方で組織的な管理を行おうとすると、管理のためのデータ取りや報告書の作成など求めがちになります。しかし、中小企業はデータが発生している場所を直接視ることができるため、データや紙ではなく、現地、現物で直接管理し、後述する見える化などによって、情報を共有するほうが効率的です。筆者は、管理の三悪は、活用しないのに「データや情報のまとめなどを作成させる」、「一定期間ごと（月、週）に報告させる」ことと、「管理結果に基づいたアクションをとらない」ことであると説明し、ムダな管理を絶対に行わないようにお願いしています。

3) 本源的業務以外の部署は、すべて本源的業務を支援する役割を基本にする

　事業領域の狭い中小企業の付加価値は、主にその企業の本源的業務から生み出されています。そのため、規模の小さい企業では、本源的業務を行う部署以外のすべての部署の目的は、その付加価値の最大化を支援することが本質的な役割であるはずです。本源的業務を行う部署以外の組織化は、本源的業務を行う部署への支援を中心に設計することが重要です。特に同族経営の場合は、経営や事務に同族関係者が集中することが多く、それ以外の部署が軽んじられる傾向になりがちのため要注意です。

4) 責任者、管理者は今いる人から選ぶ

　大企業とは異なり、中小企業の従業員の中には管理者や責任者になることを嫌がる人がいます。また、実務はできても、管理ができるか不安な人もいます。しかし、それは経営者がそれまで従業員に行ってきた教育や動機付けの結果でもあり、部署の責任者、管理者の選任においては多少の不足があっても今いる人から人選し、育てなければなりません。企業規模の拡大が急速に続いている場合は、外部からの招聘者で管理職を補うこともやむを得ませんが、プロパーの社員から責任者や管理者、技術者などを育成する仕組みを作らなければ、後継者の望む組織はいつまでも作ることはできないのです。

5）業務内容は下から決める

　組織の業務設計は、末端の従業員さんから決めていく必要があります。従業員さんの実務のレベルが変わらないと、管理者、監督者の業務内容や管理レベルが上がらないからです。例えば、製造業では、グローバル化、機械化、自動化が進む中で、いつまでも古い作業者像や業務のやり方を維持したままでは、経営者や部署責任者の管理能力を向上させることは難しいと思います。

6）従業員にも経営参加を促す

　何度も繰り返しますが、中小企業は属人的企業です。従業員さん一人ひとりが重要な経営資源であり、経営を支えてくれる大事な仲間です。従業員さんを信頼し、従業員さんとともに企業が発展できるように、多くの機会で経営への参加を促すことが必要です。

7）管理は困り事の解決手段

　企業が管理するデータは、品質、生産性、財務などさまざまですが、多くの管理データは企業の抱える課題や問題を表すものであり、管理の目的はそこに表れている会社や従業員さんの困り事の解決であるはずです。特に中小企業では、従業員さんが実務で抱える困り事の解決が経営結果に直結します。そのため、管理するデータには、困り事が発生した場合に管理者の行うべきアクション基準が定められ、実際に行われなければ意味がありません。

8）見える化、共有化が管理の基本

　経営と現場が近い中小企業では、管理のサイクルを短くし、課題に早く対応することができます。ただし、そのためには、業務の結果が日々見える化され、共有化されることが必要です。中小企業の課題の多くは日々現場で発生しているのであり、迅速な対応が成果に直結します。

（2）支援手順

　具体的な支援は、以下の手順に沿って進めていきます。支援策の立案には、この手順の一部を繰り返す場合が多いため、事前に後継者と十分に話し合いを

進めながら、計画的に行うことが大切です。

① 組織化の目的と課題を明確にする

　前述したように、筆者が依頼された支援の具体的な目的は「No.2 をつくりたい」、「若手登用をしたい」、「特定の人への業務の偏りを直したい」というものでしたが、この目的には、その背景となるいくつかの課題がありました。例えば、「No.2 をつくりたい」という後継者の場合には、売上を増やすためにトップ営業に出たいが、後継者の代わりに「見積もりができる人がいない」、「留守の間に仕事を差配する人がいない」ということが背景にありました。その事例では、後継者が実施している見積もり作成、生産の優先順位の決定、パートさんの扱いといった業務を No.2 になってほしい人に行ってもらう必要があります。もちろん、その人も日々の業務を持っていますから、その業務を誰に行ってもらうかも問題です。さらに、経営者がいないことで内部統制が緩むことも考えられます。中小企業は人員的な制約の中で、多くの業務を経営者や特定の個人に依存しています。そのため、組織構造や業務内容を変えることは、幅広い教育や業務の生産性を向上させる必要がある場合が多く、決して簡単ではありません。

　また、組織の見直しに関する支援は、比較的規模の大きい中小企業の後継者から依頼される場合が多いと思いますが、その背景にも規模の拡大によって生じやすい問題が隠れている場合があります。筆者は、主宰しているメーカー向けの経営塾で、以下の問題を規模の拡大に伴う代表的な課題として取り上げました。コンサルタントは、こうした支援依頼の背景にある課題を掘り下げて理解する必要があります。

【規模の拡大に伴う組織的な課題の例】

a. 業務の効率が悪くなる

　　人が増えたにもかかわらず、仕事のやり方が担当者の属性や能力によって行われ続けることで、その個人の能力がボトルネック（全体の能力や速度を規定してしまう部分）となり、組織全体の業務の流れが悪くなって業

務効率が低下します。

b.　業務の空白部分（ポテンヒット）が生じるようになる

人数が増えていく過程で責任と権限が曖昧になり、各担当、各部署の意思疎通が悪くなることで、“誰も手を付けない”業務が生じてしまいます。特に経営者が苦手な分野は、目が行き届きにくく、そうした状態になっている可能性があります。

c.　改善が進まなくなる

文書的な基準がなく、個人的判断が仕事の標準となっている場合には、古くからいる人の仕事の進め方に問題があっても新人は課題を指摘することができず、業務の改善を進めることができません。

d.　中間管理職が必要になる

従業員さんが増えると、経営者だけでは管理することができず、階層による管理のほうが効率的になるため、ある程度の規模になると中間管理職が必要になります。管理職の育成が必要ですが、中小企業ではなかなかその時間が取れないのが実情です。

e.　経営者の仕事が曖昧になる

支援に伺って、最も感じるのがこの点です。規模が大きくなることで、経営者がそれまで行ってきたことを他の人ができるようになります。経営者の仕事が少なくなり、結果として企業外の活動—私的団体での奉仕活動、商工会議所や業界団体での活動など—が増えてしまいます。新しい情報の入手や経営者の学習には外部との交流は欠かせませんが、経営者の仕事が曖昧になって、その生産性が著しく低下します。

②　個人の業務を調査する

筆者は、支援着手の最初に、中心的な従業員（10人程度であれば全員）の業務を日、週、月、年に分けて調査します。業務の名称や内容は企業によって異なり、さまざまな業務が兼任で行われているため、個人個人が実際に何を行っているかを明らかにする必要があるからです。調査回答の中には、専門的な単語が使用される場合もあるため、必要に応じて業務を実際に見学したり、

ヒヤリング調査も併せて実施したりします。

　図表30は、「工場業務の偏りを直したい」という目的で支援を依頼された企業（A社）の調査結果をまとめたものです。班長さんに業務が偏っていることがわかります。この理由は、班長さんがA社の主力製品の生産を立ち上がりから個人的に担ってきたためです。次の③項では、A社での支援活動を

図表30　A社での業務調査結果

区分	業務内容等	頻度	作業者	班長	課長
通常作業	設備の立ち上げ確認、作業者の仕掛確認、製品確認	1／日			○
通常作業	1号機段取り	適宜	○	○	
通常作業	1号機成形	終日	○	○	
通常作業	2号機段取り	適宜		○	
通常作業	2号機成形	終日	○	○	
通常作業	2号機成形補助	適宜		○	
通常作業	仕上げ作業	終日		○	○
通常作業	成形機補助（昼）	1／日		○	
通常作業	歩留表入力	適宜	○	○	
通常作業	梱包作業（1号機試作、カット依頼品）	適宜		○	
通常作業	パレット用クロス紙張替作業	適宜		○	
通常作業	原料ブレンド作業（1,2号機）	適宜		○	○
通常作業	パレットカバー掛け（支社出荷分、滞留分）	1／日		○	
通常作業	機械停止	1／日			○
検査作業	初品検査（2号機成形、仕上げ）	適宜		○	
検査作業	中間検査（2号機成形品に限定）	適宜		○	
検査作業	0号機原料テスト	1／月			○
ロジ作業	納品書発行	1／日		○	
ロジ作業	出荷準備（工場内製品並び替え含む）	1／日		○	
ロジ作業	入出荷対応（製品、原料）	都度		○	
メンテナンス作業	設備改修（設計、組立、試運転、治具）	都度		○	
メンテナンス作業	設備追加（設計、組立、試運転、治具）	都度		○	
メンテナンス作業	設備修繕（電気、設備）	都度		○	
メンテナンス作業	油、ベルト、グリスチェック	2／年			○
メンテナンス作業	水槽掃除	8月			○
メンテナンス作業	コンプレッサー水抜き等	1／月末			○

参考にしながら具体的な組織化の支援内容を説明していきます。

③ 業務を再配分する

　調査結果がまとまったら、その結果をもとに個々の社員間（水平方向）や一般社員と管理・監督者（垂直方向）から業務分担を見直して、各業務を再配分します。こうした業務プロセスの改善や新たな業務プロセスの導入については、ビジネスプロセス管理（Business Process Management：BPM）やビジネスプロセス・リエンジニアリング（Business Process Re-engineering：BPR）という分野で研究が進められています。例えば、李・長坂・松本（2014）は、滞留ロス、効率ロス、組織ロスという3つのプロセス・ロス[47]を挙げ、「基幹部門間の時間情報共有による滞留ロス（情報障害）の削除」、「基幹部門の価値情報の提供による効率ロス（管理障害）の削除」、「支援部門の管理情報の提供による組織ロス（構造障害）の削除」、「継続的なプロセス情報の提供による業績改善（最適化障害）の削除」という4つの段階でビジネスプロセスを構築していくことを主張しています。

　コンサルタントには、こうした理論やツールへの理解とともに、支援企業の業務に対する専門性が求められることになるため、単独での支援が難しい場合は、他のコンサルタントとの協業を検討する必要があります。

　事例のA社では、調査結果を生産、保全、物流、その他に分けて整理し、後継者と話し合いながら、業務を再配分しました。**図表31**は再配分後の業務分担（生産業務のみ）を示しています。結果として、作業者の負担は増えましたが、課題となっていた班長さんの負担はかなり減少しました。

　なお、ビジネスプロセス管理には、次項④の管理体系の再構築までが含まれます。コンサルタントが、調査結果からどのように業務を再配分し、どのようにその活動を進めていくかについては、後継者の考え方や支援企業の業務内容

47　李・長坂・松本（2014）によれば、「滞留ロス」とは需要と生産使用と調達の間の情報障害により発生するロスであり、「効率ロス」は業務や工程内・間の管理不在から生じる管理障害により発生するロス、「組織ロス」は複雑な意思決定構造から生じる構造障害により発生するロスであるとしています（p.91）。

図表31　A社での業務再配分結果

業務	担当	区分	業務内容等	頻度	旧担当 作業者	旧担当 班長	旧担当 課長
生産	作業者	通常作業	設備の立ち上げ確認、作業者の仕掛確認、製品確認	1／日			○
		検査作業	初品検査	適宜		○	
		通常作業	1号機段取り	適宜	○	○	
		通常作業	2号機段取り	適宜	○	○	
		通常作業	1号機成形	終日	○	○	
		通常作業	2号機成形	終日	○	○	
		検査作業	中間検査	適宜		○	
		通常作業	仕上げ作業	終日		○	○
		通常作業	梱包作業	適宜		○	
		通常作業	原料ブレンド作業（1,2号機）	適宜		○	○
		通常作業	機械停止	1／日			○
		通常作業	歩留表入力	適宜	○	○	
		通常作業	パレットカバー掛け（滞留分）	1／日		○	
		その他作業	シリコン塗布等の2次作業	適宜		○	
		管理作業	原料在庫棚卸し	1／月末		○	
		管理作業	各種チェックシート確認、取り換え	1／月末		○	
		管理作業	タイマー切り替え確認	2／週、4／年			○
	管理者	通常作業	2号機成形補助	適宜		○	
		通常作業	成形機補助（昼）	1／日		○	
		通常作業	パレット用クロス紙張替作業	適宜		○	
		その他作業	パレット用ナンバリング作業	適宜		○	
		管理作業	成形データのとりまとめ	1／月		○	
		検査作業	原料テスト	1／月			○
		その他作業	試作品作りへの対応	適宜			○
	全員	その他作業	原料粉砕作業	適宜		○	
		その他作業	床材補修作業	1／年		○	
		その他作業	サンプル試作品、持ち込み品等のカット処分	適宜		○	
		その他作業	外部清掃（外周りの落ち葉、雑草等）	1／月		○	
		その他作業	創意工夫改善作業	適宜			○

や従業員さんの数などもとに、後継者と話し合いながら決めていくことになります。

④ 管理するデータを決め、管理体系を構築する

組織デザインや業務設計に加えて、経営者や各部署で管理するデータの種類や内容やサンプリングの頻度、回覧経路、管理するデータの結果に基づいて各管理者、経営者がアクションをとるべき基準などを決めていく必要があります。一般的に、こうした管理体系の規範は大企業の技術や管理を基準としているため、そのまま中小企業で実施することが効果的、効率的かどうかは、支援企業の規模の大きさによることになります。例えば、サプライチェーン下の中小企業では、発注元である大企業から品質管理に関するデータの提出や製品管理を要求されますが、それは大企業の社内管理体制—品質管理体制だけではなく、管理・監督者、検査、保全、生産管理といった生産支援部署の人員配置や専門性—を基準としているものであるため、同様の管理を中小企業で行うことが前提になります。しかし、中小企業では、「やるべきことは分かれていても、担当する人は同じ」である場合が多く、管理に割ける時間も多くはありません。筆者は、メーカー経営者には"データでものを言う"ことを推奨していますが、一部の企業ではデータがただ保管されているだけで、経営者も管理・監督者も見ていない場合をよく見掛けます。

コンサルタントは、支援企業が効率的、効果的な管理を行うために個々の企業にマッチした管理体系を提案する必要があります。具体的な提案としては、取得するデータに加え、使用する帳票類の流れ、回覧者、対応する管理・監督者のリアクション（データの管理基準によって実施する活動やコミュニケーションのこと）の明確化、管理の見える化や管理サイクルの短縮などになります。筆者は、以下の方針に沿って、管理するデータや管理体制の構築を支援しています。

【管理体系の構築方針】

1）データは経営と結びつける

　中小企業内で管理されるデータは、基本的に経営と直結しているべきです。つまり、経営者の定めたKPI（重要業績評価指標）に関連する情報や業務の品質や生産性に関するデータの管理は、教育、訓練の計画や設備の仕様変更などを通じて、人的資源管理や投資判断と結びついていることが重要であり、経営者は「何を、どんなデータで判断するか」をあらかじめ決めておく必要があります。

2）活用しないデータは取らない

　データを取得するには、費用も労力も掛かっています。それに見合うような活用や効果が得られなければ、経営を圧迫するだけでなく、データを取得している人のやる気も失わせてしまうことになります。特にサプライチェーンの企業においては、顧客の要求で始めたデータ取りが活用されないまま続いている状況をよく見掛けます。

3）比較できるように継続してデータを取る

　データを上手に活用するためには、ある期間や製品といった区分で、継続して比較できることが重要です。データの取り方を途中で変更したり、止めてしまったりしてはデータの価値が失われてしまいます。どんなデータをいつ、どのように取得するかなど、データ取得の継続性を事前に十分検討する必要があります。

4）データは統計的、科学的に活用する

　IT技術の発展によって、工程能力や生産性などを分析することが容易になってきています。また、データを表やグラフ、図などで表し、誰の目にも理解しやすい形に変えることで、改善を進めたり、不良や故障の未然防止に役立てたりすることもできます。パソコンの統計ソフトやQC7つ道具は、データの管理、活用の必需品です。

5）データでものを言う

　特に、もの作りに関わる人は、実際に得られたデータには従順であるべき

です。"○○のはずだ"や、"○○に決まっている"などの経験に基づく見方、考え方は、データの活用を妨げるだけでなく、組織内部のコミュニケーションや改善力を弱め、企業の競争力や技術の進歩を遅らせることにつながります。

さらに、筆者は、経営者が定めた目標の管理については、必ず経営者が行わなければならないことを説明し、効率的、効果的な管理を行うために以下の点に留意することも併せてお願いしています。②項で挙げた事例企業のA社の課題の背景にも、目標管理に関する経営者と現場とのコミュニケーション不足が隠れていました。

【経営者による目標管理】

1）経営者がやりたいことを社員と共有する

経営者のやりたいことを実践するのは従業員さんです。経営者は、やりたいことを積極的に発信し、目標や管理の目的、内容を明らかにして、従業員の皆さんと管理の意図を共有してもらう必要があります。そうした基盤に基づいて、各部署、各人が必要な管理を行うほうが効率的であり、経営者の管理の負担も減らすことにつながります。

2）重点指向し、管理サイクルを短縮する

さまざまな指標やデータを管理しても、その変化に対してアクションが伴わなければ、管理する意味はありません。とはいえ、すべての変化に一度に対応できるわけでもありません。経営者は、具体的なアクションができる項目を絞り込み（重点指向）、効果的、効率的な管理を行うとともに、管理のサイクルを短くして迅速に対応できるようにすることが必要です。

3）常に進捗管理を行い、支援を申し出る

日々の業務や方針展開活動などの目標管理において経営者が行うことは、従業員さんや部署責任者との直接的なコミュニケーションによる進捗管理と支援の提供が中心となります。目標が達成できるように、その阻害要因や支

援内容を聞き取り、迅速な支援を実施することが必要です。

　なお、A 社では、支援手順の①、②項の実施後に、以下の活動計画を提案して支援活動を進めていきました。参考までに紹介しておきます。

【A 社での支援内容】

1）作業者の業務の明確化

　業務再配分結果に基づいて作業者、管理者の業務を区分した後に、作業者の日々の業務を「仕掛」、「通常」、「終り」作業に区分して、実施のサイクルを明確にしました。また、管理すべきデータを入力（あるいは見える化）するための「作業者日報」の内容、帳票様式の設計を検討しました。

2）管理者の業務の明確化

　管理者の業務については、今後に作業者教育を行うことを前提に、現時点ではなく将来のあるべき姿から検討を進めました。また、日次以外にも長期休暇明けの設備点検、棚卸し、設備清掃など、週次、月次（年次）の業務を取り決めました。

3）品質、生産性の管理項目の見直し

　品質については、製品寸法のほか、製品ごとの標準加工条件を設定して管理していくこと、生産性については、時間当たりの製品出来高、段取り時間等の管理を可能とすることとし、「工作標準書」や「作業日報（出来高用）」の作成を検討していきました。

4）業務標準作り、教育体制の整備

　今回の活動で定められた作業者業務の星取表を作成し、動画による作業要領を逐次作成していただくことを計画し、実施していただきました。なお、その際には熟練者などの模範作業ができる方に作業をお願いし、技能の承継や作業の標準化を併せて進めていきました。

⑤ 経営者の業務をルーティン化する

　組織化支援の最後の課題は、経営者業務の確立です。これまで何度も述べてきたように、多くの中小企業経営者は、プレーイングマネジャーとして自分が担当する業務を持ち、また、企業規模が小さいために従業員さんとの意思疎通や情報共有も容易です。つまり、大企業の経営者と異なり、組織の代表を務めたり、意思決定を行ったりする機会はそれほど多いわけではないため、経営者としての仕事が何なのかということがはっきりしていません。実際、筆者の主宰している経営塾の最初のテーマは「経営者の仕事とは何か」というものでした。そのため、組織化支援においては、新しい組織のもとで後継者が実践すべき業務を明確にして、確実に実施してもらう必要があります。

　ただし、コンサルタントが一般的に学ぶ経営者業務は、前述したように大企業の経営者の実践を基準としているため、そうした知識をもとに経営者の仕事を規定しても、中小企業経営者にはピンとこないのが実情です。代表的な事例は、財務データによる管理です。筆者は、財務諸表による管理ほど、中小企業と大企業の差があるものはないと思っています。もちろん、中小企業とはいっても管理会計は必要です。しかし、中小企業の経営者は、従業員さん全員を知り、その実務も現場の状況も日々直接視ており、資金繰りも自分で行う場合がほとんどです。わざわざ、経営状況を金額ベースで集計をして、分析をして、改善点を後から見出すより、早く、確実に、現地、現物で、経営悪化の要因や課題、改善点を直接知ることができるのです。大企業では、経営者が全体の運営状況や経営悪化の要因等のすべてを直接現場で見ることができず、財務分析によって課題の発見や集約を図ることが効率的、効果的だからそうするのです。中小企業の経営管理では、いかに現場管理を生産管理、財務管理、人事管理などの経営管理につなげるか、つまり、経営結果ではなく、それをもたらす要因を現場で直接管理することが重要であると思っています。

　また、筆者は、メーカー経営者の時代に「経営者の行うことは収入を増やすか、支出を減らすかのいずれかしかなく、好景気でも不景気でもやることは変わらない」と考えていました。特に、経営が順調の時こそ、そうした努力が

必要であり、ピンチになってからは採れる手段が限られることも経験しています。しかし、筆者の周りで経営に苦しんでいる経営者は、自分が担当する経営以外の実務はしっかり行いますが、"経営者"として売上を増やすことや経費を減らすことを日々行っているとは感じられませんでした。また、そうした経営者ほど、好景気の時に社外のボランティア活動や公職に携わり、過度な接待や交際を行うなど、経営者の仕事を忘れているとしか思えない行動をする印象がありました。筆者には、中小企業の経営者には業務に関する自由度や裁量権がありすぎると感じます。

　そのため、筆者の支援先の経営者には、日々具体的に何を管理し、何を実践するかを明確に決め、それを基盤としていわゆる"経営者"として週次、月次、年次に行う業務を計画する（経営のルーティン化といいます）ように勧めています。筆者は、職人さんやスポーツ選手と同様に、経営者も繰り返し実践を行うことで経営能力を高めていくものであり、特に管理経験の少ない中小企業の後継者は、具体的な管理項目やアクションを決めて実践する必要があると考えています。中小企業の経営者は、中小企業であることの利点を生かし、現場での経営管理を実践し、管理のサイクルを早く回して日々PDCAを繰り返すとともに、自らの経営業務を繰り返し実践して、経営者としての能力や生産性を高めていくことが必要なのです。

　図表32は、メーカー経営者時代の筆者と社長である義兄の一日の標準的な業務で、私たちは毎日このスケジュールを繰り返し、そうした日々の業務を基盤に経営者としての意思決定や組織の代表としての業務—例えば、年度方針の策定、トップ営業、定期的な顧客の受け入れ、決算など—を週や月の計画に加えていました。そのため、2人とも日々の時間的な余裕は全くなく、アポのない人に会うことや平日に会社を休むことは余程の理由がないとできませんでした。なお、2人で経営を始めた頃にはさまざまな管理を協働で行っていましたが、実質的な経営者が2名だったため、組織規模が200人を超えた頃から分担して管理するようになりました。中小企業では、組織の規模や経営層の実情によって経営者の業務内容、管理内容を見直す努力が欠かせません。

図表32　経営者のルーティン業務の例

【社長】

	月	火	水	木	金
8:00	新聞、回覧物	移動	新聞、回覧物		
9:00	回覧物	A工場との打合せ			
10:00	生産技術との打合せ		B工場との打合せ	生産管理との打合せ	品質保証との打合せ
11:00					
12:00	昼食				
13:00	日締め資料（A工場以外）閲覧				
14:00	郵便物・A工場日締め資料閲覧				
15:00	個別打合せ、設備手配準備				回覧物閲覧
16:00					
17:00					

【NO. 2】

	月	火	水	木	金
8:00	郵便物、A工場日締め資料閲覧				
9:00	A工場巡回				
10:00	移動				
11:00	C工場巡回	B工場巡回			
12:00	昼食				
13:00	郵便物閲覧				
14:00	日締め資料閲覧、返却				
15:00	各部署業務標準化・個別問題分析				
16:00					
17:00					

　コンサルタントは、経営実践が少ない後継者には、経営者としての仕事を明確にした上で必要な実践内容を計画し、その実践をルーティン化するように支援していきます。ただし、中小企業経営では、経営者個人の日常業務への貢献が欠かせないため、プレーイングマネジャーとしての後継者の能力を最大限生かせるように、経営実践と日常業務のバランスに配慮したコンサルティングが必要となります。

2　経営革新への支援

　後継者が事業を継続していくためには、さまざまな経営環境の変化に対応していく必要があり、多くの後継者は承継後の経営をどのように進めていくかについて悩み、苦しんでいます。村上・古泉（2010）によれば、小規模企業では、事業を承継した後継経営者の9割近くが経営革新に取り組んでいるとされています（p.1）。中小企業の経営革新については、事業承継が課題となるとともにその重要性が高まってきたため、前節の組織デザイン・業務設計の支援に比べ、多くのアカデミックな研究や公的支援が行われています。ここでは、

コンサルタントが経営革新をどのように捉えていくべきかをまず説明していきます。

　中小企業等経営強化法では、経営革新を「事業者が新事業活動を行うことにより、その経営の相当程度の向上を図ること」とし（第2条第9項）、「新事業活動」として、①新商品の開発又は生産、②新役務の開発又は提供、③商品の新たな生産又は販売の方式の導入、④役務の新たな提供の方式の導入、⑤技術に関する研究開発及びその成果の利用その他の新たな事業活動（第2条第7項）と定義しています。この定義は、著名な経済学者であるシュンペーターのイノベーションの定義—①新製品の開発、②新製法の開発、③新市場の開拓、④新原料市場の開拓、⑤組織の革新、に対応したものであるといえ、経営革新はシュンペーターのイノベーションと同義と捉えられていると思われます。しかし、橘川（2019）は、企業経営におけるイノベーションには、シュンペーター型のブレークスルー・イノベーションだけではなく、既存製品の持続的改善を求めるカーズナー型のインクリメンタル・イノベーションや、既存製品の価値を破壊して全く新しい価値を生み出すクリステンセン型の破壊的イノベーションの3つがあると紹介しています（pp.2-3、なおイノベーションの概念の記述は安部（1995）によります）。

　これまでも述べてきたように、中小企業における経営革新は「一回の失敗が命取りになりかねず、常に『一発必中』を求められ」るため（髙橋2007、p.83）、まずは「失敗の確率が低い漸進的な革新から行わざるを得ず」（神谷2019、p.51）、多くの場合、中小企業の経営革新は、既存製品の持続的改善を求めるカーズナー型のイノベーションを前提としたものにならざるを得ないといえます。中小企業金融公庫（2008）でも、後継者は「先代の事業を転換する一方、いずれの企業においても、先代の事業の中から新たな事業の種（シーズ）を見出している」としています（p.83）。前述の村上・古泉（2010）も経営革新の具体的内容として**図表33**の13項目を挙げ、必ずしも中小企業等経営強化法に定義されたイノベーションだけではないことを示しています（p.5）。

　また、2017年の「事業承継5か年計画」に示されたベンチャー型事業承継

図表33　経営革新の具体的内容

1 新たな事業分野への進出	2 新商品・新サービスの開発・販売
3 新たな顧客層の開拓	4 取引先の選別
5 製品・サービスの新しい生産方法や新しい提供方法の開発	
6 新たな経営理念の確立	7 従業員の経営参加や権限委譲
8 店舗・工場・事務所などの増設・拡張	9 新部門や子会社などの立ち上げ
10 不採算部門などの整理	11 経営幹部の交代
12 社内の情報化の促進	13 その他

出典：村上・古泉（2010）表3より転載

では、「若手後継者が、家業が持つ有形無形の経営資源を最大限に活用し、リスクや障壁に果敢に立ち向かいながら、新規事業、業態転換、新市場開拓など、新たな領域に挑戦することで社会に新たな価値を生み出すこと」[48]と定義されています。筆者の支援経験においても、後継者から支援を依頼される経営革新の具体的な課題は、現事業の継続を前提とした収益性や生産性の向上による経営結果の改善が中心です。そこで、本節における中小企業の経営革新は、『現事業の継続』を前提とすることとし、コンサルタントが経営革新支援を依頼された場合にどのような着眼点やアプローチで経営革新のネタを見つけ、どのように支援を進めていくかについて説明していきます。

　具体的な支援の説明に入る前に、筆者は経営革新の進め方や課題の捉え方について後継者（経営者）にも支援機関側にもバイアスがあるのではないかと感じており、まずその内容を説明しておきます。本章の最初に、中小企業の経営者が持つバイアスについて説明しましたが、そうしたバイアスが経営革新やその課題の捉え方にもあるのです。例えば、多くの公的支援では、後継者自身が経営革新の具体的な内容を決め、それを支援することを前提にしていますが、

48　公益財団法人大阪産業局のホームページより。さらに、一般社団法人ベンチャー型事業承継では、そうした内容に加えて「若手後継者（アトツギ）が地域に根を張り、企業永続のために、小さな挑戦を重ねることこそがベンチャー型事業承継の定義」としています。

実際のコンサルティングでは、成功確率の高い経営革新案や実施手順を支援側が提案することを求められる場合がほとんどです。中小企業の経営者は、売上や利益の減少という結果はわかっていても、その原因や対策を明確に理解しているわけではないのです。また、経営者側の課題の捉え方にも問題があります。例えば、メーカーの支援においては、後継者から「お客さんの原価が厳しい」とか「儲けさせてくれない」といった課題（愚痴？）をよく耳にします。そうした場合には、支援側の機関やコンサルタントは、大企業では当然行われている「予定した原価を維持するための努力」や「あらかじめ定められた管理や標準による生産」といったことがその企業でも当然行われていることを前提にするはずです。しかし、筆者の経験では、多くの中小企業ではそうした前提が成り立っておらず、**図表34**のような原価の大きなバラツキや損失が発生していました。

　つまり、大企業では、一般に許容される程度のバラツキ(**図表34**の（C）)を

図表34　中小企業の実際原価におけるバラツキ

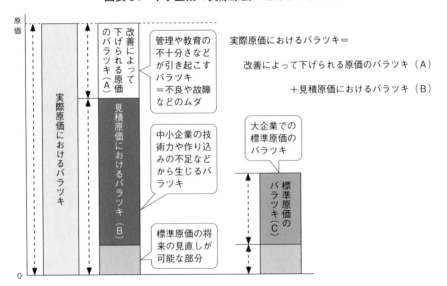

筆者作成

196

前提として標準単価を算出し、それを守る努力が行われていますが、中小企業においてはそうした努力が行われていない場合が多く、支援者側の想定する範囲を超えて、実際原価においてムダな損失やバラツキ（**図表34** の（A）、（B））が発生しており、企業の採算性や競争力を圧迫している可能性があるのです。その理由は、大企業では当たり前の管理、監督や従業員さんへの教育・研修がなされていないために、生産性の低下や不具合の発生といったムダが発生しているからです。もちろん、実際に「材料の値上がり等に対応してくれない」、「無理なコストダウンを要求してくる」ということはありますが、それ以前に自社の生産性や品質の改善をする継続的な努力がされていて当然なはずです。**図表34** でいえば、まず管理の強化や社員教育などによって「改善によって下げられる原価のバラツキ（A）」をなくし、そのうえで設備投資や技術導入により「見積原価におけるバラツキ（B)」を小さくしていくことになります。

　資源的な制約や原価などにおけるバイアス以外にも、コンサルタントが経営革新の提案に慎重にならざるを得ない理由があります。髙橋（2012）は、イノベーションの創出において中小企業が不利な点として、「既存の経営資源による縛り」のほかに「危機意識の欠如と組織的な抵抗が存在する場合」と「学習能力と補完資産による制約」を挙げています（pp.9-10）。また、久保田（2011d）は、先代の影響力の強さが改革にさまざまな困難を生じさせるとし（p.189）、鈴木（2015）も先代が過度に口出しをすると、後継経営者は身動きが取れず、経営革新の取り組みが矮小化しかねないとしています（p.40）。つまり、コンサルタントが経営革新を支援するためには、支援企業内の先代、後継者、従業員さんの状況や考え方、能力を見極めることも必要なのです。なお、それらについては、第4章の「2. 先代の役割の遂行」や第5章の「3. 企業文化、従業員さんとの関係性の承継」などを参照してください。

（1）基本的な進め方

　前述したように、中小企業の内部には、経営結果に重大な影響を与える多くのロス、ムダがあるにもかかわらず、その削減や改善を放置したまま、新規顧

客の開拓や新製品の開発といった外部との取引関係の改善から経営革新に取り組もうとする傾向があります。しかし、筆者の経験では、そうしたすでにある課題を解決できない企業が、顧客にとって魅力ある企業であり続けるとは到底思えません。どんな事業にも常に競争があり、その企業の製品やサービスに絶対的な競争力がない限り、継続的な改善が常に必要だからです。筆者は、中小企業の経営革新は社内や既存製品での改善から始めることが基本であり、継続的な改善の仕組みを創り上げることが、将来にわたって経営革新を続けるための基礎的な条件であると考えています。

　コンサルティングにあたっては、そうした仕組みの改善を目指しながらも、コンサルティングのインプット、アウトプットをしっかり決め、支援効果を数値によって見極めながら進める必要があります。さらに、具体的な数値による効果の確認に加えて、属人性の強い組織では、改善活動がもたらす従業員さんの意識や企業文化への影響、後継者と従業員さんや先代との関係性の変化などにも気を配らなくてはなりません。

　経営革新のネタや具体的な改善点を見出すには、これまでに紹介したISOのPDCAサイクルや経営分析におけるバリューチェーン分析などのほかに、ECRS（イクルス）、ロジックツリー、TPSのなぜなぜ分析やムダの考え方など、さまざまなフレームワークを活用することができます。コンサルタントの皆さんは、どのように課題を発見し、どのように解決するかについて、自分自身の経験や知識に沿った考え方や理論、ツールをあらかじめ準備しておくとよいでしょう。筆者は、メーカー出身ということもあり、TPS、PDCA、ECRS、QC7つ道具などのフレームワークやツールをよく使用しています。ここでは筆者の実践から、TPSのムダの考え方を課題の発見に、ECRSを対策の立案に活用した支援を基本的な進め方として説明していきます。

① 継続的改善は TPS と ECRS で

　トヨタ自動車のホームページによれば、TPSは「ムダの徹底的排除の思想と造り方の合理性を追い求め、生産全般をその思想で貫きシステム化した」ものとされており、「自働化」と「ジャストインタイム」が柱となる考え方で

図表35　TPS のムダと ECRS の考え方

区分	項目	内容
TPSにおけるムダ	加工そのもののムダ	精度、品質に影響しない加工のムダのことで、「二度加工」、「追加工」などが挙げられます。人、お金では、企業の成果に結びつかない"そのもの"のムダとして考えます。
	不良を作るムダ	不良を作ることによる検査、手直し作業や、材料や加工費などのムダのことです。人では失敗ややり直し、お金では価値のない運用や調達を意味することとして定義します。
	作りすぎのムダ	TPS で最も嫌われるムダです。根拠のない見込み生産や過剰な在庫の設定のほか、タクト（タクト＝稼働時間／生産量）のない生産、不良率を見込んだ生産などによって生じます。人では「採用しすぎ」、設備では「買いすぎ」、お金では「借りすぎ」になります。
	運搬のムダ	必要最小限を超える仮置き、積み替え、移し替えなどのムダです。製品の2度持ち、3度持ちや、通箱、保管場所の移動などに表れます。お金では「資金繰りのムダ」として捉えます。
	在庫のムダ	見込み生産によって生じやすい在庫のムダのことです。在庫を持つことで、保管や移動に人やお金が必要になるだけではなく、管理や生産の問題が隠れてしまう恐れがあります。
	動作のムダ	人の歩行、製品の持ち替えなど付加価値を生まない作業のムダで、ムダな歩行や無理な姿勢での作業が挙げられます。お金では「管理のムダ」と捉えます。
	手待ちのムダ	材料等の欠品に加えて、運搬待ち、前工程の加工遅れなどの前後工程との作業時間差、段取りや保全、機械と人の作業のアンマッチなどによって生じる、作業の一時的な待ち状態のことです。設備では「稼働待ち」、人では「育成待ち」、お金では「運用待ち」と見ることができます。
ECRS	Eliminate（排除）	最初に検討するべき視点で、改善対象となっている作業や業務をなくすことができれば効果は大きくなります。
	Combine（結合と分離）	さまざまな業務や作業を集中、統合して、必要な道具やスキルを削減したり、あるいは分離して、業務の類似性を高めて生産性を向上させたりします。
	Rearrange（入替えと代替）	E と C が終わった後に、作業順序、作業場所、担当作業者を見直し、小改善によって業務の再設計を行います。
	Simplify（簡素化）	最後に検討する視点で、作業や業務のあるべき姿を検討して、業務を設計して、導入するのが「簡単にできないか」、「単純化できないか」といった視点です。

出典：「TPS におけるムダ」については大野（1978）より、「ECRS」については日本能率協会コンサルティングのホームページから、筆者がその内容をまとめて作成。

す。TPS における 7 つのムダは、「加工そのもののムダ」、「不良を作るムダ」、「作りすぎのムダ」、「運搬のムダ」、「在庫のムダ」、「動作のムダ」、「手待ちのムダ」というもので、その考え方は、モノ作りだけでなく幅広い業務で活用されています。後述しますが、筆者は「設備」、「人」、「お金」という 3 つの側面でムダの定義を行っています。また、ECRS（イクルス）は、Eliminate（排除）、Combine（結合と分離）、Rearrange（入替えと代替）、Simplify（簡素化）の英語の頭文字を並べたもので、古くから業務改善の手法として幅広く取り入れられている考え方であり、業務改善における順番と視点を示したものであるとされます。日本能率協会コンサルティングのホームページでは、この ECRS の考え方を適用すると、改善の効果が大きく、過剰や過小な改善も避けられ、さらに不要なトラブルも最小になるとしています。これら 2 つの考え方を**図表 35** で簡単に紹介しておきます。なお、TPS におけるムダの内容には、筆者の定義している「人」や「お金」に関するムダの捉え方も併せて記載してあります。

② 課題の見つけ方と対策の立案

伴走的なコンサルティングでは、すべての業務において具体的なムダや課題の発見、実効性のある提案が重要になるため、ここでは筆者が 7 つのムダの観点を援用している「設備・人・お金」に関するムダと ECRS の考え方による対策の例を掲載しておきます。後継者は先代時代から行われてきたことを当たり前としているために、こうしたムダに気がつかないことが多く、コンサルタントは「ムダや課題は必ずある」ことを前提に、自らの判断基準に基づく調査や提案を実施する必要があります。

a. 7 つのムダの視点から見つける改善点

図表 36 に筆者が経験したよく見られるムダの例を参考に記載しておきました。皆さんの考え方と異なる点も多々あり、またメーカー用語が多いため、わかりにくい点もあると思います。皆さんも自分なりにムダを定義しておくと取り組みやすいと思います。

図表36　よく見られるムダの例

No.	ムダの種類	対象	よく見られるムダ
1	加工そのもののムダ	設 備	・精度、品質に影響しない加工、二度加工、追加工 ・詰めきれていない加工条件、暫定工程
		人	・標準のない作業 ・1人工にならない管理職、間接職
		お金	・当座預金の残高 ・接待交際費
2	不良を作るムダ	設 備	・導入後の仕様変更 ・過剰な（不足している）品質・生産能力
		人	・検査、手直し作業 ・常設される全数検査工程、検査員の増員
		お金	・不良品を作るコスト及びその廃却費用 ・ラインストップやクレームに対する補償
3	作りすぎのムダ	設 備	・過剰な生産能力、生産速度（タクトのない生産） ・不良率を見込んだ生産
		人	・次、副、代理の付く役職者 ・事務職、パートさんの半端人工
		お金	・不要な資金の借入れ ・返せない借入金
4	運搬のムダ	設 備	・補給品専用の設備、顧客から貸与された設備 ・生産性や品質の向上などを伴わない移動、移設
		人	・仮置き、積み替え、移し替え作業 ・製品の持ち替え、2度持ち、3度持ち
		お金	・一括返済可能な借入金の分割払い ・必要ない金融機関との取引
5	在庫のムダ	設 備	・使わない設備や治工具、刃具、消耗品等の保管 ・工場消耗品等の発注ロットと使用量のアンマッチ
		人	・使用しないデータの取得、記録、保管 ・アクションのない人への管理帳票回覧
		お金	・工程間在庫に掛かる費用 ・使わない資産、損切りできない資産

		設　備	・刃具の空走時間 ・加工停止時のクーラント排出、搬送装置の稼働
6	動作 のムダ	人	・人、治工具、刃具探し ・無理、危険な作業姿勢
		お金	・過度な資金管理 ・非定期な金融機関への訪問
7	手待ち のムダ	設　備	・運搬待ち、加工待ち、段取り待ち ・設備の入荷から生産開始までの期間
		人	・再教育を必要とする不十分な教育・研修 ・社長の指示待ちなど、不明確な責任と権限
		お金	・長期運用の投資や預金 ・金融機関等からの借入金への依存

筆者作成

b.　ECRS の考え方による対策の立案

　7つのムダの考え方でロスやムダを見つけた後は、ECRS の考え方を用いて対策を検討します。ただし、ここに掲げた対策案や効果の例は、あくまで筆者の実践に基づくものですが、こうして整理しておくと提案が早くできます。なお、**図表 37** にある「日締め」とは、管理サイクルを日次（1日単位）とすることです。

図表 37　ECRS の考え方を用いた対策案の例

区分	対象	対策案の例	対策の主な効果
Eliminate （排除）	設備	レイアウトの変更や遊休設備の廃棄	動線確保（人、モノ）、置場の見直し、工場内空地の確保、5S、多台持ちの実現
		加工条件の見直し	生産性・品質の向上、標準化、暫定工程の廃止、ネック工程の改善
	人	多能工化、兼任化	1人工の確保、大部屋化、ローテーション、応援体制の確保、人の効率化
		大部屋化、部署間の応援体制の構築	管理の削減、人の生産性向上、相互牽制
	お金	預貸の見直しや不要資産処分	効率的な資金運用、本業への投資資金確保、財務健全化
		本業への投資の集約	収益性の向上、専門性・競争力の強化

Combine (結合と分離)	設備	設備投資、一貫生産の構築 （内製化）	企業競争力の維持・向上、収益性の向上、工程間在庫の削減、外注依存度の低減
		加工設備、工程順序、加工順序の変更	生産性・品質の向上、設備仕様の標準化、作業姿勢改善、ムダな加工や作業の削減
	人	見える化、業務分担・権限の見直し	管理の簡素化、管理サイクルの短縮化、社員の経営参画、情報共有
		若手の登用	後継者体制の確立、計画的な育成、専門性（人）の向上、経営者教育
	お金	支払日、締め日の集約	業務負担の軽減、資金運用の効率化、借入金の削減
		長短借入金の入替え、資本増強	無理な資金調達の改善、借入金の削減、投資資金確保
Rearrange (入替えと 代替)	設備	自動化、ポカヨケの設置	人件費の削減（作業者、検査員）、生産性・品質の向上、作業改善
		自社仕様の統一	設備仕様の標準化、刃具等の消耗品費の削減、置場改善（治具等の在庫低減）
	人	業務、教育訓練の標準化・明文化	計画的で公平な研修・教育、賃金体系の整備、力量管理
		日締め、自工程完結	管理サイクルの短縮化、管理者のアクション基準の明確化、事務部門の生産性向上
	お金	借入期間（長・短）の見直し、手形等の廃止	業務負担の軽減、資金運用の効率化、資金繰りの改善、確実な借入金の返済
		計画的な設備投資	企業競争力の維持・向上、設備仕様の標準化、専門性（企業）の確立
Simplify (簡素化)	設備	同時加工、工程分割（荒、仕上等）、多工程化	生産性・品質、付加価値の向上、製品の2度持ち・3度持ちの廃止、設備投資の効率化
		専用設備化	設備投資の効率化、生産性・品質の向上
	人	作業の見直し、専担化	人の生産性・専門性の向上、業務の標準化、多様な人材の採用
		生産の平準化	働き方の改善、正社員化、製品・消耗品在庫の削減
	お金	無借金化	借入金依存体質からの脱却、自己資金化
		取引金融機関の削減	業務負担の軽減、資金運用の効率

（2）支援手順

　コンサルティングの着手から活動案の立案、支援の手順は、基本的に事業承継支援や前節の組織化支援と同様です。ここでは、筆者のメーカーでの支援事例に沿って具体的な手順の概要を説明します。

① 現状を調査する

　筆者は、最初に工場、関連施設を巡回させていただき、その後に従業員さんや後継者へのインタビュー、ヒヤリングを実施します。前述のように、後継者の説明や考え方には固有のバイアスがあり、実態をしっかり確認しておく必要があるからです。また、組織内の人的関係性や生産設備等の能力も把握しておく必要もあります。現地調査は、主に以下の内容について行い、現地調査が終了したら必要に応じて動作線図やレイアウト図などを作成します。また、準備されていれば組織図、内部規程類、ISO のマニュアルなどを見せていただくようにしています。

　　a. レイアウト確認

　　　工場内の設備の種類と数量及びその配置、自動化の程度、稼働状況に加えて、材料、完成品の置場、消耗品の置場、トラック等の進入経路など、人やモノの動線も確認します。

　　b. ベタ観測

　　　通常作業の2〜3サイクル分を自分の目で観測します。生産性や品質の維持状況、標準類の活用状況、作業動作・姿勢などに課題がないかを確認するためです。

　　c. 5S 状況の確認

　　　床や天井の汚れ、設備及び通箱などの汚れ、不良品処理状況、工具や刃具の保管状況、掃除道具の備え付け状況などを確認します。トイレを借りて、その清掃状況を確認することもあります。

　　d. 掲示物の確認

　　　管理帳票の活用状況や情報共有の程度、管理者の管理水準やアクション

状況、生産性や品質目標の見える化及びその達成度合い、経営者の伝達内容・方針などを確認します。

e. 従業員さん、後継者へのヒヤリング

後継者から許可をいただければ、2、3人の従業員さんに直接話を聞かせてもらいます。ヒヤリング内容は、作業のやりにくさ、会社に希望すること、経営者の評価などです。解決すべき課題に関して、経営者と従業員さんの捉え方が必ずしも同じではないからです。また、課題をより一層明確にするため、ヒヤリングから判明した課題について、後継者と「なぜなぜ分析」を行いながらその内容を確認する場合もあります。

② 改善点を絞り込み、対策を検討する

あらかじめ後継者から課題や改善希望が出されている場合でも、前項の調査が終了した時点で、調査結果に照らし合わせながら具体的な課題について後継者との検討を進め、改善点を絞り込みます。前述のように、中小企業には資源的な制約があり、改善活動の成否は後継者のリーダーシップに直接影響するため、コンサルタントは、成功する見込みが高く、より効率的、効果的に成果が得られる改善に絞り込む必要があります。

さらに、改善案を出す際に気をつけなければならない点が3つあります。第一に、「善し悪しは標準との比較から」という点です。経営者との話し合いの中で「従業員がうまく働いてくれない」とか「生産性が低い」といった課題が出される場合がありますが、その多くの場合で、数値や手順の悪さなどの客観的な内容で課題を表すことができていません。結果だけを見て、標準に対して何がどう、どの程度悪いのかという原因を正確につかんでいない場合が多いのです。基準となる時間当たりの出来高や作業手順がない状況では、効果的な改善にはなかなか結びつけられません。第二に「経営者自責」という点です。筆者の経験では、上手に企業を運営している経営者とそうでない経営者の顕著な違いは、経営課題を自分の問題として捉えているかどうかです。前述の「従業員がうまく働いてくれない」という課題では、従業員さん自身の課題を強調するのではなく、研修や教育、経営者とのコミュニケーションなど企業・経営者

側に問題があるのかという視点を持つ必要があります。生じている課題を経営者、企業側の問題として捉える自責型の経営者のほうが、従業員さんや経営環境の問題として捉える他責型の経営者より、経営改善が早く進むのは言うまでもありません。第三は「ITの導入」です。善本（2013）は、「IT導入の評価を巡っては，その賛否が激しい。『失敗』評価の原因の一つは、IT導入がパフォーマンス向上にダイレクトに結びつくという幻想にあり、改善活動の『ソフトウェア』の無い状況では、ハードはうまく稼働しない」とし（p.403）、「進化するツールの活用は競争優位のための『必要条件』かもしれないが、『十分条件』ではない」としています（pp.403-404）。筆者も全く同感であり、ITを導入することは容易ですが、それを維持し、効果を出すためには、そこから得られる情報あるいは仕組み等の効率化の成果に基づいて、関連する業務の改善活動に継続的に取り組む必要があると考えています。

　コンサルタントは、根拠もなしに後継者の言うことを鵜呑みにして、IT導入などのステレオタイプな改善提案する前に、まず現状の仕組みの中で科学的なデータの取得や原因の追求が大切にされ、実効性のある改善活動の実践が出来る仕組みを構築するように提案するとともに、必要があれば後継者の考え方（困り方）を自責に基づくようにアドバイスを続けます。

③ 活動計画を立て、推進する

　経営課題の絞り込みとその対策の検討が終了したら、具体的な活動計画に落とし込みます。前述の村上・古泉（2010）は、経営革新の成功のポイントとして「1）後継者が率先して行動する、2）外部との交流を図る、3）従業員のモチベーションを高める、4）従業員の若返りを図る」の4つを挙げています（pp.23-29）。それらのポイントは筆者の経験からも納得できるものであり、ここでは組織化支援で触れた「4）従業員の若返りを図る」を除く3つのポイントから、経営革新活動の計画立案、実施におけるコンサルタントの検討、提案内容について説明します。

　第一のポイントである「1）後継者が率先して行動する」では、「後継者を活動の主催者（リーダー）にする」ということです。神谷（2019）は、事業承継

期の後継者のリーダーシップについて「組織内の具体的な実務や経験を通して、開発され、醸成されていくものであり、経営での実績を伴わなければ経営者や変革者のリーダーシップは発揮できない」としています（p.44）。つまり、事業承継後の経営革新の推進とその成功は、後継者のリーダーシップの確立に多大な影響を与えるのです。第二の「2) 外部との交流を図る」では、「外部を巻き込む」ということです。例えば、改善活動の状況を支援企業の顧客や取引金融機関の担当者に発表したり、指導を受けたりすることを企画します。また、後継者や従業員さんを改善活動の実施に必要な知識、能力を身に付けるための外部研修への派遣を検討します。神谷（2019）は「経営革新を行う後継経営者に必要な能力は、企業内で学習しただけで得られるものではない」としており、継続的改善を進めていくためには特に後継者への外部教育は重要です。第三の「3) 従業員のモチベーションを高める」では、「従業員さんへのフィードバック」です。改善活動は経営者だけでできるものではなく、活動の主体はあくまで従業員さんであり、PDCA サイクルを回しながら活動を推進するためには活動の状況や成果を従業員さんと共有する必要があります。

　コンサルタントは、活動計画の貼り出しや結果のグラフ表示による見える化、朝礼や月例会議を利用した活動内容や結果の報告、成果に見合った表彰や顕彰などを企画して提案します。日々の活動の推進については、基本的に後継者にお願いすることになりますが、活動がうまく進んでいない場合には、以下の考え方に照らし合わせて活動の修正、見直しを後継者に提案します。

　a.　後継者が本当にやりたいと思っていたことか

　　後継者が情熱をもって活動を推進していくためには、コンサルタントの提案を後継者が本当にやりたいと思う必要があります。コンサルタントは、自らの常識や思いの押し付けでなかったかを確認します。

　b.　活動計画の 5W1H が具体的だったか

　　コンサルタントは、企業の内部状況を詳細に把握していないために、活動の 5W1H については後継者に任せてしまいがちになります。活動の停滞や破綻が生じている場合には、活動計画が具体的な 5W1H に落とし込

まれているか再検討する必要があります。

c. 計画の見直しが必要ではないか

　中小企業の経営環境は常に変化し、計画した活動計画が取引先との関係で見直しを余儀なくされる場合や、業務の繁忙や人の退職などで実施が難しくなることで、改善活動の優先順位や有効性が変わってしまうことも度々あります。

　コンサルタントは、そうした原因による活動の停滞や中断の場合には、状況を適切に見極め、後継者に活動計画の見直しを促す必要があります。後継者が朝令暮改や中途半端な活動の中止を恐れるあまり、うまく行っていない活動や不効率になった計画に固執して迅速な対応が遅れ、却ってロスを招いたり、活動の意義を低下させることのないようにタイムリーなアドバイスを心掛けます。

④ 継続的改善の仕組みを作る

　コンサルタントは、着手時のヒヤリングや工場巡回等から得られた改善活動を進めながら、後継者とともに将来の課題に対する継続的な改善の仕組みを構築していきます。経営の課題は常にあり、また一時に解決できるものばかりではないからです。さらに、解決する課題は、現実に起きている問題だけでなく、将来のあるべき姿とのギャップから生じる課題も着実に解決していく必要があります。筆者は、これまでも述べているように、この継続的改善の仕組みとして PDCA サイクルに基づく方針展開活動の採用を後継者に推奨しています。筆者らが前職企業で結果を残せたのは、方針展開活動の継続的な実践によるところが大きいと確信しているからです。なお、中期経営計画の作成手順等については、第4章の「4. 後継者による組織のマネジメント」を参照願います。筆者は、方針展開活動を以下の手順で進めてもらうようにお願いしています。

a. 活動の計画作り（P）

　中期経営計画を基準として、前年度の活動結果や方針展開活動の重点実施事項、年度別に計画された活動及び前年度に生じた経営課題などから、

今年度の活動計画を作成します。活動する人に過度な負担とならないように、また、管理・監督者も具体的な活動ができるように計画します。QCサークルなどの小集団活動を行っている企業では、小集団活動と方針展開活動の整合性を検討する必要もあります。

b. 活動の実践（D）

活動計画に沿って、活動時間、活動内容を決め、できるだけ実施者の都合に合わせて自主的に活動してもらいます。規模の小さな企業では、部署単位の活動ではなく個人個人の活動になる場合もあります。改善活動は、課題に対する改善効果だけでなく、企業文化を醸成するための重要な場になるため、勤務時間内で行うことが原則です。

c. 活動の管理（C）

活動の進捗や成果については、目で見る管理（見える化）を基本として管理していきます。大事な点は、後継者（経営者）が必ず関与することであり、定期的な話し合いや報告の場を設ける必要があります。本項②で述べたように、後継者は活動の実施状況だけではなく、活動そのものの必要性、効果を常に検証する必要があるからです。

d. 活動の振り返り（A）

1年間の活動を振り返り、活動の成果や効率性、有効性を評価し、次年度の活動にフィードバックします。コンサルタントは、活動が担当者任せになっていなかったかなど、後継者（経営者）、管理、監督者の活動をしっかり検証し、運営方法を評価して、方針展開活動の改善点を後継者に提案します。

3 事業承継後のコンサルティング事例

本章の最後に、筆者が実際に行った事業承継後のコンサルティング事例を紹介したいと思います。事例企業は、現在も筆者の提案に沿って組織変革や経営革新を含むさまざまな改善を続けていただいており、大きなご縁を感じる企業

様に出会えたことはコンサルタント冥利に尽きるものだと思っています。

（1）事例企業の概要

　事例企業は、もともと技術者であった先代が1985年に設立し、旋盤やボール盤などを使用した機械部品、自動車部品、自転車部品などの金属製品の加工を行ってきました。支援当初の従業員数はパートさんを含めて40名ほど、売上高は約2.5億円（材料は無償支給）となっています。現社長は、先代の急逝によって外部から入社され、筆者の訪問2年前に社長に就任されていました。就任後は、社長の方針に沿って組織変更を断行し、新規受注を目指してボール盤からマシニングセンタへの設備転換を図るなど、積極的に経営革新に取り組んでこられましたがなかなか結果が出ず、大幅な組織変更によって辞められた従業員さんも大勢いらっしゃったとのことでした。筆者が最初に訪問したのは2018年2月で、その年の9月から毎月定期的にご支援させていただくようになりました。

（2）着手時の提案内容

　着手時のヒヤリングや工場巡回等の調査結果から、現社長には実行力もリーダーシップもありますが、会社の目指すべき姿が描き切れておらず、思うような結果が得られていないのではないかという印象を受けました。そこで、まず社長に対して企業運営の目指すべき姿（コンセプト）を提案することにしました。ここで提案したコンセプトの内容は、筆者の量産メーカー支援における基本的な考え方であり、過去の自身の成功体験に基づくものばかりです。こうしたコンセプトは経営革新の方向性を示し、その後の経営判断の基準となるものであり、経営者と共有することでコンサルティングの基盤になります。

　以下にその内容と提案理由をまず説明しておきます。後述する具体的な改善内容、活動の大半がこのコンセプトに沿ったものになっています。

【支援企業様に提案したコンセプトの内容】

1）企業（製品）のコンセプト

　「アルミ多穴製品の量産専門メーカー」を目指すこととします。穴あけのみ、旋盤のみの工程請負からマシニングの前後工程のある製品の量産企業に変わることで、付加価値を向上させるとともに、製品に類似性を持たせることで専門性を高め、設備投資を効率的に実施することが可能です。

2）生産のコンセプト

　以下の3点の実現を目指し、高い生産性と品質を実現します。機械化、装置産業化の進んでいる量産企業では、人の労働時間ではなく、設備の稼働時間を増やすことが重要であり、人は設備の管理者として専門性や力量を高め、多くの設備を管理できるようになる必要があります。

　　・少品種多量（量産）を基本とし、自動化、一貫生産を目指す

　　・作業者は多台持ち、多能工化を図る

　　・全従業員にフルタイムの業務を与え、人のいる自動化を実現する

3）工場のコンセプト

　工場は多くの従業員さんが働く場所であり、メーカーの中心的な収益基盤であるとともに、最大の営業ツールとなる場所です。掃除が行き届いた工場で製造域と通路域が明確に区分され、設備が整然と配置され、順調に稼働している量産工場は、顧客にとって魅力があるだけでなく、従業員さんにとっても誇らしく、働きやすいものです。また、コストを下げて収益を拡大するためには、人の労働時間ではなく設備稼働時間を長くする必要があります。以下の4点の実現を目指します。

　　・工場全体で5Sが実践されている

　　・通路域と作業域が明確に区分され、通路は外周にある

　　・在庫は棚管理を基本とし、パレット積みは納入時のみとする

　　・量産を行うラインと、小ロット製品を加工するラインが明確に分離されている

4）継続的改善のコンセプト

　経営者の目指す姿は一朝一夕に実現するわけではありません。目指すべき姿、あるべき姿を明確にし、それに向かって日々努力を重ねなければなりません。量産メーカーでは、内製化や工程分割によって生産のリードタイムの短縮や付加価値の向上を実現するとともに、継続的な改善による標準化やコスト低減によって競争優位を構築する必要があります。以下の姿を目指した改善をいって行きます。

- 外製工程を内製化して、社内一貫生産を目指す
- 1台のマシニング設備単体に頼るのではなく、工程を分割してサイクルタイムを短縮する（荒、仕上工程の分割、洗浄や検査工程の独立）
- 各工程の標準設備仕様を確立する（自社の標準仕様の確立）
- 現場を中心として徹底したコスト低減、品質向上のための継続的改善を行う

5）管理のコンセプト

　中小企業における管理は、現地・現物による「目で見る管理」が基本です。経営者は直接現場に行き、課題を自身の目で確認することができるからです。アクションの伴わない管理はムダであり、管理結果の活用やそれに伴う業務の見直しをタイムリーに実践する必要があります。また、管理のサイクルをできるだけ短くし、迅速な改善を心掛けます。以下のような管理体制、業務を構築します。

- 現地、現物による現場管理を徹底する
- すべての業務結果、KPIを「見える化」して従業員と共有する
- 管理には管理者のアクション基準を必ず決める
- 管理のサイクルを短縮し、最終的には日締めを目指す

（3）改善実施事項

　支援企業では、社長の強力なリーダーシップのもとで以下の改善活動を実施していきました。訪問のたびに、工場レイアウトの変化や管理の見える化と

いった目に見える改善だけでなく、日々の業務や方針展開活動への取り組み姿勢など、従業員さんの改善活動に対する意識の変化が進んでいることにも随分驚かされたことを覚えています。筆者は、企業の自主性を尊重しながらも、毎月の訪問時に現地、現物で活動の結果、企業経営の変化を評価し、前項で説明した考え方に基づいて社長にアドバイスや提案を継続してきました。また、社長以外の管理者、従業員さんとのコミュニケーションも欠かさないように心掛けました。

① 量産企業への転換

不採算となっている小ロット品から撤退し、多くの手動ボール盤を廃棄することで新たなスペースを工場内に生み出し、人手や経験に頼る生産から設備能力を生かした生産への転換を進めてきました。以下の活動が具体的に実践されました。

a. 顧客取引の見直し

既存顧客の不採算品を返却するとともに、新たな顧客の開拓に一層注力されています。現時点の売上の8割以上が、社長就任後に獲得した受注によるものです。さらに、専門メーカー化を図るために、特定の製品の受注拡大や専門技術の向上を図られています。

b. 設備投資の実施

多工程化や工程分割を実現するため、マシニングだけではなく、旋盤工程にも投資を広げています。

c. 自社開発設備

量産化、自動化を低コストで実現するため、洗浄機などの設備の社内開発に取り組んでいます。今後は、バリ取り装置、検査・測定装置といった単体の設備に加えて、搬送装置の開発にも挑戦される予定とのことです。

② 組織変革

前述したように、現社長は就任時から覚悟をもって組織変革を断行されてきました。最近では、以下の方策に加えて不足している管理者を外部から採用し、職制や職務を柔軟に見直しながら社長が望む姿に近づけようとされていま

す。

　a.　若手登用

　　ほぼすべての管理職を入れ替えるとともに、若手や女性の登用を積極的に実施され、従業員さんも最初伺った時に比べて若い人が目立ちます。工場では「課長－班長」による運営管理が構築されつつあります。

　b.　新たな業務の採用

　　毎日の朝会（現場のミーティング）の実施や作業者による日々の出来高入力の実施などを通じて、品質管理や生産管理の業務が充実してきました。また、管理者による月例会議も行われるようになり、内部コミュニケーションの機会も増えています。

③　工場の生産性向上

以下に示すように、物理的な配置だけでなく、作業内容や管理内容の変更も同時に行われています。

　a.　レイアウト変更

　　最初に伺った時は、1人1台を基本とする工場で、設備や副資材は雑然と置かれていました。現在では、設備を向かい合わせに配置し、設備間の距離を縮めることで、多台持ちや省人化を実現しています。また、作業域と通路域が区画され、見た目にも随分と整然となりました。

【訪問当初のレイアウト】　　　　　　　【現在のレイアウト】

b.　多台持ちの実現

　標準作業の考え方を理解し、自社で作成した標準作業票や標準作業組み合わせ表を使って、多台持ち作業を標準化しています。最近では、人ごとに標準作業組み合わせ表を作成し、出来高の違いがどの動作、作業から生まれているかを検証されています。管理者間での検討も活発に行われるようになりました。

c.　省人化

　多台持ちだけでなく、省人化についても活動されています。4名／直の配置の生産ラインにおける活動では、不良対策を繰り返し行うことで検査工数を削減し、2名／直にすることができました。さらに改善を進め、1名／直を目指しています。

【ロボットによる自動化ライン】

d.　自動化

　ロボットによる自動化も2つの生産ラインで実現しています。（右写真）

④　管理の見える化

a.　品質管理

【現場に掲示されている管理帳票類】

　それまで行っていた変化点管理に加えて、集中管理ボードや不良発生管理板が設置され、工場の品質に関する情報が共有化されています。こうした管理の見える化が、短期間に運営できるようになることも驚きです（右写真）。不良品の現物管理もできつつあります。

b.　出来高管理

　工場の品質管理に加えて、生産性を管理する準備を整えつつあります。

作業者の出来高入力はすでに実施され、今後はグラフ化等による管理を推進される予定です。ベトナム語が併記された出来高入力手順書も整備されています。

c. スキル管理

【スキル表】

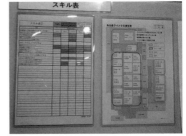

最近では、作業者、班長さんの能力アップを図るための活動も積極的に行っています。作業者の習得すべきスキルを明確にするとともに、班長さんによる研修も実施しています。

⑤ 全社活動

全従業員に対する働きかけも積極的に行われています。毎月の方針展開活動の報告機会に合わせて、訪問させていただく場合もありました。

a. 方針展開活動

中期経営計画、年度の経営方針、目標へと展開し、各部署責任者と重点施策を取り決めて活動を行っています。

b. 5S 活動

不要設備の廃却や置場の見直し、姿置きの実践など、5S 活動も自主的に推進されています（下記の写真参照）。こうした活動の多くは従業員主体で行われており、経営者の方針が幅広く共有されています。

【消耗品置場】　　　　　　【工具置場】　　　　　　【測定具置場】

第7章

事業承継の
新たな解決策

　中小企業白書（2021）は、後継者が決まっている企業では経営者の親族への承継が67.4％、内部の役員や従業員さんへの承継が17.2％であるとしており、多くの経営者が親族への承継を予定しているとしています（p.Ⅱ-323）。また、小企業における事業承継の現状を調査した井上（2008）は、承継決定企業と承継未定企業の大きな違いは男の子供の数とし、承継決定企業の後継者は経営者の「長男」である割合が65.2％と最も高いとしています（p.6）。つまり、中小企業の事業承継では、多くの経営者が後継者候補の第一に長男を想定し、自分の財産とともに現事業の引き継ぎを望むという特徴があるといえます。こうした特徴は、わが国に多く存在している老舗企業の事業承継にも表れており、岩崎・神田（1996）は、調査を行った業歴平均198年の老舗企業87社では、65％が長男を後継者とする「長子相続」であったとしています（p.18）。筆者は、日本の事業承継がこうした傾向を持つ理由として、明治時代に施行された旧民法で規定されていた家族制度（家制度）での家督相続、長子単独相続制度の影響があると考えています。家督とは、いわば「あとつぎ」であり、家督制度とは一家の「戸主」たる家長の権利や地位、財産を長男が引き継ぐ制度です。

　しかし、世界のファミリービジネスでは、こうした顕著な特徴は見られません。例えば、村上（2008）は、「フランスでは親族が事業を承継する割合が低く、第三者や従業員による承継が大半を占めており、事業承継は開業の一形態と考えられている」（pp.3-7）とし、フランスでは親族以外への承継が一般的で、その取引形態の半分以上を営業財産の売買・賃貸借が占めているとしています（p.8）。また、加藤（2008）では、「韓国や中国では、生計を得る手段という意味での家業であっても、世襲的な家業という概念は存在せず、それに代わって『ファミリービジネス』の意味合いを持つ」としており（p.131）、韓国の商業における事業承継では、承継する中身の中心は店舗や商品などの有形資産であることを紹介しています（p.133）。

　本書は、これまで主に親族内承継及び従業員承継による事業承継を前提とし、承継及び承継後の後継者支援におけるコンサルティングについて説明して

きました。では、コンサルタントは、自社の内外に適当な後継者がいないと嘆く経営者に、どのような選択肢を示せばよいのでしょうか。また、どうすれば後継者のいない状態を回避し、スムースに事業を継続してもらうことができるのでしょうか。本書の最後に、事業承継の新たな選択肢になりつつある社外への引き継ぎと、わが国の中小企業で暗黙のうちに当然とされてきた企業運営及び公的支援の在り方の革新という視点から事業承継を考えたいと思います。

事業承継施策の方向性

最初に、最近の中小企業白書から見る事業承継及びその施策の方向性を確認しておきます。中小企業白書（2019）では、「経営者の参入と引退」という概念を用いて、経営者の参入には、自ら事業を開始する「起業」と他者から事業を引き継ぐ「事業承継」があり、経営者の引退には、他者へ事業を引き継ぐ「事業承継」、事業を停止する「廃業」があるとし、経営者引退に伴う経営資源の引き継ぎを**図表38**のように整理しています（p.77）。この図からもわかるように、事業承継における社外への引き継ぎとして「外部招聘」、「M&A等」を挙げ、親族外承継における重要な選択肢として定義するとともに、これまで一体的に定義してきた事業承継と経営資源の引き継ぎを分離し、廃業時にも個別に経営資源が引き継がれる場合があるとして設備、取引先、従業員などの経営資源の引き継ぎ[49]の必要性を強調しています。

このように、政府は近年特に社外への引き継ぎを推進しようとする傾向にあり、「骨太方針2019」においては、円滑な承継と事業の継続を促す施策として「M&Aを通じた事業再編やマッチングへの支援」を掲げています。それを受けた令和4年度の「中小企業再生支援・事業承継総合支援事業」では、第三者

---

49 井上・山田（2017）によれば、経営資源の引き継ぎとは「対価が発生したかどうかを問わず、事業をやめたり縮小したりする際に自社が保有している経営資源の全部または一部を、他社や開業予定者、自治体、その他の団体などに、事業に活用してもらうために譲り渡すこと」と定義されています。

図表38　経営者引退に伴う経営資源引き継ぎの概念図

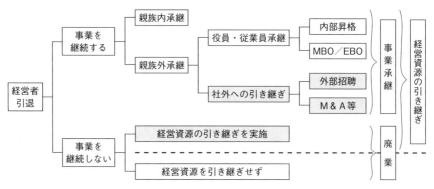

出典：中小企業白書（2019）「第2−1−4図」（p.77）より

承継（M&A）支援として「金融機関、仲介業者等の登録機関へ橋渡し」、「民間事業者等と連携したマッチング支援」、「専門家派遣支援」を、経営資源引継ぎ型創業支援として「後継者人材バンク」、「創業希望者へのセミナー」、転廃業時の経営資源引継ぎ支援では「引継ぎ先のマッチング」及び「士業専門家の紹介」といったメニューを挙げています。また、中小企業庁では2021年4月に事業引継ぎ支援センターを事業承継ネットワークと統合して「事業承継・引継ぎ支援センター」に改組し、後継者マッチング支援を強化するとともに、2021年8月には「M&A支援機関登録制度」を創設して、小規模（スモール）M&A市場の基盤構築に取り組んでいます。

　しかし、中小企業白書（2022）によれば、2020年度の中小企業のM&Aの実施状況は、M&A仲介上場会社3社の行った760件と事業承継・引継ぎ支援センターでの成約件数1,379件を加えても2,139件であり（p.Ⅰ-97）、同年度の東京商工リサーチ調べの休廃業・解散件数49,698件の4%程度にしかすぎません。また、マッチング支援による事業承継の成約件数は、令和3年度では事業承継・引継ぎ支援センターによるものが1,514件（相談件数13,005件）、日本政策金融公庫によるものが20件（相談件数3,178件）で、マッチング支援の相談件数は毎年増加しているものの、なかなか成約に至らないのが実情で

図表 39　中小企業者数の推移

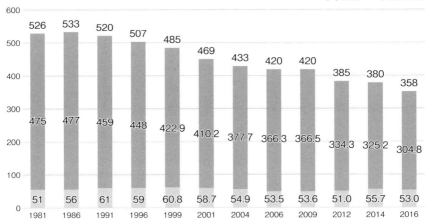

出典：1981 年から 1996 年までは「2015 年版小規模企業白書」p.71、1 - 2 - 1 図から、1999 年以降
は「2020 年中小企業白書」p. I - 110、1 - 3 - 1 図より筆者作成

す。もちろんそうした施策の効果は長い年月での評価が必要ですが、残念なが
ら現時点ではこうした支援によっても中小企業者の数は減少傾向を続けている
ものと思われ（**図表 39**）、社外への引き継ぎは後継者不足を補う有効な手段で
はあっても、中小事業者数の減少を食い止めるほどのものではないと思われま
す。

　こうした状況もあってか、事業承継施策の在り方については政府でも見直し
が図られています。経済産業省（2022）は、経営環境の変化が激しく、不確実
性が高い現在では伴走型支援が望ましいとして「経営力再構築伴走支援モデ
ル」を提示し[50]、伴走型支援を中小企業政策の共通インフラとするための支援
人材の育成や全国展開の仕組み作りを推進しようとしています。中小企業白
書（2023）でも同様に「支援機関は従来、事業者が抱える個々の経営課題に対

50　経営力再構築伴走支援モデルは、「課題設定」「対話」という視点を前面に出して取り入れた初め
　ての産業政策であり（p.21）、こうした伴走支援は「中小企業政策の共通インフラとなり得るもの
　である」としています（p.2）。

し、その解決に向けた支援を実施してきたが、足下では経営課題の設定段階から対話と傾聴を通じて本質的な経営課題に対する気付きを与え、自己変革・行動変容を促す、『課題設定型』の支援も重要な手法の一つ」であるとし（p.Ⅱ-226）、そうした伴走型支援を今後は推進していくことを明らかにしています。また、経済産業省（2022）では、事業承継は伴走型支援受け入れの潜在的ニーズが高いと考えられる分野であり（p.23）、「円滑な事業承継を促し、停滞している経営改善を後押しするといった実際の行動や成果に結びつく可能性を高めるものと考えられる」としており（p.12）、伴走支援による事業承継コンサルティングは今後ますます重要性が増すと期待されます。

1　社外への引き継ぎ

「全国企業『後継者不在率』動向調査」（帝国データバンク 2022）によれば、2022 年の事業承継では同族承継により引き継いだ割合が 34.0％で最も多かったものの、買収や出向を中心にした「M&A ほか」の割合が 20.3％を超えたこと、さらに後継者候補の属性では「子供」の割合は 35.6％、「非同族」は 36.1％で初めて「非同族」が首位となったことを挙げ、これまでの政府の施策の後押しを受けて社外への引き継ぎが増えていることを示しています。また、中小企業白書（2023）では、2022 年の M&A 件数は全企業で 4,304 件と過去最多となり、中小企業においてもさらに活発化していくものとしています（pp.Ⅱ-173、174）。最近では、個人 M&A やスモール M&A についても広く関心が集まるようになり、M&A を起業手段とする考え方—「買収起業」—が広まってきています。このように、事業承継は脱ファミリー化へ舵を切る動きが今後さらに強まると予想され、外部人材での幅広い選択肢を可能にするための後継者候補のリサーチや育成、経営幹部人材の紹介・マッチングなどの支援メニューを拡充していく必要があるとされています。

　ここでは、社外への引き継ぎとして「M&A」、「経営者の外部招聘」、「経営資源の引き継ぎ」という 3 つを取り上げ、コンサルタントの役割について説明

していきます。

(1) M&A

　新たな事業承継の手法として、近年特に脚光を浴びているのが M&A であり、具体的な手法として合併（吸収合併、新設合併）、株式交換・移転、会社分割（吸収分割、新設分割型）、株式譲渡・事業譲渡といった手法があるとされます。ガイドラインでは、M&A のメリットについて「身近に後継者に適任な者がいない場合でも、広く候補者を外部に求めることができる」、「現経営者が会社売却の利益を獲得できる」ことを挙げ、政府は産業競争力の維持、強化のために中小企業の M&A に力を入れ、強力に推進しようとしています。

　しかし、筆者は M&A にはまだまだ課題が多いと考えています。岡部・関（2006）は、M&A を実施した企業 157 社（上場企業）に対してどのような経済効果をもったかを統計的に分析した結果、M&A は企業経営の安定化と効率化をもたらす可能性がある一方、それが奏功する保証はないため、ハイリスク・ハイリターンの性格を持つ経営手法のひとつであること、仲介機関やアドバイザーの不足、経営者の企業間流動性の不十分さといった M&A を取り巻く環境や関連法規の未整備・未成熟があることを指摘しています（pp.37-38）。さらに、M&A そのものが持つ課題として、「M&A の過程で株式を取得する株式保有者が、その他のステークホルダーに優先する地位（会社所有者）ないし会社支配権を持つとする理解は一面的に過ぎる」、「M&A に関する法規ないしルールが合理的かつ明確なものとしては未だ確立されてはおらず、今後の課題がなお多い」ことを挙げています（p.39）。また、ガイドラインは、デメリットとして「希望の条件（従業員の雇用、価格等）を満たす買い手を見つけるのが困難である」、「経営の一体性を保つのが困難である」ことを挙げています。つまり、そもそも M&A は、買収企業にとってはリスクのある投資であるうえに環境整備や関連法規が未整備で、タイムリーに希望の条件を満たす企業が見つけられるかどうかわらず、被買収企業においては引き継がれた経営資源が有効に生かされるかどうか不明であり、事業承継の主要な手段にはなりにくい

といえます。まして中小企業間や個人によるM&Aでは、かなりのリスクが買収、被買収の双方の側に存在することを前提に、事業承継支援を進めるべきものと思われます。

　また、これまでも述べてきたように、中小企業については地域の文化や産業集積を担っている場合が多く、M&Aによってそうした貢献や地域性が失われることで地域の独自性のみならず地域そのものの衰退を招く可能性があり、企業の財務情報や市場原理のみでは企業価値が測れない場合があります。さらに、被買収企業が所属するサプライチェーンへの影響も考慮することが必要で、実際に筆者が経営に携わった企業のサプライチェーンでも同業者がM&Aによって買収されたことで大きな影響を受けたことがあります。永く続くサプライチェーンでは、発注元である大企業とサプライヤーである中小企業との世代をまたぐ属人的な信頼関係が基盤となっています。M&Aによりそうした信頼関係が失われたため、発注元は残ったサプライヤーに対して発注図面などの営業機密に関する取り扱いを厳しく制限するとともに、発注先の選択をより慎重に行うように変わってしまいました。支援者側からも新たな承継手段として増加が見込まれるM&Aですが、筆者はその推進をM&Aを専門に仲介する民間企業に委ねるのではなく、地域の金融機関や商工会、サプライチェーンの発注元企業などが積極的に関与し、可能であれば主体的に推進することが必要と考えています。

　さらに、M&Aの支援にはさまざまな交渉、デューデリジェンス、法的手続きを必要とするため（**図表40**参照）、多くのコンサルタントや支援機関にとって単独で取り組むことは難しい支援といえます。伴走支援を行うコンサルタントは、支援企業がM&Aによる事業承継を目指す場合には、社内では「磨き上げ」や「自社株の占有率を高める」といった支援を行うとともに、仲介役としてM&A後のリスクの最小化、成果の最大化を目指して経営統合プロセス（Post Merger Integration：PMI）に貢献することになりますが、中小企業経営者の7割程度はM&Aの意向はないとされ（中小企業白書2021、p.Ⅱ-364）、M&Aへの支援が一般のコンサルタントの柱となる業務にはなりにくい

図表 40　M&A の実施手順

① M&A の意思確認・戦略の選定	②中小企業 M&A の専門家に相談
③ M&A 専門家との各種契約	④ M&A 戦略の決定・売却先選定
⑤ M&A の打診	⑥トップ同士の会談・交渉
⑦意向表明書の提示	⑧基本合意書の締結
⑨買収先によるデューデリジェンス	⑩条件交渉
⑪最終契約の締結	⑫クロージング
⑬経営統合の実施	

出典：株式会社 M&A 総合研究所のホームページより

ものと思われます。

（2）経営者の外部招聘

　経営者の外部招聘とは、社外から後継者を招いて経営の引き継ぎを行うことであり、代表的な公的支援策には事業承継・引継ぎ支援センターで実施されている「後継者人材バンク事業」があります。同センターのホームページによれば、この事業は「創業を目指す起業家と、後継者不在の会社や個人事業主を引き合わせ、創業と事業引き継ぎを支援する」とされ、創業希望者と後継者不在の会社や個人事業主が後継者人材バンクに登録することでマッチングを促進し、創業希望者に対しては「販売先（顧客）や仕入先、店舗等の経営資源を引き継ぐため、創業時のリスクを低く抑えることができる」、「地域における知名度や経営ノウハウ、代々育まれてきた知識など、目に見えない資産を引き継ぐことができる」といったメリットがあるとしています。最近の起業ブームを受けて、地方金融機関や商工会議所、民間の企業でも事業承継を契機としたマッチングによる創業・起業を仲介することが盛んになっています。一方、アカデミックな世界では後継者の外部招聘に関する研究はほとんどなく（堀越 2019、p.104）、役員・従業員への承継を含む親族外承継として議論されています。例えば、足立・佐々木（2018）では、親族外承継を選択した先代については①後継者候補に幅広い業務を経験させ、責任ある仕事を任せること、②後継

者に多様な学びの機会を与えること、③後継者に社内プロジェクトの遂行を経験させること、④事業の将来に期待をもてる状況にしておくとともに、承継後の役員の布陣といった組織体制まで考えておくこと、を挙げ、一方、後継者が取り組むこととしては①右腕となる人材を計画的に育成すること、②承継を引き受ける条件を先代社長に対して設定すること、③経営理念を再構築すること、を挙げています。

　こうした企業内の取り組みについては、親族内承継においても同様であり、コンサルタントの支援については本書の第4章が参考になると思います。先述の堀越（2019）は、経営者のなすべきことは「人材の目利き能力を養い、じっくりと人を見て、期限をしっかりと区切って、後継者となる人材を確保する」こととしています（p.116）。筆者は、親族内であれ親族外であれ、すべての後継者候補に対して「知識やノウハウなどは従業員に劣っていても構わないが、会社に対する情熱は1番でなくてはならない」とアドバイスするようにしています。

　外部からの経営人材の招聘については、筆者にも経験があります。後継者ではありませんが、組織の急速な拡大に伴って新設した部署や工場の責任者として人材派遣会社を通じてカーメーカーや上位サプライヤー企業などから4名の外部人材を採用しました。採用した4名の方々は、大企業で管理職として働き、豊富な経験も持っていましたが、入社後ほどなく「従業員さんに言っても聞いてくれない」とか「自分でやってみたらと言われてしまう」とたびたび彼らから相談され、中小企業での仕事のやり方を教え、それに馴染んでもらうまでに随分と時間が掛かってしまいました。忘れてはならないのは、中小企業は属人的な企業であり企業内の人的関係が経営の重要な要素だということです。また、第4章の冒頭で述べたように、中小企業では上司である部署責任者は部下の仕事までこなす必要（上位互換）があります。また、組織が未成熟なために命令しても肩書だけでは人は動いてくれず、本人の実務能力や従業員さんとの関係性が求められます。外部から招聘する経営者には、少なくとも従業員さんとの関係性の構築が出来る力が必要であり、そうした点からすると、外部

招聘者による事業承継については個人開業の事業者や中小企業経営者の招聘による承継は比較的スムースに行きやすく、大企業の管理職や専門経営者による承継では属人性や上位互換への対応という課題が生じやすいといえます。

コンサルタントは、社外人材の招聘による事業承継を経営者から相談された場合には、招聘者に対しては「中小企業の経営者がプレーイングマネジャーであること」、「スムースに仕事を進めるためには従業員さんとの人間関係が必要であること」などを十分理解してもらう必要があること、経営者に対しては「外部招聘者に望むことを明確にする」、「従業員の承諾を得る」、「具体的な承継計画を作成する」などが必要であることを説明し、具体的な実施事項について提案します。また、場合によっては経営者の個人債務保証の引き継ぎが必要となることもあり、その点についても招聘者と事前に話し合ってもらうようにアドバイスします。

（3）経営資源の引き継ぎ

井上（2017）は、廃業時における経営資源の引き継ぎによって「経営資源を散逸させることなく地域に留め、他社による再活用を促すことができれば、地域経済の活力維持や、場合によっては更なる活性化が期待できる」と主張し、「必ずしも事業主体の継続・承継にはこだわらず、個々の経営資源の引き継ぎを支援することも重要な政策課題となる」としています（p.23）。また、実際の調査でも従業員さんや設備、販売先等の経営資源については、廃業企業の約半数が他者に引き継いでいるとされます（中小企業白書2019、p.78）。筆者の周りでも、そうした事例がありました。同業者A社の廃業を受けて、B社の後継者から「M&Aをするつもりはないが、A社の顧客、販売した設備のメンテナンス等を引き継ぎたい」旨の相談がありました。筆者は、A社とも交流があり、A社が廃業によって顧客に迷惑をかけることは決して望んでいないことをよく知っていましたので、B社の後継者に対して「結論を急がず、A社の意見も聞きながら、ぜひ引き継ぎを進めてほしい」とアドバイスしました。B社後継者の努力もあり、「①A社の治具、図面、資料、顧客台帳、記録など

をＢ社に供与する。②Ａ社の顧客から新規に受注があった場合（ただし今後5年間）、機械販売価格の8％を支払う、③希望があれば、Ａ社の従業員さん1名をＢ社で採用する」といった条件で合意することができました。Ｂ社のみならず、Ａ社とその顧客にとっても良い結果になったと思います。

　コンサルタントには、廃業を決断した経営者に対しても地域や同業者への貢献といった視点から社内の有用な経営資源の引き継ぎを検討してもらうことも提案してほしいと思います。

　ただし、こうした既存事業の継続を前提にしない経営資源の引き継ぎは、廃業のみならず事業承継でもかなり以前から議論されています。前述した加藤（2008）は、もともと小売業では「事業を承継するというよりも、『店舗・設備』などの物的施設の継承、現実には貸与という有効活用を望む」とし、「事業の承継そのものについては、それほど強い『固執』はない」と紹介しています（p.129）。また、大西（2001）は米国型のスクラップアンドビルドとは異なる日本の中小企業の業態変化による第2創業こそ日本経済復活のカギとし、後継者がこれまでの経営資源を最大限に生かしながら新しい取り組みを行うためには、制度整備を通じて哲学ある経営者の育成が何より重要であると主張しています。

　変化の激しい現在では、先代時代の事業に将来性があるかどうかは大いに疑問であり、先代から受け継ぐ有形・無形の経営資源をベースとして、新規事業、業態転換、新市場参入などに挑戦する後継者を育成する動きは最近特に顕著になってきています。2018年に設立された「一般社団法人ベンチャー型事業承継」では、多くの企業や団体、地方自治体の協賛を得ながら、後継者の学びのプラットフォーム作りや講演会、交流会を行っています（同法人のホームページより）。また、中小企業庁においても、先代が培った有形・無形の経営資源を活用した新規事業プランの事業化促進に向け、全国の承継予定者（アトツギ）に限定した「アトツギ甲子園」というイベントを2021年より開催しています。

2　企業運営と公的支援の在り方の革新

　事業承継の公的支援については、これまで後継者不足を主要な課題として捉えたさまざまな議論や施策が行われてきました。しかし、中小企業者の廃業理由の第1位は後継者不在ではありません。中小企業白書（2014）が示す「廃業を決断した理由」の第1位は「経営者の高齢化、健康（体力・気力）の問題」で48.3％、第2位は「事業の先行きに対する不安」で12.5％、「後継者（事業承継）の見通しが立たない」は4.2％にすぎません（p.280）。中小企業白書（2019）でも、「事業を継続しなかった理由」の第1位は「もともと自分の代で畳むつもりだった」が58.5％、第2位は「事業の将来性が見通せなかった」41.6％、第3位が「資質のある後継者候補がいなかった」で19.8％となっています（p.113）。つまり、堀越（2017）が主張するように「後継者の不在は、組織という個別主体の失敗の帰結であり、わが国における中小企業の事業承継で問題とされるような、高齢化や少子化といった経済社会的な趨勢とは何らかかわりのないこと」（p.184）であり、廃業や後継者不足を招いた多くの要因は先代の企業運営の結果から生じたものであるといえます。前述したように政府もこれまでの支援の在り方を反省し、経営者の自己変革力、潜在力を引き出し、経営力を強化・再構築することを目的とした伴走支援を推進しようとしています。

　では、どのような企業運営が事業承継問題を生じさせているのでしょうか。

　筆者は、経営者であった時代の経験も含めて、事業承継は本来企業運営や経営計画と一体をなすものと考えています。松下幸之助の言葉にあるように、たとえ少人数といえども「企業は公器」であり、中小企業経営もゴーイングコンサーンを前提に行われ、経営者は常に経営の革新や後継者の準備を怠らないようにしなければならないはずです。「もともと自分の代で畳むつもりだった」と答えた経営者は、本当にそのつもりで創業し、従業員さんを雇用し、顧客や取引先の期待に応えてきたのでしょうか。筆者は、企業運営の結果、その結論

を得たとしか思えません。しかし、そうした企業運営のすべてを個々の中小企業経営者だけに任せておいてよいのでしょうか。何度も触れているように、中小企業を取り巻く経営環境は大きく変化しているにもかかわらず、中小企業の経営者の大部分はプレーイングマネジャーであり、日々の業務や課題への対応に追われて、それら変化への対応が難しいのが実情です。グローバルな競争がますます激しくなると予想される現代では、これまでの中小企業経営の枠組みや公的支援を踏襲するだけでは根本的な事業承継の課題解決にはならない可能性があり、筆者は中小企業の運営やそれを支える制度、公的な支援の在り方も変わるべき時期に来ていると考えています。

　そこで、最後に企業運営と公的支援の革新による事業承継問題の解決をテーマに、「資本の引き継ぎ」、「後継者の準備」、「公的支援の在り方」について、筆者なりの提案を各3つずつ行いたいと思います。コンサルティングにおいては、更なるアカデミックな研究成果の蓄積だけではなく、法的な整備や新たな支援策の策定、支援ツールの開発を待たなくてはならないものもあります。コンサルタントは、支援における環境整備を待ちながらも、可能な限り伴走支援の当初から企業運営の革新による円滑な事業承継、事業継続の可能性について、後継者とともに検討できるように準備していく必要があります。

（1）資本の引き継ぎ

　これまで述べたように、日本の多くの中小企業では経営者とその親族が企業の大部分の資本を保有することが前提となっており、先代から後継者への資本の引き継ぎが事業承継の大きな課題となっていますが、この資本の引き継ぎの革新には以下の3つの方策が考えられます。

① 経営と資本の分離

　1つ目の方策は「経営と資本を分離する」ことです。第3章で説明した「所有と経営の分離」と同義ですが、説明の都合上、ここでは「経営と資本の分離」といいます。欧米のファミリービジネスでは、事業承継は「経営者」、「オーナー（所有者／株主）」、「ファミリー」という3つの構造（スリーサー

図表 41　経営と資本が分離された場合の中小企業経営像

立場	具体的な姿
経営者	・リーダーの同族経営者は 3 つの立場すべてで役割を担う（p.25） ・外部での企業経験を積むように求められる（p.43） ・一に後継者、二に後継者、三に後継者（p.157）
オーナー	・中には（企業の）成長など必要ないとする人もいる（p.49） ・所有とファミリーと経営との間に調和を創り出すことが求められる（p.76） ・取締役を選任し、取締役会の形を決める（p.78）
ファミリー	・一部の同族関係者は、オーナーでもなく、企業で働いたこともない（p.26） ・特に難しい問題となるのがファミリーメンバーの採用（p.41） ・全員の合意に基づいて規約を制定（p.84）

出典：Craig & Moores（2019）から筆者作成。（　）内は掲載頁。

クルモデル）により議論されています。創業当初では同族が株式を保有し、経営も担いますが、2 代目、3 代目以降は同族経営から同族保有に移行する傾向があるとされ（水谷 2022、p.10）、ファミリービジネスにおける事業承継は「オーナー経営者からファミリーメンバーもしくは専門家である非ファミリーメンバーへの経営権の承継」（Beckhard & Burke 1983）といわれています。日本の中小企業もほとんどがファミリーメンバーを中心とする事業承継が行われていますが、前述の水谷（2022）は、日本の同族企業においても経営と資本の分離が進むとし、同族株式の取り扱い等の法的整備が必要であるとしています（pp.20-21）。

　では、経営と資本が分離された状態とはどのようなものか、何がどう変わるのでしょうか。これまでの中小企業経営との相違点について Craig & Moores（2019）から**図表 41** に抜粋してみました。経営と資本が分離されるために、経営者、同族関係者に新たな義務や責任が生じていますが、大企業の同族企業を思い描けばわかりやすいかもしれません。こうした状況は、日本の中小企業でも十分受け入れ可能なはずです。

② 従業員持株制度の導入

　2 つ目の方策は「従業員持株制度の導入」です。中小企業基盤整備機構の運

営する J-net21 では「従業員持株制度とは、奨励金の支給や株式取得資金の貸し付けなどの便宜を与え、従業員が会社の自社株を取得することを奨励する社内的な制度」と定義し、そのメリットとして「経営権に影響しない程度の株数を従業員持株会に譲渡または贈与することで、株式を社外に流出させずに、オーナーの相続財産を減らすことが可能」となることを挙げています。また、中小企業白書（2018）では「経営の参画意識の向上」、「業績向上に対するモチベーションの向上」などのメリットを挙げています（p.89）。英米では事業承継対策として普及した従業員持株制度が、従業員が自ら働く会社の影響株主・支配株主となるコーオウンド・ビジネス（従業員所有事業）へと発展しており、英国では 2020 年までにコーオウンド・ビジネスを英国 GDP の 10％を支えるようになるまで育成する計画であり、米国ではすでに民間雇用の 10％を支えているとしています（細川 2015、プロローグ）。日本でも一部の企業でそうした傾向が見られ、最近では無印良品を展開する株式会社良品計画が 2022 年の中期経営計画においてコーオウンド経営に言及して話題となりました。中小企業においても、筆者の前職時代の取引先であるアイコクアルファ株式会社さんがそうした経営を行っているとして新聞記事で紹介されました（日本経済新聞電子版　2022 年 9 月 14 日）。同社のホームページには、経営理念の一部に「資本面では全従業員が株主として、経営面では毎月 2 回開かれる組合との経営懇談会で、仕事面では自主的に設定した目標への挑戦を通じて実際の経営参加が行われて」いることが紹介されています。とはいえ、従業員持株制度にも課題はあります。道野（1998）は、日本の従業員持株制度のデメリットについて、「非公開会社においては、自社株の市場がなく、株式の譲渡が定款によって制限されていなくても困難である」ことや「従業員株主による株主権の行使が実質的に困難」な点などを挙げています。細川（2015）は、欧米ではそうした課題について「非上場会社では会社がその株を第三者が算定する時価評価で買い戻す義務を負う」（p.55）、従業員のために「経営陣が株主総会を毎月開く」（p.67）といった事例を紹介しています。

③ 外部株主の参画

　3つ目の方策として、「外部株主の参画」を図ることもオーナー経営者に集中している株式の割合を低減し、後継者への資本の引き継ぎを容易にすることにつながります。外部株主とは、オーナー以外の第三者の株主（非同族の役員、従業員、取引先、金融機関等）ですが、ここでは具体的な外部株主として投資育成会社や地域金融機関を挙げて説明しておきます。中小企業白書(2018)では、外部株主の存在メリットとして「経営に対する適度な緊張感」、「経営の透明性の向上」、「適切な経営判断への寄与」を挙げ（p.88）、一方で「オーナー経営企業で外部株主がいない企業は、経営者本人及びその親族以外に株主が存在しないため、株主の規律が働きにくい統治構造の会社である」としています（p.84）。馬場（2022）は、役員や社員に引き継ぐ社内承継においては、同族内での株式分散を防止し、承継後の経営を安定させるために、外部の長期安定株主を導入する必要性を検討すべきであるとし（p.32）、投資育成会社は「外部株主としてガバナンス効果を発揮しながら経営者の経営を尊重する」（p.33）としてその活用を主張しています。また、金融機関については、中小企業応援ファンド、エクイティ・ファイナンス、企業再生や地域創生のためのファンドなど、中小企業に対してさまざまな出資を行っていますが、地域金融機関によるリレーションシップバンキングという観点からは十分な取り組みが行われているとはいえません[51]。筆者は、大学卒業後に地元の信用金庫に就職しましたが、その基本方針である「地元産業の発展と社会の繁栄に奉仕する」という言葉は今でも心に強く残っています。地域金融機関については、もともと「地域社会への貢献」という経営使命があるはずであり、企業のニーズに応えるだけでなく、自らのリスクに基づいて地域の中小企業への投資を積極的に行い、企業の育成や産業振興、地域の再開発などに貢献してほしいという思いがありま

51　金融庁が2007年に公表した「地域密着型金融の取組みについての評価と今後の対応について─地域の情報集積を活用した持続可能なビジネスモデルの確立を─」という報告書では、各金融機関の取り組みには、なお不十分な点も少なくないとし、地域密着型金融の取り組みについては二極化傾向が見られるとしています（p.2）。

す。この点に関しては、後述する（3）項で詳しく述べます。

（2）後継者の準備

　経営者交代の在り方については、第 4 章で先代の準備や後継者の能力形成等について説明してきました。しかし、そうした経営者交代では先代からの実質的な後継者指名があったのちに後継者教育が行われる場合が多く、結果として事業承継が遅くなり、廃業につながる可能性があります。前述したように、筆者には事業承継は経営計画の一部であり「切羽詰まってから考えるものではない」という思いがあります。また、後継者の決定が早ければ、承継のために取りうる手法も多くあり、却って余分な費用を掛けなくて済む場合もあります。

　ここでは、そうした考え方から後継者の準備を着実に実施する方策として、「経営者在任期間の設定」、「経営者教育の拡充」、「複数企業間での承継」の 3 つについて説明します。

① 経営者在任期間の設定

　まず、「経営者在任期間の設定」です。中小企業庁の令和 4 年中小企業実態基本調査速報によれば、中小企業の社長の在任期間別構成比は、「30 年以上」（30.5％）が最も高く、次いで「10 年〜20 年未満」（26.2％）、「20 年〜30 年未満」（18.8％）の順とされています（p.15）。一方で、東京経済大学（2015）では、2013 年度の東証上場企業 3,550 社の経営者の在任期間は平均 7.1 年とされており、中小企業経営者の在位期間が特別に長いことがわかります。もともと、株式会社の取締役には会社法により定められた任期（非公開会社の場合、最長 10 年）がありますが、中小企業の場合はオーナー経営者であることが多く、そうした任期はまず意識されることはないため、在任期間が長期化して後継者育成や経営者交代が遅れる要因となっている可能性があります。経営者の在任期間が長いことが企業業績に与える影響については功罪両面の議論がありますが、前述の東京経済大学（2015）では「コーポレートガバナンスの観点から、経営者の在任期間についてあらかじめその期限を設定しておくことには、一定の効果が期待できる」としています（p.222）。

　筆者の支援企業でも、経営者が自らの退任時期を予定し、そのかなり以前から後継者を指名して公表し、計画的に育成を行っている企業が2社あります。いずれも、企業規模は20名未満の製造業で、社長は50代前半、後継者指名を社内に公表したのはともに40代で、後継者の指名を受けている従業員さんは、1社は現経営者の同族の配偶者、1社は非同族の従業員さんです。2人への後継者教育はすでに行われており、さまざまな業務の習得や現経営者に代わる会議の主催、顧客への対応などの実践が中心です。2社の経営者が早期に社内承継を決断した理由は、経営者の子女に後継者はいないと判断したこと、引き継ぎ後にやりたいことがあるなどのためです。しかし、多くの経営者にとって、本人の意思のみで経営者在任期間の設定をすることは難しく、外部からの支援やアドバイス、とりわけ伴走型の支援を行うコンサルタントや支援機関の存在が必要であり、筆者は後述する中小企業への定期アドバイス支援の創設が有効であると考えています。中小企業の経営者に、在任期間の設定（退任時期）を意識してもらうことができれば、筆者の支援企業のように後継者育成は早期かつ計画的に進展するものと思います。

② 経営者教育の拡充

　続いての方策は、「経営者教育の拡充」です。中小企業白書（2018）によれば、中小企業における従業員教育はOJTによる場合が大半ですが、規模の大きい企業ではOff-JTによる「マネジメント（管理・監督能力を高める内容など）」、「新たに管理職となった者を対象とする研修」等の実施割合が高くなっているとしています（pp.192-194）。神谷（2020）は、後継者の準備として従業員さんに幅広く経営教育を行うことについて、「外部からの多様な経営人材の供給の仕組みの充実に加えて、後継経営者の選択の幅を拡げ、中小企業の存続、発展に貢献する」とし、大企業と同様な管理者研修の必要性を主張しています（p.13）。少ない従業員さんの中から後継者を選択することは確かに大変ですが、前述した筆者の支援企業2社はいずれも20人以下の製造業であり、選択の幅が少ないからこそ、どちらの経営者も積極的かつ計画的に後継者を育成しているのです。

　筆者は、知り合いの経営者から「うちの社内には、経営者になれる人間はいない」といった話をよく耳にしますが、そうした企業では従業員さんへの教育が十分行われていない場合がほとんどです。最近では社外での後継者教育の機会も増加しており、第 5 章で紹介した中小企業大学校のような専門機関だけでなく、商工会議所や商工会などが開催するセミナーや大学での事業継承塾の開設（守屋 2020）や、地域での人材育成の仕組み作り（関 2013）なども行われるようになっています。もちろん、資源的な余剰に乏しい多くの中小企業では、大企業のように社内の教育・訓練制度によって全員に経営教育を実施することはできません。しかし、できるだけ多くの従業員さんに、より早期から、より全体的に経営者教育の機会を与えることは、後継者選択の幅を拡げるだけでなく、従業員さんの積極的な経営参画を促すことにつながります。重要なことは、そうした教育・研修の機会を通して、将来の経営者が従業員さんの中から選ばれるということを社内で共有することです。

③ 複数企業間での承継

　3 つ目の方策は、「複数企業間での承継」です。中小企業は、地域の産業集積や地場産業、サプライチェーンといったビジネス・エコシステムの中で互いに支え合っていますが、近年のグローバルな競争の激化により単独の企業のみでは存続が難しい場合が多くなりつつあります。この方策は、企業単独で事業承継を考えるのではなく、関連する企業群や地域の企業群として個々の企業の事業承継を捉え、産業集積の維持や地域特有の事業の継続を図ろうとする考え方です。例えば、事前に複数の企業で引継ぎ会社を設立して事業を一体化しておき、後継者も複数の企業の経営者から選出するといった形態や、単独での事業承継を断念した企業の人、設備、ブランドなどを関連する複数の企業が引き継ぐ計画をしておくといった形態が考えられます。そうした道筋を示すものとして、2001 年 7 月に設立された「試作ネットワーク」の成功を端緒に、大手製造業を中心とした 27 社出資による「京都試作センター株式会社」が 2006 年に設立されたり、試作ネットワークを見学した四日市市のモノづくり企業 16 社の出資による「株式会社試作サポーター四日市」が 2011 年に設立されたり

するなど、地域の複数企業の連携や出資による共同事業が始まっていることが挙げられます。複数の企業間で共通した事業承継の受け皿を用意しておくことで、個々の企業の廃業の影響を極力小さくしておくことができます。

さらに、後述するように、地方銀行による地域商社や事業承継仲介会社がそうした事業形態を支援できる可能性があります。大阪の産業集積を分析した関（2011b）は、産業集積の縮小の要因として「経営者の高齢化ならびに後継者不足」を挙げ（p.147）、縮小を食い止めるためには「地域リーダー企業ともいうべき企業群の果たしうる役割が重要」（p.147）としています。筆者は、そうした地域の中心的な企業を核とする複数の関連企業、地域企業によるネットワークや連携強化の傾向は今後も続き、後継者のいない企業の事業承継や経営資源の引き継ぎは、複数の企業によって承継、引き継ぎされることも支援環境が整えば十分可能であると考えています。

（3）公的支援の在り方

現在の事業承継に対する公的支援には、事業承継・引継ぎ支援センターでの事業に加え、補助金、税制、金融支援などのさまざまな支援策があります。しかし、本章の冒頭で述べたように、そうした支援だけでは依然として中小企業者の減少を食い止めるまでには至っていません。筆者は、政府の掲げる伴走型支援に加えて、さらに新たな視点からの公的支援が必要ではないかと考えており、期待する施策について提案したいと思います。

① 定期アドバイス支援

最初に提案する支援策は「定期アドバイス支援」と呼ぶもので、会計事務所が行う決算業務のように、コンサルタントが事業年度ごとに企業を訪問し、継続して経営に対するアドバイスを行う長期の伴走支援です。この支援の目的は、コンサルタントや支援機関が定期的かつ長期にわたって伴走支援を行うことで、支援企業の事業内容や経営状況を習熟し、経営上の課題をタイムリーに指摘して、企業の潜在的な課題の解決や事業の継続や発展に貢献することです。『経営力再構築伴走支援ガイドライン』（中小企業庁 2023）で示された「見

えない」、「向き合わない」、「実行できない」、「付いてこない」、「足りない」という 5 つの壁は（pp.14-15）、具体的な支援を求めない多くの企業にも存在しており、そうした企業にも支援の機会を提供したいのです。政府のいう不確実性の高まりと経営環境の不可逆的な変化は、今後もあらゆる中小企業の経営に影響を及ぼすはずであり、更なる中小企業者の減少を防止するためには、幅広い企業への継続的な支援が必要です。

　この定期アドバイス支援でコンサルタントに期待するのは、いわば「中小企業の業務監査機会の提供」であり、支援を通じてノウハウを蓄積して将来の中小企業向け監査制度の創設につなげることです。大会社は、会社法や金融商品取引法での監査が義務づけられており、監査役の行う監査には「業務監査」と「会計監査」があります。一方、中小企業はそうした監査は任意とされており、財務状況については決算という形で会計事務所や金融機関等の目に触れる場合がありますが、事務監査の対象となる経営目標や経営計画の達成状況、投資や人的資源管理の状況といった企業運営に関する情報については、第三者に伝えられ、評価される機会はまずありません。株主総会が唯一の機会といえますが、経営者とその家族が大株主である場合が多いため、株主総会自体が開かれなかったり、開かれたとしても企業運営や経営者について外部から評価やアドバイスを受けることは期待できないのが実情です。

　そこで、一定規模以上の売上を達成している企業や長期にわたる支援を希望する企業、後述する地域の産業集積や文化にとってかけがえのない企業などには、この支援策によって大企業のような「業務監査」や「会計監査」を受ける機会を提供し、コンサルタントや支援機関、取引する金融機関、会計事務所などから、経営の評価や対処すべき課題について定期的にアドバイスを受けることができるようにします。

　1999 年の中小企業基本法の改正により中小企業は「我が国経済の基盤を形成するもの」と定義されたはずであり、もはや弱者ではない中小企業の保護、育成のためにも大企業と同様な制度的支援が必要な時期になっています。政府は、2023 年 6 月に売上高 100 億円規模の中小企業の創出を目指すことを今後

の政策の方向性として発表しましたが、その実現のためにも経営者へのこうした定期的、長期的なアドバイスの継続が欠かせないはずです。また、将来、監査制度が創設された際には、業務監査を中小企業診断士の独占業務とすることで、わが国唯一の国家資格を持つコンサルタントとしての活用が図られるだけでなく、そうした監査の蓄積によって、中小企業経営での規範やベストプラクティスの確立、共有が図られ、伴走支援者の育成、レベルの向上にも繋がります。

② 特定中小企業者の指定

　2つ目の方策は「特定中小企業者の指定」です。何度も述べているように、中小企業は地域の産業集積の要であり重要な地方文化の担い手でもあるとともに、過疎地域に居住しながら食品や燃料などの生活物資を提供する公的支援の役割も果たしています。国は文化と産業が一体となって自立的・持続的に発展していくメカニズムを形成することを目的として2017年12月に「文化経済戦略」を定めましたが、その背景には地域コミュニティの衰退と文化の担い手不足があるとしています（pp.1-2）。また、吉田（2005）は、産業を「文化型産業」と「文明型産業」に分けて論じ、文化型産業は主に中小企業が担ってきたとして、地域密着型の中小企業の役割の重要性を論じています（p.27）。筆者は、文化の直接的な担い手だけではなく、その経済基盤や地域のコミュニティを構成し、文化の支援者・継承者を支える中小企業も保護する必要があると考えています。また、最近では、ソーシャルビジネスの受け皿としてもさまざまな中小企業が活躍しています。皆さんも徳島県上勝町にある「株式会社いろどり」についてご存じではないでしょうか。料理のツマ（つま）として使われる葉類を扱うこの企業は、過疎高齢化が進む地域で、地元の高齢者を活用した産業づくりの好事例とされています。

　「特定中小企業」とは、そうした地域の課題解決や文化・産業に貢献している中小企業者を地方公共団体が指定し、税負担の軽減や補助金の支給といった支援だけではなく、必要な場合は公的機関の一部として予算をつけて事業を継続してもらおうとする制度です。NPOやNPO法人と特定中小企業者の区別

がわかりにくくなりますが、筆者はもともと公的支援については、NPO 事業者と中小企業事業者を区別する必要はないのではないかと考えています。

③ 地方金融機関への更なる規制緩和

　3 つ目の方策は、「地方金融機関への更なる規制緩和」です。政府は企業の生産性向上や経済の活性化に努めてきた地域金融機関の取り組みをサポートする目的で、業務範囲等の規制緩和を段階的に実施してきています。2019 年の銀行法施行規則の改正により、地方銀行の議決権保有制限の例外措置の適用は、「事業再生会社」、「事業承継会社」、「地域活性化事業会社」、「銀行業高度化等会社（地域商社を含む）」の 4 つの類型に拡大され、事業承継については、保有する投資専門子会社を通じて、最大 100％の議決権を保有することが可能になっています。また、金融機関が実施している中小企業への経営支援サービスには、「販路・仕入先拡大支援」、「諸制度の情報提供」、「財務・税務・労務相談」、「経営計画・事業戦略等策定支援」、「事業承継支援」、「M&A 支援」、「人材育成支援」、「海外展開支援」、「再生支援」、「社内体制整備支援」、「製品・サービス開発支援」、「研究開発支援」、「金融機関系列のファンドからの出資」という 13 の支援があるとされ、金融機関の業態別に見ると、規模の大きい都市銀行や地方銀行・第二地方銀行では「販路・仕入先拡大支援」が高く、信用金庫・信用組合では「再生支援」の取り組みが上位に来ており、政府系金融機関では「諸制度の情報提供」が最も高いとしています（中小企業白書 2016、p.368）。

　しかし、こうした支援はあくまでも企業側の求めに応じて行うものであり、個々の経営課題の解決支援にすぎません。全国規模で大企業を中心に営業を展開する都市銀行はそれでよいとしても、地方経済を担う中小企業を基盤とする地方銀行や信用金庫などの地域金融機関はそうした個別、短期的な支援だけでよいのでしょうか。筆者は、地域金融機関は、コンサルティング機能による企業支援だけでなく、自らリスクを取って地域への積極的な投資を行い、地方創生、地域の再開発や産業の再編成における役割を主体的に果たすべきであると考えています。すでに、地域金融機関によって「地域商社」が設立[52]され、地

域事業を活性化させる取り組みが行われていますが、それだけでは不十分であり、地域金融機関独自の計画や評価に基づいて、中小企業への積極的な資本参加、市街地再開発、企業誘致、産業集積の強化などへの投資を検討するべき時期が間近に迫っています。地域経済の衰退は、地方金融機関自体の弱体化、経営基盤の衰退を意味しているはずであり、地方銀行や信用金庫などの地域金融機関の業務範囲における規制緩和をさらに推進する必要があります。

52　2021 年 3 月 5 日付の日本銀行の「地域金融機関による地域商社の取組みと将来展望　論点整理」では、生産者に成り代わり、地域産品の卸・小売を行いつつ、ブランディング・マーケティング、販路開拓も行い、併せて連携の核となる地域商社の運営については、地域金融機関が持っている信用力、情報、ネットワーク、人材が役立つとし、地域金融機関が地域商社の設立・支援に取り組みやすい環境の整備も進んでいるとしています。

あとがき

　筆者が事業承継について研究したいと思ったのは、両親の介護のために前職を少し早めに退職してからのことです。もともと筆者の生家は味噌醤油の醸造業をしており、一時期テレビ CM を流すほど勢いがありましたが、身内ばかりの経営にほころびが生じ、地域の食生活の変化もあって衰退しました。それでも家業を引き継ぐつもりで、大学卒業後に地元の信用金庫に就職し、中小企業の経営を外部から学んでいました。しかし、当時の状況はますます回復の見込みがなくなってきており、結局承継を断念して父親の代わりに資産売却等による借入金の返済等を行い、廃業の手続きを進めました。そうした折、義父の急逝に伴って義兄から誘いを受けてともに先代の事業を承継することになり、最終的に売上 100 億円、従業員数 250 人を超える企業に成長させることができました。事業承継は、まさに自分の人生の大きな岐路であり、「なぜ父親の事業承継は失敗し、なぜ義父の承継は成功できたのか」、「廃業を招いた父親の経営と自分たちの経営にどんな差があったのか」、「なぜ自分は家業を見捨てなければならなかったのか」、「どうしたら中小企業が潰れずに済むのか」、そうした理由を知りたいと思ったからでした。

　2011 年に 23 年の間経営に携わった前職を退職して介護を始めましたが、思った以上に両親が早く旅立ってしまったため、2012 年に名古屋市立大学の大学院に入学して経営学を学び直すとともに、そうした疑問を解決するために事業承継をテーマとして研究を始めました。その後、いくつかの学会に所属しながら研究を続け、2019 年に経済学（経営学専攻）の博士号を取得するとともに、同年に企業家研究フォーラムでの学会賞の受賞、中小企業学会での統一論題の報告と、事業承継に関する研究で望外の成果を上げることができ、2023年版中小企業白書では、第 2 部第 2 章第 1 節の「事業承継・M&A」に関する記述で筆者の論文が参照され（p. II -135）、研究者として認知されるようになりました。その間、2014 年に中小企業診断士の資格を取得し、友人から依頼

された企業再建をきっかけに 2015 年からコンサル業務を開始し、2016 年 6 月からは前職で参加していた企業団体からの要請を受けて経営塾を主宰するようになり、コンサルタントとしてもこれまで延べ 30 社近くの企業の経営に伴走的に関与し、自社以外の企業運営についても多くの知見を得てきました。

　今回の執筆は、支援機関やコンサルタントの皆さんに、事業承継支援を通じて中小企業を応援していただけるように「自分の経験や学習を活かした貢献をしたい」というのが動機です。信用金庫に勤務し、実際に事業承継をして中小企業経営を行い、アカデミックな学び直しや研究も行った筆者だからこそ、これまでのコンサルティングとは異なる視点、内容で後継者のための伴走的支援について書けるのではないかと思ったのです。所属する中小企業診断士の研究会で、本書の構想を公表したのは 2018 年 10 月であり、その後は執筆部分をその都度研究会で発表して、メンバーに検討をいただきながら完成させる予定でしたが、2019 年の 12 月に始まったコロナ禍を受けて、研究会の開催が度々中止されるとともにメンバーの集まりも激減してしまい、思うように書き進めることができませんでした。研究会の開催は、2019 年から 2021 年の間ではオンライン開催を含めてわずか 2 回に留まり、2022 年でも 3 回しか開催できませんでした。2023 年 1 月からは毎月開催に戻って、定期的に検討をさせていただけるようになり、ようやく本年 2 月の研究会で検討を終えることができました。

　その間に、政府の事業承継に対する考え方は大きく変容し、本文でも紹介したように、親族内承継を中心とした従来の承継から M&A や外部人材の活用といった親族外承継や社外への引き継ぎの推進を図るようになっています。また、そうした傾向を受けて 2022 年 3 月には『事業承継ガイドライン』が改訂され、従業員承継や第三者承継（M&A）、後継者目線に立った説明が充実されました。さらに、そのガイドラインの改訂に合わせるかのように、政府は 2022 年 3 月には中小企業伴走支援モデルの再構築についての在り方をまとめ、中小企業の個別支援についてのこれまでの考え方を改めようとしています。個別企業の支援については、これまでの企業の窮状を救うための緊急避難的な

課題解決策の検討、実行プロセスにおける支援から、プロセス・コンサルテーションを推奨し、経営者等との「対話と傾聴」を通じて事業者の本質的課題に対する経営者の「気づき・腹落ち」を促す伴走型支援への変換を図り、伴走型支援を中小企業政策の共通インフラにしようとしています。

　しかし、中小企業の支援を行うコンサルタントや支援機関の人たちは、中小企業で勤務したり経営したりしたことがない人がほとんどであり、コンサルタントとして国家資格を持つ中小企業診断士でさえも、筆記試験合格後に15日程度の実務補習が行われるのみで医師や弁護士のような長期にわたる実務研修は義務づけられていません。伴走的支援を行うコンサルタントは、支援企業—とりわけ経営者や従業員さんの実態、実情—の調査を通して、良くも悪くも自らの理解、自らが持つ“あるべき姿”に基づいて、計画的なコンサルティングを実施しなければなりませんが、そうしたことを可能にする研修・教育や依拠する文献基盤（テキストなど）もないのが実情です。筆者は、経営者時代に著名なコンサルタント会社に今後の経営についてのアドバイスを依頼したことがありましたが、中小企業経営の現実や限界を十分理解してもらっていなかったため、費用に見合った提案やアドバイスいただけたとは到底思えませんでした。

　こうした実情を招いている責任は、支援者や研究者だけにあるのではなく中小企業の経営者にもあります。中小企業では経営に関する情報公開の意識が低く、意思決定のプロセス、経営の課題、人材育成などに関する経営者からの情報発信が全く不足しているからです。筆者の経験では、経営者は経営の現状が外部に知られないため独善的になりやすく、『経営力再構築伴走支援ガイドライン』にいう「本質的課題」に自ら気づけない場合が多いと感じています。また、伴走型支援は大賛成ですが、経営者自身への教育、研修も不足しており、「経営者が自ら気づき、その解決に主体的に取り組むよう辛抱強く促す」ことは容易ではありません。つまり、中小企業支援においては、経営者自身にも課題があり「課題がわからないことが課題」、「経営者が課題解決のボトルネック」であることも多く、コンサルタントから“あるべき姿”の示唆や課題

解決への提案がある程度できなければ、経営者は課題の認知さえできない恐れがあるのです。さらに、実際の個別支援では、経営者の気づきを待つほどの時間的余裕はありません。コンサルティングを効率的に行うためには、中小企業経営への理解や業種ごとの課題解決につながる専門的知識がどうしても必要です。本書は当初経営者向けに執筆する予定でしたが、こうした事情からコンサルタントや支援機関用のテキストに変更しました。

　本書に書かれているコンサルティングや実践内容は、その大半は実際に筆者が経営者時代に事業承継プロセスの中で実践したり、考えたりしたことであり、また主宰する経営塾や支援してきた多くの経営者と議論し、検討したことばかりです。メーカー中心で、業種や地域にも偏りはありますが、中小企業経営の実態を反映している内容であると確信しています。本書が事業承継支援を行う支援機関やコンサルタントの皆さん、中小企業経営者の皆さんに少しでも役立ち、中小企業の維持、発展に貢献できることを願っています。

　最後になりますが、中京大学名誉教授の寺岡寛先生には、執筆にあたって多くの励ましや助言をいただきました。衷心より感謝申し上げます。

2024 年 3 月　　神谷宜泰

【参考文献】

1. 邦文文献

浅井敬一朗（2007）「中国プラスチック金型メーカーにおける技術革新の導入とスキル」『日本経営学会誌』20、pp.130-139

足立裕介・佐々木真佑（2018）「親族外承継に取り組む中小企業の実態」『日本政策金融公庫論集』第 40 号、pp.33-52

安部悦生（1995）「革新の概念と経営史」明治大学『経営論集』42（1）、pp.53-78

阿部仁志＆黒須豊（2002）「経済性価値評価におけるビジネスモデルの役割」、年次学術大会講演要旨集、17、pp.407-410

池田潔（2019）「経営戦略論から見た中小企業ネットワークの成果と課題―サステナブル組織の形成に向けて―」『大阪商業大学論集』15（1）、pp.179-197

伊丹敬之（2013）『よき経営者の姿』日経ビジネス文庫

伊東博巳（2005）「大田区の地域知財戦略への取り組み」『パテント』58（5）、pp.11-17

井上考二（2008）「小企業における事業承継の現状と課題」国民生活金融公庫総合研究所編『小企業の事業承継問題』中小企業リサーチセンター、pp.3-50

井上考二（2011）「中小企業において差別化の源泉となる人間の個性」『日本政策金融公庫論集』第 13 号、pp.59-76

井上考二＆山田貴之（2017）「廃業時における経営資源の引き継ぎの実態と支援の必要性：『経営資源の譲り渡しに関するアンケート』から」『日本政策金融公庫調査月報：中小企業の今とこれから』日本政策金融公庫総合研究所編、（108）、pp.4-15

井上考二（2017）「中小企業における経営資源の引き継ぎの実態」『日本政策金融公庫論集』第 36 号、pp.21-53

井上達彦（2010）「競争戦略論におけるビジネスシステム概念の系譜」『早稲田商学』23、pp.193-233

岩崎尚人＆神田良（1996）『老舗の教え』日本能率協会マネジメントセンター

植杉威一郎（2013）「非上場企業における退出は効率的か：所有構造・事業承継との関係」『経済研究』64（4）、pp.303-319

ウエスタン安藤（2016）『小さな会社のための世界一わかりやすい会計の本』日本経済新聞出版社

大阪中小企業診断士会（2018）『中小製造業における「技能伝承（継承）」の実態調査と提言』大阪府中小企業診断協会モノづくり活性化研究会

大月博司（2004）「組織ルーティンのロジック」『北海学園大学経営論集』1（4）、pp.79-91

大月博司（2014）「組織変革における効率性と創造性をめぐる問題」『北海学園大学経営論集』11（4）、pp.29-43

大西正曹（2001）「経済政策に「経営者育成」の視点を：中小企業の第二創業こそが日本経済復活のカギ」『論座』76、pp.104-111

大野耐一（1978）『トヨタ生産方式　―脱規模の経営を目指して―』第117刷、ダイヤモンド社

岡田和秀（2011）「ファヨール理論の構造」、佐々木恒男編著『ファヨール：ファヨール理論とその継承者たち』文眞堂、第2章、pp.24-51

岡部光明・関晋也（2006）「日本における企業M&A（合併および買収）の効果」『総合政策学ワーキングペーパーシリーズ　No.107』慶應義塾大学大学院政策・メディア研究科

岡室博之（2004）『中小企業の共同研究開発と知的財産』一橋大学 COE-RES discussion paper series　No.90

小川英次（1991）『現代の中小企業経営』日本経済新聞社、pp.173-190

落合康裕（2016）『事業承継のジレンマ』第2刷、白桃書房

落合康裕（2019）『事業承継の経営学　企業はいかに後継者を育成するか』白桃書房

小野瀬拡（2014）「事業承継後のイノベーション：長寿企業を対象に」『日本経営学会誌』（33）、pp.50-60

科学技術・学術政策局（2009）「『科学技術・イノベーション政策の展開にあたっての課題等に関する懇談会』これまでの議論の取りまとめ」平成21年6月

加護野忠男・井上達彦（2004）『事業システム戦略　事業の仕組みと競争優位』有斐閣アルマ

加護野忠男（2009）「日本のビジネス・システム」『国民経済雑誌』神戸大学199（6）、pp.1-10

加藤司（2008）「日本の商業における事業継承の特殊性」『経営研究』58（4）、pp.127-143

金井一頼（1985）「中小企業の革新適応」『彦根論叢』（233）、pp.19-44

神谷宜泰（2014）『後継者の学習プロセス－中小鉄工業の事例から－』名古屋市立大学大学院経済学研究科 平成25年度修士論文

神谷宜泰（2018）「新参者による技術導入とその課題—中小製造業における後継経営者主導の技術革新—」『企業家研究』第 15 号（2018）、pp.1-23

神谷宜泰（2020）「後継経営者の状況的学習と課題—中小製造業の事業承継と経営革新—」『事業承継と中小企業（日本中小企業学会論集 39 号）』同友館、pp.3-16

神谷宜泰（2019）『事業承継を契機とした経営革新の理論的分析 − 中小企業特有の課題と組織変革プロセスの視点から − 』名古屋市立大学大学院経済学研究科 2019 年度博士論文

川上義明（2007）「中小企業経営・管理研究に関する基礎的考察」『福岡大学商学論叢』51（4）、pp.351-386

川上義明（2013）「中小企業研究への経営学的アプローチ：特殊経営学としての中小企業経営論」『福岡大学商学論叢』58（3）、pp.341-362

橘川武郎（2019）『イノベーションの歴史—日本の革新的企業家群像』有斐閣

窪田貞三（2018）『理念経営—「潰さない経営の極意」—』PHP 研究所

久保田典男（2011a）「事業承継と人づくり」、前川洋一郎・末包厚喜編『老舗学の教科書』同友館、pp.129-146

久保田典男（2011b）「世代交代期の中小企業経営—次世代経営者の育成」『日本中小企業学会論集』30、pp.17-31

久保田典男（2011c）「事業承継に際しての組織改革—中企業の事業承継におけるケーススタディ—」『日本政策金融公庫論集』第 11 号、pp.47-64

久保田典夫（2011d）「経営革新」、前川洋一郎・末包厚喜編『老舗学の教科書』同友館、pp.183-197

黒瀬直宏（2018）『改訂版複眼的中小企業論—中小企業は発展性と問題性の統一物』同友館

桑田耕太郎・田尾雅夫（2010）『組織論』有斐閣

コーチ・エイ（2009）『コーチングの基本』鈴木義幸監修、日本実業出版社

後藤昌彦（2020）『中小企業のための知財戦略 2.0』総合法令出版社

小林美月（2013）「企業間で作り上げるアドバンテージ　経営学論講 Dyer and Singh（1998）」、『赤門マネジメント・レビュー』12（5）、pp.397-414

小林靖雄（1996）「中小企業経営の特質—大企業との比較において—」小林靖雄・瀧澤菊太郎編『中小企業とは何か』有斐閣、pp.52-59

紺野登（2006）「ナレッジマネジメント：知識資産の経営」『情報処理』47（10）、pp.153-1158

さくら綜合事務所（2019）『これならわかる新しい事業承継の税務と対策』日本実業

出版社

佐藤厚（2012a）「中小機械・金属関連産業における能力開発」『日本労働研究雑誌』
　　618、pp.55-68

佐藤厚（2012b）「内部労働市場（ILM）と職業別労働市場（OLM）」『中小企業にお
　　ける人材育成・能力開発』第4章、（独）労働政策研究・研修機構、pp.93-126

澤邉紀生・飛田努（2009）「中小企業における組織文化とマネジメントコントロール
　　の関係についての実証研究」『日本政策金融公庫論集』2009年5、pp.73-93

柴山慎一、清水正道、中村昭典＆池田勝彦（2018）「先進事例にみる日本企業のイン
　　ターナルコミュニケーション：理念・ビジョンの浸透プロセスにおける「自分ご
　　と」の重要性」『広報研究』（22）、pp.25-39

小規模企業白書（2015）中小企業庁

商工総合研究所（2009）『中小企業における事業承継（平成20年度調査研究事業報告
　　書)』商工総合研究所

商工組合中央金庫（2009）『中小企業の事業承継に関するアンケート調査』

末松玄六（1959）『中小企業の経営学』ダイヤモンド社

末松玄六（1961）『中小企業成長論』ダイヤモンド社

鈴木勘一郎（2009）「中堅中小企業における理念経営に関する研究―価値、理念浸
　　透、そして業績―」『日本ベンチャー学会誌』14、pp.13-22

鈴木啓吾（2015）「事業承継を機に後継者が経営革新を果たすためのポイントとその
　　効果」『日本政策金融公庫論集』第29号、pp.29-41

鈴木泰詩・浦坂純子（2012）「中小企業従業員における組織コミットメントの規定要
　　因：経営者との一体感を醸成するためには」『評論・社会科学』（101）、pp.59-83

関千里（2013）「地域酒造業にみる人材育成―学校設置型・公設研究機関主導型・折
　　衷型にもとづく育成―」『経営管理研究所紀要』（20）、pp.57-68

関智宏（2007）「ビジネスプランと中小企業経営：中小企業家同友会の経営指針作成
　　文化運動との関連を中心に」中小企業家同友会全国協議会『企業環境研究年報』、
　　Vol.12

関智宏（2011a）『現代中小企業の発展プロセス―サプライヤー関係・下請制・企業連
　　携―』ミネルヴァ書房

関智宏（2011b）「産業集積における中小製造企業の存立と展望―大阪をケースとし
　　て―」『阪南論集』社会科学編46（2）、pp.139-153

髙橋美樹（2007）「企業の『慣性』とイノベーション」『三田商学研究』50（4）、
　　pp.83-95

髙橋美樹（2012）「イノベーション、中小企業の事業継続力と存立条件」日本中小企業学会編『中小企業のイノベーション（日本中小企業学会論集 31）』同友館、pp.3-15

田中道雄（2014）『中小企業マーケティング』中央経済社

中小企業基盤整備機構（2007）『中小企業のための知的資産経営マニュアル』独立行政法人中小企業基盤整備機構経営基盤支援部事業基盤支援課

中小企業金融公庫（2008）『事業承継を契機とした経営革新』中小公庫レポート No.2008-1

中小企業研究所（1990）『中小企業の組織革新の動向』中小企業研究所報 Vol.1061

中小企業研究センター（2008）『中小企業の事業承継に関する調査研究―永続的な成長企業であり続けるための事業承継―』調査研究報告 No.122

中小企業庁（2017）『経営者のための事業承継マニュアル』中小企業庁

中小企業庁（2022）『事業承継ガイドライン』中小企業庁

中小企業白書（2004 年版、2006 年版～2023 年版）

中馬宏之（2001）「イノベーションと熟練」一橋大学イノベーション研究センター編『イノベーション・マネジメント入門』日本経済新聞社、pp.245-283

帝国データバンク（2014）『平成 25 年度 中小企業等知財支援施策検討分析事業（中小企業の知的財産活動に関する基本調査）報告書』帝国データバンク

帝国データバンク（2022）「全国企業『後継者不在率』動向調査（2022.11.16）」帝国データバンク

東京経済大学（2015）「企業のリスクマネジメントと経営者の在任期間―「経営者リスク」とエントレンチメントコストの観点からの検証―『損害保険研究』77（2）、pp.203-224

東京商工リサーチ（2003）『後継者教育に関する実態調査』

中島拓（2014）『もうけを生み出す中小企業の知財戦略』幻冬舎メディアコンサルティング

中山金治（1986）「中小企業経営論の基本的視角」、渡辺睦・中山金治編著『中小企業経営論』第 1 章、日本評論社

名取隆（2013）「ウェブサイト活用による中小企業の技術マーケティング」『日本ベンチャー学会』21、pp.61-74

日刊工業新聞特別取材班（2019）『引き継がれる中小企業―後継者 15 人の「事業承継」奮闘物語』日刊工業新聞社

日本政策金融公庫（2010）『中小企業の事業承継』日本公庫総研レポート No.2009 -

2

根来龍之・木村誠（1999）『ネットビジネスの経営戦略』日科技連出版

野中郁次郎・紺野登（1999）『知識経営のすすめ―ナレッジマネジメントとその時代』筑摩書房

馬場正人（2022）「中小企業の事業継続と投資育成会社の役割　社内承継（非同族承継）という選択」『公益社団法人中小企業研究センター年報』、pp.30-37

濱川泰博（2004）「中小企業の継続的改善と経営革新―経営品質、ISO、改善活動の統合的展開―」『日本経営診断学会論集』4、pp.115-125

藤本学・大坊郁夫（2007）「コミュニケーション・スキルに関する諸因子の階層構造への統合の試み」『パーソナリティ研究』15（3）、pp.347-361

細川あつし（2015）『コーオウンド・ビジネス：従業員が所有する会社』築地書館

堀越昌和（2017）「事業承継の経営学的な研究の方法論に関する一考察―事業承継の本質と課題に関する予備的考察―」研究年報『経済学』（東北大学）75（3）

堀越昌和（2019）「中小企業の親族外承継に関する事例研究」『事業承継 = Journal of business succession』事業承継学会編8、pp.102-117

本間正人・松瀬理保（2015）『コーチング入門』第2版　日本経済新聞出版社

槇谷正人（2009）「組織ルーティンの機能：高業績営業部門の調査より」『日本経営学会』24、pp.29-40

松木謙一郎（2007）『中小企業のための事業承継の進め方』（日経文庫1149）日本経済新聞出版社

松本雄一（2003）『組織と技能』白桃書房

水谷公彦（2022）「日仏の同族企業の現状と課題に対する一考察」『日仏経営学会誌』39、pp.1-25

道野真弘（1998）「従業員持株会の問題点」『立命館法学』256、pp.340-366

三井逸友（2002）「世代交代の過程と次世代経営者の能力形成・自立への道」中小企業研究センター編『中小企業の世代交代と次世代経営者の育成』調査研究報告（109）、pp.17-44

村上義昭（2008）「フランスの事業承継と事業承継支援策」国民生活金融公庫総合研究所・国民生活金融公庫総合研究

村上義昭（2018）「事業承継の意義と高まる公的支援の役割」『日本公庫つなぐ』第12号　日本政策金融公庫

村上義昭・古泉宏（2010）「事業承継を契機とした小企業の経営革新」『日本政策金融公庫論集』、第8号、pp.1-30

守屋貴司（2020）「立命館大学事業継承塾の産学連携による新展開」『産学官連携ジャーナル』16（6）、pp.21-22

八木陽一郎（2008）「後継者からリーダーへ：自己成長と育成支援のための指針」倉科敏材編『オーナー企業の経営　進化するファミリービジネス』中央経済社、pp.165-188

八木陽一郎（2010）「内省経験が変革型リーダーシップに与える影響—中小企業後継経営者を対象とした実証分析を通じて—」『日本政策金融公庫論集』第7号、pp.67-80

安田武彦・許伸江（2005）「事業承継と承継後の中小企業のパフォーマンス」『RIETI Discussion Paper Series（05-J-018）』独立行政法人経済産業研究所

山岡徹（2008）「組織における恒常性と組織変革モメンタムに関する一考察—組織変革の「振り子プロセス・モデル」の構築に向けて—」『経済論叢』181（1）、pp.61-83

山口隆之（2012）「中小企業経営の特徴と近接性」『商学論究』59（3）、pp.71-91

山中伸彦（2019）「企業の創造的パフォーマンスと組織デザイン：英国中小企業の事例分析」『立教ビジネスレビュー』12、pp.3-15

山野井順一（2006）「中小企業における経営者交代と戦略変更の関係：後継者の組織社会化の影響」『日本経営学会』16、pp.43-55

山本健児・松橋公治（1999）「中小企業集積地域におけるネットワーク形成—諏訪・岡谷地域の事例」『経済志林』66（3）、pp.85-182

山本久義（2002）『中堅・中小企業のマーケティング戦略』同文舘出版

横尾陽道（2010）「組織変革プロセスと企業文化」『北星学園大学経済学部北星論集』49（2）、pp.29-39

吉田敬一（1996）『転機に立つ中小企業—生産分業構造転換の構図と展望』新評論

吉田敬一（2005）「持続可能な社会・経済システムと中小企業」中小企業家同友会全国協議会編『企業環境研究年報』（10）、pp.13-36

吉見隆一（2012）「平成23年度調査研究事業　産業集積の現状と課題」『商工金融』2012.6、pp.20-46

善本哲夫（2013）「中堅・中小企業の現場能力構築とFA・IT」『立命館経営学』第52巻　第2.3号、pp.385-404

李健泳、長坂悦敬、松本浩之（2014）「中小企業に適したビジネス・プロセス管理のフレームワークとソリューション」『原価計算研究』38（2）、pp.89-101

和田充夫、恩藏直人、三浦俊彦（2012）『マーケティング戦略（第4版）』有斐閣

2. 欧文文献

Beckhard,R.,& Burke,W.（1983）"Preface", *Organizational Dynamics*, 12, 12

Braverman, H.（1974）*Labor and Monopoly Capital: The Degradation of Work in the Twentieth Century*, New York、Monthly Review Press.（富沢賢治訳（1978）『労働と独占資本』岩波書店）

Cadieux, L.（2007）"Succession in Small and Medium‐Sized Family Businesses : Toward a Typology of Predecessor Roles During and After Instatement of the Successor", *Family Business Review*, 20（2）, pp.95-109

Chandler,A.D.Jr.,（1962）*Strategy and Structure*, MIT Press. 三菱経済研究所訳『経営戦略と組織―米国企業の事業部制成立史』実業之日本社、1967 年

Craig, Justin B. & Moores, Ken,（2019）*Leading a Family Business: Best Practices for Long-Term Stewardship*, ABC-CLIO, LLC, Santa Barbara, CA（東方雅美訳（2019）『ビジネススクールで教えているファミリービジネス経営論』プレジデント社）

Dyer, J.H., & Singh, H.（1998）"The relational view: Cooperative strategy and sources of interorganizational competitive advantage" *Academy of Management Review*, 23（4）, pp.660-679

Edvinsson, L., & Malone, M. S.（1999）*Intellectual Capital*, Harper Collins Publishers, Inc.（高橋透訳（1999）『インテレクチュアル・キャピタル（知的資本）―企業の知力を測るナレッジ・マネジメントの新財務指標』日本能率協会マネジメントセンター）

Garth Saloner, Joel Podolny, Andrea Shepard（2002）*Strategic management*, John Wiley & Sons,Inc.（石倉洋子訳（2002）『戦略経営論』東洋経済新報社）

Hannan, M. T., & Freeman, J.（1984）"Structural inertia and organizational change", *American sociological review*, pp.149-164

Hippel（1994）"Sticky Information" *Management Science* 40 April

Lave,J. & Wenger,E.（1991）*Situated Learning : Legitimate Peripheral Participation*, Cambridge University Press.（佐伯胖訳（1993）『状況に埋め込まれた学習：正統的周辺参加』産業図書）

Lewin, Kurt.（1947）"Frontiers in Group Dynamics", *Human relations*, Vol17, No.4, pp.502-513

Leonard-Barton, D.（1995）*Wellsprings of knowledge : Building and sustaining the sources of innovation*, Boston,Harvard Business School Press.（阿部孝太郎・

田畑暁生訳（2001）『知識の源泉—イノベーションの構築と持続』ダイヤモンド
社）

Mintzberg, Henry（1993）*The Nature of Managerial Work*, Harper Collins
Publishers Inc., New York through Tuttle-Mori Agency, Inc., Tokyo.（奥村哲
史・須貝栄訳（1993）『マネジャーの仕事』白桃書房）

Polanyi, M.（2003）, Tacit Dimension, New York：Doubleday.（高橋勇夫訳『暗黙
知の次元』ちくま学芸文庫）

Spenner, K. I.（1983）"Deciphering Prometheus : Temporal change in the skill level
of work", *American Sociological Review*, pp.824-837

Sull, D. N., & Houlder, D.（2005）"Do your commitments match your convictions",
Harvard business review 83（1）, pp.82-91 （飯岡美紀訳（2005）「理想と現実
のギャップを埋める コミットメントの自己管理術」、『ハーバード・ビジネス・
レビュー』、30（7）、pp.28-41）

Taylor, Frederick W.（2009）*The Principles of Scientific Management*, Cosimo
Classics, inc.（有賀裕子訳（2009）『「新訳」科学的管理法—マネジメントの原点』
ダイヤモンド社）

Thompson, V. A.（1965）"Bureaucracy and innovation", *Administrative Science
Quarterly* 10（1）, pp.1-20

Voss, G. B., & Voss, Z. G.（2013）"Strategic ambidexterity in small and medium-
sized enterprises : Implementing exploration and exploitation in product and
market domains", *Organization Science* 24（5）, pp.1459-1477

3. ネット検索
アイコクアルファ株式会社ホームページ、http://www.aikoku.co.jp/、2023年5月21
日閲覧。

株式会社M&A総合研究所ホームページ、https://masouken.com/、2023年3月15
日閲覧。

公益財団法人大阪産業局ホームページ、「NEXT INNOVATION（ベンチャー型事業
承継）事例紹介」、https://www.jmac.co.jp/glossary/a-m/ecrs.html/、2023年8
月20日閲覧。

京都市伝統産業活性化検討委員会（2005）「伝統産業の未来を切り拓くために」京都
市伝統産業活性化検討委員会提言、https://www.city.kyoto.lg.jp ＞ contents ＞
Teigen、2022年1月23日閲覧。

経営者保証に関するガイドライン（2013）、https://www.jcci.or.jp/chusho/kinyu/131205guideline.pdf、2023 年 10 月 12 日閲覧。

経済産業省（2017）「中小企業・小規模事業者の生産性向上について」、https://www.kantei.go.jp > chusho > dai1 > siryou1、2022 年 1 月 23 日閲覧。

経済産業省　九州経済産業局（2018）「中小企業・小規模事業者の知的財産の事業承継における調査事業調査報告書」、https://www.kyushu.meti.go.jp/report/180329_2.html、2022 年 1 月 23 日閲覧。

経済産業省（2022）「中小企業伴走支援モデルの再構築について　〜新型コロナ・脱炭素・DX など環境激変下における経営者の潜在力引き出しに向けて〜」令和 4 年 3 月 15 日　伴走支援の在り方検討会、https://www.chusho.meti.go.jp › report › report、2023 年 7 月 10 日閲覧。

国際コーチ連盟日本支部ホームページ、https://icfjapan.com/、2020 年 9 月 9 日閲覧。

独立行政法人中小企業基盤整備機構（2021）「事業承継支援マニュアル」、https://www.smrj.go.jp/ebook/2021、2022 年 1 月 22 日閲覧。

中小企業大学校ホームページ、https://www.smrj.go.jp/institute/tokyo、2022 年 1 月 23 日閲覧。

中小企業庁（2023）『経営力再構築伴走支援ガイドライン』、https://www.chusho.meti.go.jp/koukai/kenkyukai/keiei_bansou/guideline.html、2023 年 7 月 19 日閲覧。

中小企業庁ホームページ、https://www.chusho.meti.go.jp、2022 年 1 月 31 日閲覧。

独立行政法人中小企業基盤整備機構 J-net21 ホームページ、https://j-net21.smrj.go.jp/qa/org/Q0216.html、2023 年 5 月 21 日閲覧。

特許庁（2020a）『知恵の承継マニュアル』（経営者向け、支援者向け）、https://www.jpo.go.jp/resources/report/sonota-info/panhu.html、2022 年 1 月 23 日　閲覧。

特許庁（2020b）『経営戦略を成功に導く知財戦略』、https://www.jpo.go.jp > chizai_senryaku_2020 > all、2022 年 1 月 23 日閲覧。

トヨタ自動車株式会社ホームページ　「トヨタ生産方式　企業情報 経営理念 トヨタ生産方式」、https://global.toyota/jp/company/vision-and-philosophy/production-system/、2022 年 4 月 17 日閲覧。

日本経済新聞電子版、2022 年 9 月 14 日閲覧。

日本公認会計士協会（2017）『事業承継支援マニュアル』経営研究調査会研究報告第 60 号、https://jicpa.or.jp/specialized_field/20170915uhe.html、2022 年 1 月 23 日

　　閲覧。

株式会社日本政策金融公庫ホームページ、https://www.jfc.go.jp/、2023 年 8 月 17 日
　　閲覧。

株式会社日本能率協会コンサルティングホームページ 「ECRS（改善の 4 原則)」、
　　https://www.jmac.co.jp/glossary/a-m/ecrs.html、2022 年 4 月 17 日閲覧。

日本弁理士会ホームページ、https://www.jpaa.or.jp、2022 年 1 月 23 日閲覧。

公益社団法人日本マーケティング協会ホームページ、https://www.jma2-jp.org/、
　　2022 年 1 月 23 日閲覧。

一般社団法人ベンチャー型事業承継ホームページ、https://take-over.jp/、2023 年 7
　　月 5 日閲覧。

【索　引】

【著者紹介】

神谷 宜泰（かみや よしひろ）

中小企業経営実践システム代表　中小企業診断士

慶應義塾大学経済学部卒、名古屋市立大学大学院経済学研究科博士課程修了、博士（経済学）

金融機関勤務を経て、自動車部品製造会社の経営に携わる。売上高40億円、社員数90名前後の企業を売上高100億円、社員数250名を超える中堅企業へと成長させた後、両親の介護のために58歳で退職。その後、名古屋市立大学大学院へ進み、事業承継研究を始める。2019年度第13回企業家研究フォーラム賞（論文の部）受賞。在学中に中小企業診断士資格を取得し、独立。コンサルタントとして、事業承継を見据えた若手経営者育成など、中小企業の課題解決をサポートしている。

2024 年 7 月 30 日　第 1 刷発行

事業承継コンサルティングの視点
　—経営革新に向けた伴走的後継者支援の実践—

著　者　神　谷　宜　泰
発行者　脇　坂　康　弘

発行所　株式
　　　　会社　同友館

〒113-0033 東京都文京区本郷 2-29-1
TEL. 03(3813)3966
FAX. 03(3818)2774
URL　https://www.doyukan.co.jp/

落丁・乱丁本はお取替えいたします
ISBN 978-4-496-05726-7

三美印刷／松村製本所
Printed in Japan